UNE HISTOIRE DU MONDE ARCTIQUE

Robert McGhee

UNE HISTOIRE DU MONDE ARCTIQUE

Le dernier territoire imaginaire

traduit de l'anglais par
Jean Chapdelaine Gagnon

FIDES

En couverture : © Bryan & Cherry Alexander Photography (glacier groenlandais) ;
© British Museum (peinture de John White, détail)

Conception graphique : Gianni Caccia
Mise en pages : Yolande Martel

Catalogage avant publication de Bibliothèque et Archives Canada

McGhee, Robert, 1941-

Une histoire du monde arctique : Le dernier territoire imaginaire
Traduction de : The Last Imaginary Place

ISBN-13 : 978-2-7621-2682-2
ISBN-10 : 2-7621-2682-7

1. Arctique - Histoire. 2. Arctique. I. Titre.

G606.M3214 2006 909'.09113 C2006-941446-7

Dépôt légal : 4e trimestre 2006
Bibliothèque et Archives nationales du Québec

Titre original : *The Last Imaginary Place : A Human History of the Arctic World*

Publié pour la première fois au Canada par Key Porter Books Limited, Toronto, Canada, 2004.

Les Éditions Fides reconnaissent l'aide financière du gouvernement du Canada par l'entremise du Programme d'aide au développement de l'industrie de l'édition (PADIÉ) pour leurs activités d'édition. Les Éditions Fides remercient de leur soutien financier le Conseil des Arts du Canada et la Société de développement des entreprises culturelles du Québec (SODEC). Les Éditions Fides bénéficient du Programme de crédit d'impôt pour l'édition de livres du Gouvernement du Québec, géré par la SODEC. Les Éditions Fides reconnaissent l'aide financière du Conseil des Arts du Canada et du ministère du Patrimoine canadien par l'entremise du Programme d'aide au développement de l'industrie de l'édition.

IMPRIMÉ AU CANADA EN OCTOBRE 2006

AVANT-PROPOS

Une vision de l'Arctique

C'EST DANS LES ANNÉES 1950 que j'ai commencé à m'intéresser à l'Arctique. J'étais un adolescent dont le monde s'arrêtait aux terres agricoles bien entretenues et aux environnements urbains familiers de l'Ontario. On a oublié à quel point les lieux les plus reculés nous semblaient exotiques à une époque où un voyage en avion était un luxe rare et où la télévision ne proposait que quelques chaînes aux images floues dépeignant la vie à New York, Londres et parfois Toronto. Le peu que nous connaissions des environnements écartés, nous le devions essentiellement aux livres, aux films et aux voyages imaginaires qu'ils nous inspiraient. Notre ignorance laissait aux auteurs de récit de voyage toute liberté de créer des paysages romantiques et des peuples exotiques qui n'avaient parfois que bien peu à voir avec la réalité. Comme de nombreux Canadiens des années 1950, j'étais remué par les livres de Farley Mowat sur la situation désespérée des Inuit de la toundra, ce peuple de chasseurs passé sans transition de l'âge de pierre à celui des intrépides pilotes de brousse, des trappeurs portés sur l'alcool et des bureaucrates indifférents. Pour les lecteurs de Mowat, les lointains paysages arctiques prenaient du relief par la suggestion que s'y conjuguait un présent tragiquement insolite avec un passé reculé.

Bientôt mon imagination fut submergée par les images de l'Arctique que répandaient les livres: une terre sauvage à l'intense luminosité, aux vents cinglants, aux glaces cristallines et aux panoramas infinis. D'immenses fleuves de caribous migrateurs déferlaient vers le nord sous le soleil de minuit ou traversaient des plaines sans limites, tapissées de saules nains et de menues fleurs sauvages. Des bandes de chasseurs emmitouflés attendaient patiemment aux gués des cours d'eau, au lieu même où humains et caribous se donnaient rendez-vous chaque année depuis d'innombrables générations. Dans la nuit polaire, ils se déplaçaient en traîneaux à chiens sur la banquise et ils tombaient sur de grands ours blancs, ou chassaient le morse entre ces bancs de glace flottants qui avaient signé la perte des expéditions d'exploration du XIXe siècle. Par-delà le pôle se trouvait un autre Arctique, une terre incertaine peuplée des victimes de Staline et connue seulement par la rumeur et la propagande. À ces deux Arctiques se superposait le monde d'anticipation de la guerre électronique encore embryonnaire : une ceinture de dômes radars secrets et isolés et d'abris métalliques étanches dans lesquels des techniciens vivaient comme à bord de stations spatiales, sur une planète lointaine.

On reconnaît immédiatement l'Arctique de mon imaginaire juvénile dans *Canada and the Idea of North* de Sherrill Grace. Elle y décrit la représentation du monde nordique dans les romans et documentaires du milieu du XXe siècle comme le « lieu du romantisme masculin »[1], aux merveilles dépeintes dans des récits qui « conçoivent le Nord [...] comme un espace pour le mâle blanc et viril en quête d'aventure dans un paysage rude, mais somptueux, encore vierge, attendant d'être découvert, cartographié, peint et photographié *comme pour la première fois* ». Cet Arctique est une terre qui attire irrésistiblement « les quelques êtres d'exception capables d'aller dans le Nord [...] et d'en revenir sains et saufs pour relater leur aventure ».

De l'autre côté du pôle, mes contemporains soviétiques ressentaient la même fascination pour les vastes espaces captivants de la Sibérie. Dans son essai *Between Heaven and Hell: The Myth of Siberia in Russian Culture*, Yuri Slezkine montre que la littérature soviétique de cette période était peuplée de « jeunes personnages orphelins [qui] fuyaient par dizaines les vieilles capitales abrutissantes pour une terre où la neige ne fondait jamais et où les hommes tenaient parole ».

Tel était l'Arctique que je brûlais de connaître, mais il n'était pas facile de satisfaire pareille ambition au début des années 1960. En 1965, l'archéologie me conduit enfin dans le Nord comme assistant de recherche sur le terrain pour une équipe qui enquête sur l'une des

1. À moins d'indication contraire, les traductions de citations sont de nous (N.d.T.).

toutes premières indications connues d'occupation humaine de l'Arctique canadien. Trente-cinq années se sont écoulées depuis, mais cette première expérience de l'Arctique reste vivace : le long vol vers le nord à bord d'un appareil vrombissant parti de Yellowknife, qui franchit la limite des arbres puis survole la toundra grêlée de lacs glacés ; le crépitement du gravier et le nuage de poussière que soulève le DC-4 à hélices en progressant péniblement sur la piste de terre battue près de la station radar du réseau avancé d'alerte ; l'air glacial qui envahit la cabine tandis que nous enfilons parkas et tuques avant de descendre dans la lumineuse nuit de juin. Dehors, les rayons horizontaux du soleil répandent de la couleur sur les amoncellements de neige, les petites personnes souriantes, les vieilles femmes au visage tatoué, les chiens hurlants, les maisonnettes de contreplaqué nu et sur une coulée de glace qui serpente dans un jardin de rocaille naturel qu'égayent le jaune de minuscules pavots et le pourpre des saxifrages. Mon Arctique imaginaire survécut facilement à ce premier contact avec la réalité qui me subjugua sur-le-champ.

Dans son éclairant ouvrage *Landscape and Memory*, Simon Schama explore les rapports intimes qui existent entre la topographie, la mythologie et la culture, et démontre de manière convaincante que ces rapports conditionnent nos réactions aux environnements dans lesquels nous évoluons. Selon Schama, la description scientifique d'un lieu, comme un géographe méthodique peut en produire une, n'est qu'une toute première ébauche de sa définition. Le « paysage » se compose aussi de la mythologie, de l'histoire, des conventions artistiques et de tous les autres facteurs et recoupements culturels qui nous permettent de définir une patrie, un lieu inhabité, un ensemble de sites spectaculaires digne d'attirer les touristes, ou une contrée si dangereuse qu'elle inspire épouvante et esquive. Le concept de l'« Arctique » qui subsiste dans l'esprit et l'imagination de ceux d'entre nous qui vivent en des zones plus tempérées du monde doit beaucoup plus, je crois, à ces associations qu'à la réalité physique observable du Nord.

Les livres qui s'attachent à brosser le portrait de l'Arctique ignorent pour la plupart cette composante de notre réalité humaine pluridimensionnelle. Ils décrivent plutôt les climats et les saisons des territoires environnant le pôle, les nombreux types de glace de mer et leur importance cruciale pour la vie de la région, les merveilleux animaux et les minuscules plantes rustiques, les autochtones inventifs et ingénieux, ou encore les explorateurs et chercheurs intrépides qui ont mis ce territoire à la portée de la science. Nombre de ces livres sont de précises, exhaustives et précieuses mines de renseignements sur les régions arctiques et mon ouvrage n'a pas la prétention d'être aussi complet. Dans les chapitres qui suivent, la glace de mer et le soleil de minuit, les baleines, les morses et les rennes, les aurores flamboyantes et l'interminable nuit hivernale ne sont que des décors et des acteurs de l'histoire en zone polaire. Je tente ici de rapporter cette histoire non comme la destinée de peuples insolites et bizarres, isolés du reste du monde, mais comme une partie intégrante de l'histoire plus générale de l'aventure humaine. En prenant conscience que l'Arctique est peuplé de communautés humaines aux ambitions et aux préoccupations clairement apparentées à celles que nous reconnaissons à des régions plus familières, l'Arctique lui-même nous devient plus familier, plus accueillant.

Dans ce cadre, nous mettons aussi en relation l'expérience de l'Arctique et les comptes rendus et rumeurs de cette expérience qui atteignent les régions plus au sud. Vraies ou fausses, ces histoires se sont graduellement accumulées pour forger la vision d'un Arctique distant et fantastique tel que le donne à voir la lunette de la culture occidentale. Cette image de l'Arctique, comme un monde à part où les lois de la science et de la société sont pour ainsi dire suspendues, n'est pas façonnée seulement par ce que nous en disent des observateurs contemporains ou ce que nous en voyons lorsque nous le visitons nous-mêmes. Elle est aussi modelée par une vision de l'Arctique que nous avons héritée de lointains ancêtres quand, pour la plupart des gens, la région était aussi insolite et impossible à atteindre qu'une autre planète. Pendant des millénaires, cette vision de l'Arctique a réussi à assimiler, sans perdre son aura de mystère, les ouï-dire de récits de voyageurs, le flot grandissant d'informations scientifiques et, ces dernières années, les chinoiseries des rapports gouvernementaux. L'Arctique n'est pas tant une région qu'un rêve : le rêve d'un monde unique, inaccessible et irrésistiblement captivant. C'est le dernier territoire imaginaire.

CHAPITRE I

Le postglaciaire

IL M'A ÉTÉ DONNÉ de passer quelques heures en pleine glaciation. Un vent frais qui descendait de l'océan glacé, inaccessible au nord, tempérait agréablement la chaleur du soleil par une radieuse journée de juillet. Nous étions assis au soleil, dans l'ouverture d'une petite grotte à la base d'un affleurement calcaire qui fait saillie comme une molaire érodée sur les collines du nord du Yukon. Mon ami Jacques Cinq-Mars a découvert Bluefish Cave et il y a passé plusieurs étés à exhumer avec précaution des os d'animaux anciens et des traces préservées d'activités humaines primitives. En l'écoutant parler de ce lieu, je laissais errer nonchalamment mon regard sur la vallée à nos pieds et sur les Old Crow Flats, au loin, émaillées de lacs miroitants et veinées de canaux d'eaux vives. C'est ce même paysage que scrutaient de ce même point de vue des chasseurs, il y a 20 000 ans et plus, à une époque où on apercevait encore des hardes errantes de mammouths, de chevaux et de bœufs musqués, mais aussi les caribous qu'on peut encore aujourd'hui voir déferler sur ces plaines dans leur migration annuelle. Passé et présent coexistent à Bluefish Cave où si peu de choses ont changé qu'on croirait y entrevoir du coin de l'œil le très lointain passé.

La glaciation qui a étreint la terre il y a quelques dizaines de milliers d'années continue de fasciner parce qu'elle a engendré un monde insolite là même pourtant où plusieurs d'entre nous vivent aujourd'hui. Il est plus facile de se représenter les conditions de la glaciation à Bluefish Cave que dans la vallée de la Tamise ou du Rhin, ou sur les rives du lac Ontario; même si nous savons que ces lieux méridionaux ont eu jadis des environnements de type arctique, semblables à celui du Yukon septentrional d'aujourd'hui. Ces environnements font partie de l'histoire de la plupart des populations humaines: ils ont été le foyer de nos ancêtres à l'époque où ils développaient l'essentiel des caractéristiques que nous jugeons authentiquement humaines. Le charme de l'Arctique pourrait bien avoir partie liée avec cette fascination pour la glaciation. Peut-être n'est-il pas trop extravagant d'avancer que l'Arctique est pour nous un monde ancien, perdu, mais en quelque sorte toujours familier, que nous avons un jour très bien connu et dont nous avons été séparés, peu à peu, par des centaines de générations de combats et d'efforts, dans un monde en constante mutation et d'une complexité croissante.

L'un des triomphes de la science du XIXe siècle est le fait que nous considérions la « Glaciation » comme une réalité incontestable de la préhistoire. Pendant la plus grande partie de ce siècle, science et théologie se sont livré une lutte sans fin sur la nature du monde et de l'humanité. Les penseurs religieux et traditionalistes croyaient que la terre avait été créée il y a plusieurs milliers d'années et qu'elle était, mis à part quelques cataclysmes d'origine divine et quelques améliorations apportées par l'humanité, restée sensiblement la même. La géologie est la science qui a ébranlé cette conception statique du monde. Les géologues avaient la conviction que la terre était une planète inconcevablement ancienne dont la formation avait exigé des milliards d'années de lente et continuelle transformation et que sa cargaison de créatures avait évolué pas à pas depuis des formes de vie élémentaires jusqu'à l'extraordinaire variété des temps présents.

Or, rien ne se prête mieux à la démonstration de cette théorie que le concept de glaciation. Les scientifiques étaient dorénavant en mesure de soumettre une preuve géologique patente de cette période: du roc érodé par la glace et des débris de blocs erratiques laissés par la fonte des glaces indiquaient que les glaciers recouvrant maintenant les Alpes européennes, les massifs d'Asie centrale et les chaînes montagneuses de l'ouest de l'Amérique du Nord, s'étaient jadis étendus jusqu'aux régions avoisinantes. Depuis la Scandinavie et le Nord canadien, de gigantesques nappes de glace continentales avaient débordé au sud pour ensevelir la plus grande partie de l'Europe et de l'Amérique du Nord sous au moins un kilomètre de glace. Au sud de ces nappes de glace, les environnements froids avaient même gagné le cœur de ce qui

Des glaciers semblables à ceux qui couvrent encore les îles du haut Arctique ensevelissaient jadis la plus grande partie de l'Europe et la moitié septentrionale de l'Amérique du Nord.

est maintenant la zone tempérée et abrité des espèces animales qu'on ne trouve aujourd'hui qu'en régions polaires. Filles de la géologie depuis peu parvenues à maturité, la paléontologie et l'archéologie contestent à leur tour le récit biblique de la création en décrivant une Europe glaciaire où des hommes des cavernes chassent le renne, le bœuf musqué et le cheval sauvage à l'ombre de glaciers menaçants. Dans un geste plus provocateur, ils réunissent des fossiles datant de la glaciation pour reconstituer les squelettes d'animaux disparus : mammouths et mastodontes, félins à dent de sabre, ours des cavernes géants. Après avoir soutenu avec succès que des humains existaient aux côtés de ces animaux bizarres, ils se mettent en frais de découvrir des os de créatures primitives, apparentées à l'homme, mais qui échapperaient à l'éventail des formes susceptibles d'avoir été créées à l'image du dieu chrétien. Dans l'imaginaire du XIXe siècle, la glaciation devient le paradigme d'un âge où la race humaine était dans sa prime enfance et partageait un extraordinaire monde arctique avec une ménagerie de bêtes plus étranges que toutes celles découvertes par les explorateurs contemporains.

Nous savons maintenant que ce concept de « Glaciation » est une incontestable simplification d'une longue et complexe succession d'événements qui s'est étalée sur un milliard d'années. On s'explique mal les raisons du refroidissement périodique de la terre, comme de la progression et du recul des glaciers, même si on a avancé à cet effet plusieurs causes possibles : infimes modifications de l'orbite de la terre ; variations de la quantité de gaz carbonique dans l'atmosphère ; ou lentes dérives des continents avec leurs répercussions sur la circulation des courants océaniques et atmosphériques. Quelles qu'en soient les raisons, des épisodes de refroidissement planétaire sont survenus presque à chaque étape de l'histoire de la planète et ils ont été beaucoup plus fréquents à certaines époques qu'à d'autres. L'actuelle série d'épisodes de refroidissement a commencé il y a quelque trois millions d'années et comprend au moins vingt épisodes glaciaux majeurs.

Certains ont émis l'hypothèse que les glaciations des trois derniers millions d'années auraient joué un rôle vital dans l'apparition de la vie humaine. Les variations de température et de taux de précipitation pendant ces glaciations auraient provoqué l'expansion de la savane, aux dépens des forêts tropicales, dans la majeure partie de l'Afrique. Ces circonstances pourraient avoir favorisé la station bipède adoptée par nos ancêtres simiesques, libérant de ce fait leurs membres antérieurs pour d'autres fins et déclenchant la chaîne d'événements évolutifs qui a engendré une créature dont les mains étaient habiles à porter et manipuler des objets et dont le potentiel anatomique incluait une grosse boîte crânienne et une voix capable de communication complexe.

Il y a environ un million d'années, nos ancêtres ont essaimé d'Afrique jusque dans les régions tempérées du continent européen où ils ont été soumis à de bien plus extrêmes changements environnementaux lors des retours périodiques à des conditions climatiques de glaciation. On reconnaît dans ces créatures une forme archaïque d'humains à petit cerveau que les paléontologues appellent *Homo erectus*. Il est peu probable qu'ils aient été dotés des habiletés et de la technologie nécessaires pour survivre à de franches conditions glaciaires, mais il est établi qu'en Europe et en Chine certains groupes avaient domestiqué le feu et s'étaient adaptés à des climats relativement froids.

Les humains modernes ont fait leur apparition pendant la dernière glaciation (celle que nous pouvons désigner historiquement comme « la » Glaciation), il y a un peu moins de 50 000 ans. Les scientifiques débattent encore âprement de leur origine : sont-ils venus d'Afrique ou descendaient-ils de populations plus archaïques ? Quoi qu'il en soit, ces nouvelles créatures à gros cerveau, douées de la capacité à inventer des outils et à s'en servir, se sont rapidement répandues à la périphérie des régions tempérées du monde. Au plus fort de cette Glaciation, il y a entre 30 000 et 15 000 ans environ, elles se sont adaptées en se fabriquant des lances et des hameçons pour se procurer de la nourriture, du feu, des vêtements cousus pour se garder au chaud, des torches d'écorce pour s'éclairer et des craies pour représenter leur monde et leur mode de vie sur les murs des cavernes.

Les environnements de steppe et de toundra sans arbres qui envahissent les latitudes moyennes de la Terre pendant la dernière glaciation abritent d'immenses hardes d'animaux brouteurs. Ce sont des conditions idéales pour les chasseurs qui mettent au point des armes et des techniques pour chasser en groupe le caribou, le cheval, le bœuf musqué et d'autres bêtes aussi imposantes que le mammouth. Le grand bond en avant, de la lente évolution des formes archaïques aux humains modernes, dont les cultures et les technologies se raffinent rapidement, advient à un moment où prévalent, dans la plupart des régions tempérées du monde, des conditions environnementales glaciaires. On a soutenu que les défis posés par ces conditions quasi arctiques ont grandement stimulé l'épanouissement de l'ingéniosité des humains modernes. Il y a un siècle, lorsque cette théorie fait son apparition, elle semble étayer les politiques raciales qui clament la supériorité naturelle des peuples européens, ces nouveaux Hyperboréens nietzschéens dont les ancêtres nordiques ont passé avec succès l'épreuve du froid et des glaces. Ces idées semblent s'accorder avec les remarquables découvertes archéologiques de l'époque qui révèlent les techniques de chasse perfectionnées et les réalisations artistiques des peuples cavernicoles d'Europe à l'époque de la dernière glaciation. Depuis lors, on a constaté que des niveaux de réalisation comparables sont le fait de tous les groupes humains de cette période, et pas seulement de ceux dont les restes ont été si bien préservés dans les cavernes européennes de calcaire, froides et sèches. Cependant, les énormes hardes de bêtes qui broutent les prairies et les toundras des latitudes moyennes d'Eurasie et d'Amérique pendant la dernière glaciation pourraient avoir fourni l'assise économique grâce à laquelle certains peuples chasseurs sont parvenus à une complexité sociale et culturelle qui servirait de tremplin à de futures réalisations humaines.

Il est vrai que les peuples européens, asiatiques et américains de l'ère glaciaire n'ont pas eu à composer avec la plus fondamentale caractéristique des régions polaires arctiques : la longue nuit hivernale pendant laquelle le froid et l'obscurité rendent presque impossible la chasse et pendant laquelle la plupart des animaux disparaissent, soit parce qu'ils migrent vers le sud soit parce qu'ils se réfugient sous la glace de mer. L'hypothèse la plus répandue veut que les humains n'aient développé les habiletés leur permettant de vivre dans de telles conditions qu'après la fin de la Glaciation. L'archéologue russe Vladimir Pitul'ko rapportait toutefois récemment la découverte sur le fleuve Iana, près du littoral de la Sibérie, à une latitude Nord supérieure à 70°, d'une petite collection d'outils que la datation au radiocarbone fait remonter quelque part entre 25 000 et 30 000 ans. À peu près à la même époque et à une latitude légèrement inférieure, des chasseurs primitifs ont peut-être traversé le pont terrestre qui reliait la Sibérie et l'Alaska pendant la Glaciation pour devenir ainsi les lointains ancêtres des peuples autochtones d'Amérique.

Quand prend fin la Glaciation, il y a environ 11 000 ans, c'est comme si on inversait un gigantesque interrupteur climatique. Nous pensions jusqu'à récemment que les grands changements climatiques terrestres s'opéraient graduellement, sur des siècles ou des millénaires, mais nous soupçonnons maintenant qu'ils peuvent survenir et, de fait, qu'ils surviennent en l'espace d'une décennie ou moins, et parfois même aussi abruptement qu'en une seule année ou une seule saison. Pour les chasseurs des vallées fluviales d'Europe, des plaines d'Asie et d'Amérique du Nord, un été exceptionnellement torride ou un hiver doux suivis d'un changement climatique prolongé pouvaient signifier l'absence des troupeaux dans leurs aires habituelles ; la transformation de cours d'eau jadis facilement guéables en infranchissables torrents d'eaux de fonte ; ou l'impossibilité que la glace se forme sur des lacs où elle assurait depuis toujours une plateforme sur laquelle pêcher et se déplacer en hiver. La vie d'un peuple chasseur repose sur une connaissance intégrée des animaux qu'il chasse et de l'environnement dans lequel il vit, et tout changement climatique rend soudain caduques les connaissances accumulées par des dizaines ou des centaines de générations.

Les familles et bandes qui survivent aux premières années du postglaciaire se retrouvent dans un nouveau monde en constante mutation. Si le climat peut virtuellement se transformer du jour au lendemain, ses effets sur les autres éléments de l'environnement s'exercent à un rythme plus lent. Il a fallu aux glaciers continentaux quelques millénaires pour fondre totalement; pendant ce temps, forêts et prairies se déplaçaient vers le nord et remplaçaient la toundra à la marge du glacier tandis que les biotopes de l'hémisphère Nord prenaient presque leur forme actuelle. Les toundras de latitude moyenne qui avaient été le foyer des chasseurs de la Glaciation prenaient de l'expansion au nord, tandis que leurs bordures méridionales étaient envahies par des conifères arbustifs, annonciateurs des denses forêts boréales qui cèderaient à leur tour la place aux forêts de feuillus, aux prés, aux prairies, aux déserts. En fondant, les glaciers coulaient au sud, formant d'énormes lacs glacés, ou dans des bras de mer des moyennes latitudes où morses et baleines nageaient parmi les vêlages. Au fur et à mesure que la croûte terrestre se dégageait de son manteau de glace plurimillénaire, ces lacs et bras de mer se vidaient parfois avec une soudaineté terrifiante quand s'ouvraient de nouveaux chenaux.

Il y a environ 8 000 ans, la terre était devenue semblable à ce qu'elle est présentement. Dans la plupart des régions, le climat était sensiblement plus chaud qu'à l'heure actuelle et les groupes humains avaient en majorité perdu tout contact avec le monde glacé familier à leurs ancêtres, monde de la neige, de la glace de mer, du morse, du renne et du froid, qui absorbait implacablement la vie des humains dépourvus de feu, d'abri et d'épais vêtements. La chasse était devenue un mode de vie de plus en plus exigeant pour la plupart des peuples de la nouvelle ère postglaciaire. Même si les forêts subtropicales et tempérées qui empiétaient désormais sur leurs terres séculaires étaient biologiquement riches, la grande diversité faunique qu'elles abritaient était disséminée en petites niches écologiques spécialisées. Assurer sa subsistance en chassant ces bêtes était une tâche bien plus difficile que de suivre à la trace les grandes hardes de rennes, de bœufs musqués, de chevaux et d'éléphants qui sillonnaient la toundra et les prairies nordiques du temps de la Glaciation. Certaines bandes de chasseurs, favorisées par leurs conditions géographiques ou prêtes à se battre pour garder leur mode de subsistance ancestral, migrent alors vers le nord, suivant les animaux et les environnements découverts dont ils dépendent. Pour ces groupes se succèdent sans interruption, dans les dix derniers millénaires, les ajustements, les inventions, les conflits avec des voisins changeants et les adaptations à de nouveaux territoires à mesure qu'ils deviennent les peuples chasseurs et éleveurs du monde arctique.

La plupart des groupes humains suivent une voie différente. Les bandes se dispersent dans les environnements en mutation et chacune se concentre sur les ressources propres à son nouveau territoire délimité. Certaines bandes commencent à se percevoir comme des pêcheurs de rivières, d'autres comme des pêcheurs côtiers de mollusques et de crustacés, d'autres encore comme des chasseurs sylvicoles qui attrapent au lacet cerf et petit gibier. Les nouveaux environnements offrent aussi une diversité de ressources alimentaires jusque-là pratiquement inconnues des chasseurs boréaux : graines, noix et racines deviennent essentielles à leur survie. Moins de quelques millénaires après la Glaciation, les peuples des forêts du Sud-Est asiatique, des vallées fluviales de l'Ouest asiatique et des hauts plateaux du Mexique fondent leur mode de vie sur les graines de plantes sauvages. Ils découvrent et protègent des plantes particulièrement utiles, favorisent ou replantent leurs espèces préférées. Ainsi s'amorce le processus de modification génétique qui produit les ancestrales variétés de riz, d'orge, de blé et de maïs. En d'autres régions on tente des expériences pratiques avec des racines tropicales comestibles — igname, taro, manioc — et, ailleurs, avec des légumes, des courges et des fruits. Il y a environ 8 000 ans, tandis que les derniers lambeaux des manteaux de glace continentale n'ont pas fini de fondre dans le Nord canadien et scandinave, les populations vivent dans de petits villages agricoles du Japon, en Mésopotamie et jusqu'en Amérique centrale. Telle est la première étape de ce qui semble avoir été un enchaînement inéluctable d'événements menant à la naissance des anciennes civilisations.

Plusieurs observateurs interprètent ces développements comme la démonstration de la marche victorieuse de l'esprit humain. On pourrait cependant décrire de manière plus convaincante les progrès de la civilisation comme un tapis d'exercice sur lequel les groupes humains se retrouvent à peiner chaque fois qu'ils occupent un environnement suffisamment riche pour soutenir une population nombreuse. Au début, les aliments de nature végétale représentent pour eux une ressource fiable et stable, moyennant assez peu de travail ; le nouveau mode de vie agricole leur assure en outre une existence plus facile, sans les déplacements constants et l'inconfort des campements temporaires si longtemps inhérents à l'existence de leurs ancêtres. Les enfants survivent en plus grand nombre dans les villages agricoles, mais, dès que les populations se mettent à augmenter rapidement, il apparaît évident qu'il faudra travailler davantage encore pour éviter la famine. Il y a deux façons de régler le problème: soit on se livre à une agriculture plus intensive, ce qui suppose une charge de travail toujours plus lourde, la domestication et l'épuisement de l'environnement immédiat; soit on emprunte le sentier de la guerre et planifie des attaques contre des groupes voisins pour faire main basse sur leurs terres, leurs provisions ou la main-d'œuvre qu'ils représentent comme esclaves ou sujets contraints à un tribut. Les peuples agriculteurs optent majoritairement pour une combinaison de ces solutions. Le résultat? Il y a environ 5 000 ans, tout est en place pour que s'enclenche le cycle toujours renouvelé de l'édification, de l'expansion par la conquête et de la destruction des empires qui a marqué jusqu'à ce jour presque tous les humains vivant entre les tropiques et les zones tempérées. Ce processus n'a commencé qu'au siècle dernier à exercer une influence certaine sur la vie des peuples dont les lointains ancêtres avaient choisi de rester des chasseurs et de migrer au nord, avec les environnements de chasse de la Glaciation, dans les territoires connus depuis sous le nom de l'Arctique.

Les populations urbanisées conçoivent généralement le monde comme une succession de zones concentriques autour de leur ville. À chaque pas qui les éloigne de ce centre, le monde leur semble moins civilisé, les gens plus étranges et moins prévisibles, et la nature elle-même plus fantastique. Les premières cités se sont constituées dans les zones subtropicales et tempérées; leurs habitants considéraient le Nord et le Sud comme des contrées barbares où l'on pouvait s'attendre à trouver des guerriers féroces, des gens qui n'entendaient rien aux bienfaits de la civilisation, mais qui aimaient commercer et avaient accès à de riches sources d'ambre, d'ivoire, de fourrures, d'or et de pierres précieuses. Au-delà de ces zones s'étendaient des contrées encore plus sauvages, à peine habitables vu l'intensité de la chaleur ou du froid. Là, on pouvait s'attendre à trouver des créatures à demi humaines, des animaux fantastiques et des régions où la terre et la mer, et même le soleil et la lune, avaient des comportements qui échappaient aux lois ou aux règles normales de ce monde.

Dans les documents laissés par les lettrés des civilisations antiques, l'Arctique est l'une de ces contrées lointaines et fantastiques. Aucune histoire de voyageur sur le Nord ne paraît trop bizarre pour être crédible. Il est ahurissant de constater que des vestiges de cette façon de voir demeurent accolés à cette région. L'Arctique reste un territoire vu essentiellement à travers des yeux étrangers, un domaine que le monde connaît par les récits des explorateurs plutôt que par les écrits, les dessins et les films de ses habitants. Pour presque tous les gens du Sud, l'Arctique reste ce qu'il fut pour leurs semblables voilà des siècles, peut-être même des millénaires : l'autre monde absolu.

CHAPITRE 2

Un lointain paradis — L'Arctique dans l'esprit des Anciens

PAR UNE FROIDE SOIRÉE DE L'ÉTÉ 1959, j'entends pour la première fois l'histoire d'une mystérieuse vallée tropicale dans l'Arctique. Le baraquement du chantier de construction dans les montagnes de Colombie-Britannique s'est installé dans sa routine d'après-souper. La plupart des plus jeunes hommes sont dehors en train de bricoler leurs camionnettes ou ont déjà disparu au bout du chemin forestier creusé d'ornières qui mène en ville, au fond de la vallée. Allongés sur leurs couchettes, les plus vieux fument, écoutent la pluie tambouriner sur la toiture de papier goudronné, fixent des yeux le plafond ou feuillettent des tabloïds, trop fourbus après une journée pluvieuse passée à manier la tronçonneuse pour faire plus que bavarder et attendre le sommeil. La conversation dérive sur les sujets coutumiers: des souvenirs de famille dans les Maritimes, à Budapest ou dans une ferme de Saskatchewan; des récriminations contre la nouvelle taxe du gouvernement qui fauche des emplois dans la construction; des anecdotes des guerres de Corée et d'Europe. L'auteur d'un article dans un de ces tabloïds se demande si Hitler est vraiment mort ou s'il a fui vers quelque pays lointain, et cela amène de fil en aiguille à parler d'une vallée tropicale soi-disant cachée, loin au nord, quelque part dans l'Arctique canadien.

Les hommes ont presque tous eu vent de cette vallée secrète. George, le Finlandais, dit qu'elle a probablement existé parce qu'il a entendu parler d'un endroit très similaire, quelque part dans le nord de la Laponie. Aux yeux du vieil Alex, ce n'est que broderie autour des sources thermales du pays nahanni dans les Territoires du Nord-Ouest.

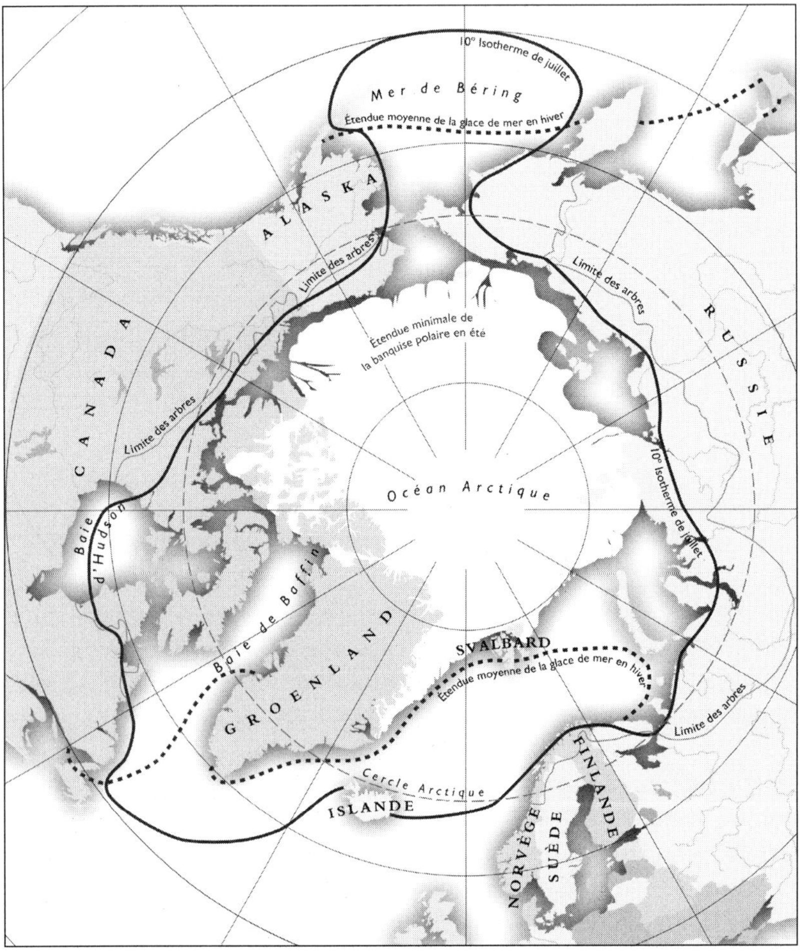

La zone arctique.

D'autres n'y croient goutte, mais même les sceptiques se taisent et tendent l'oreille lorsqu'un conducteur de bulldozer raconte que son frère connaît un pilote de brousse qui, ayant perdu sa route dans une tempête arctique, a survolé cette vallée. Le spectacle de forêts de palmiers au cœur d'une large vallée bordée de neiges hiémales a stupéfié le pilote. L'idée que, quelque part au nord, puisse exister une enclave secrète dotée d'un climat qui défie les lois de la géographie est redoutablement séduisante et nul d'entre nous, cette nuit-là dans le baraquement, ne connaît suffisamment le monde pour avoir la certitude que cela tient de l'impossible. Nous ignorons aussi que ces histoires racontées par une soirée pluvieuse font partie du savoir géographique européen depuis près de 3 000 ans.

Pour les Grecs du premier millénaire avant le Christ, la mer Méditerranée est le centre du monde habitable. C'est là que règne le climat tempéré, le plus propice à la vie humaine qui n'y est exposée ni au froid glacial des montagnes boréales ni à la chaleur brûlante des contrées désertiques du Sud. La Grèce est séparée de l'Europe centrale par les massives et inhospitalières montagnes des Balkans qui constituent une formidable entrave à la connaissance géographique. Le mot Arctique, passé dans nos langues modernes, nous vient des anciens Grecs. Il dérive du mot « Arktos », la Grande Ourse, cette constellation qui fait sans arrêt le tour du ciel boréal. Ce phénomène céleste semble alors si mystérieux que la terre qui se trouve en dessous se doit d'être, estime-t-on, un lieu où les lois ordinaires de la nature et de la société se sauraient s'appliquer.

Des renseignements sur le Nord parviennent aux Grecs par une route passant à l'est des Balkans, à travers les vastes prairies du nord et de l'est de la mer Noire. Un peuple nomade, que les Grecs appellent les Scythes, habite ces plaines ; on raconte que les terres de ce peuple, le plus boréal du monde connu, et celles de tribus alliées sont bordées au nord par les impénétrables monts Riphées — fruit vraisemblable de l'amalgame de rumeurs autour des chaînes montagneuses que nous connaissons aujourd'hui comme celles des Carpates, du Caucase et de l'Altaï. Des grottes de ces montagnes surgit Borée, la mordante bise qui flétrit les régions septentrionales et parfois même rend la vie misérable jusque dans les îles grecques.

Au nord des froids, lugubres et inhospitaliers monts Riphées s'étend une contrée légendaire où mythe et théorie géographique se confondent. Ce monde arctique est exotique et béni des dieux, habité par le peuple envié des « Hyperboréens » — ceux qui vivent par-delà la Borée. Protégés par les montagnes des rafales glaciales du vent du septentrion, les Hyperboréens jouissent d'un climat perpétuellement agréable, sans saisons, sous lequel les arbres donnent des fruits à longueur d'année. Leur vie exempte de labeurs, de conflits et de maladies, s'écoule dans la musique, la danse, la sérénité, le bien-être. Les Hyperboréens sont immortels ; cependant, après 1 000 ans, lassés d'une existence insouciante, ils se parent de guirlandes et se précipitent dans la mer du haut d'une falaise.

Les Hyperboréens et leur paradis arctique sont une très ancienne composante des croyances de l'Antiquité grecque dont font état la poésie d'Hésiode et un poème attribué à Homère, deux œuvres qui datent des origines de la littérature écrite en langue grecque.

Parallèlement à leur connaissance mythologique du Nord, les anciens Grecs accumulent des données factuelles. On attribue généralement la première tentative d'exploration de l'Arctique à Pythéas, astronome et géographe de la colonie de Massalia — aujourd'hui appelée Marseille. Seuls quelques fragments des connaissances et aventures de Pythéas ont survécu aux aléas de la transmission historique, mais ce qu'ils nous apprennent est fascinant. On raconte qu'aux environs de 330 avant J.-C., Pythéas prend la tête d'une expédition dans le Nord, peut-être pour enquêter sur les sources d'ambre et d'étain — deux précieuses marchandises que l'on vend, dans le Sud, aux peuples méditerranéens. Entamant un périple qui devait durer six ans, les explorateurs font voile vers l'ouest, franchissent le détroit de Gibraltar, virent au nord et suivent la route de navigation commerciale côtière dont les anciens marins phéniciens ont montré la voie. Pythéas parvient en Angleterre ; il visite les mines d'étain de Cornwall et explore d'autres parties de l'île. Il mentionne d'ailleurs un temple circulaire (qu'on a parfois cru être celui de Stonehenge) qu'il décrit comme le temple hyperboréen d'Apollon où le dieu, lui dit-on, séjourne pendant les mois d'hiver avant de retourner à son sanctuaire de Delphes, au printemps. Puis l'explorateur pousse plus loin au nord à la recherche d'une terre appelée Thulé où, lui a-t-on affirmé, le soleil est visible à minuit au moment du solstice d'été.

Pythéas rapporte qu'après six jours de navigation vers le nord, depuis l'Angleterre, il arrive à Thulé dont il décrit les habitants comme de barbares fermiers, pourvus de quelques animaux domestiques et d'un peu de grain. À un jour de voile de Thulé en direction nord, il se heurte à une redoutable barrière qu'il qualifie de « poumon océanique » où la mer, la terre et le ciel se coagulent en un unique élément infranchissable. La description est si vague qu'elle peut aussi bien évoquer un épais brouillard qu'une inconsistante glace de mer ondulant sur la houle, ou peut-être encore la combinaison de ces phénomènes si caractéristiques des mers arctiques. Quoi que soit dans les faits ce poumon océanique, il marque la limite boréale des explorations de Pythéas.

La localisation géographique de Thulé laisse perplexes les géographes depuis plus de 2 000 ans. L'Islande a toujours été une candidate à ce titre, compte tenu de la distance qui la sépare du nord de l'Angleterre, de sa haute latitude où se manifeste au cœur de l'été le phénomène du « soleil de minuit » et de la présence de glace de mer à proximité de sa côte septentrionale. La description par Pythéas des fermiers installés dans le pays de Thulé est toutefois incompatible avec le fait que l'Islande est à l'époque presque à coup sûr inhabitée. Il est plus vraisemblable qu'il fasse voile vers le nord-est et atteigne les Orcades ou les îles Shetland, voire la côte occidentale de la Norvège. Pareil itinéraire est nettement plus à la portée des petits navires que Pythéas utilise et sa description des Thuléens correspond à celle des peuples agriculteurs de l'âge de fer de la Scandinavie. Peu importe où Pythéas s'est finalement retrouvé dans sa traversée boréale, le nom de Thulé ou « Ultima Thule » sert dans les siècles suivants à désigner vaguement une contrée, située dans la partie la plus reculée du monde septentrional, qui graduellement se pare de certains des attributs paradisiaques du pays des Hyperboréens. Le nom flotte au-dessus des parties nordiques des cartes jusqu'au début du XXe siècle et se fixe alors finalement en un point : le savant danois Knud Rasmussen choisit ce nom pour un poste qu'il établit dans le nord-ouest du Groenland parmi la population inuit la plus polaire du globe. Le nom passe ensuite à la base aérienne américaine, sise à proximité, qui sert d'important relais durant la guerre froide de la seconde moitié du XXe siècle. Comme nous le verrons, le nom prend aussi une connotation maléfique et plus ésotérique.

Les récits mythologiques et géographiques du monde de l'Antiquité survivent sous des formes encore plus subtiles et dénaturées pendant le haut, puis le bas moyen âge. En Europe, la progression du christianisme vers le nord se traduit par l'alphabétisation et la connaissance d'un monde plus vaste, aussi bien temporel que spirituel, mais reporte aussi toute l'attention historique et géographique sur les contrées bibliques. La conception géographique du monde dans l'Europe médiévale est superbement résumée dans les magnifiques planisphères qu'on attribue à Gervais de Tilbury, érudit britannique du XIIIe siècle. Monumental collage sphérique de plus de trois mètres de diamètre composé de trente feuilles de vélum, le plus complexe d'entre eux est détruit en 1943 dans le bombardement aérien de Hanovre où il avait été déménagé après avoir été conservé au monastère allemand d'Ebstorf. Le plan du monde s'y superpose à l'image du Christ en croix dont la tête occupe l'est de la carte (sa partie supérieure) et dont les pieds baignent dans l'océan occidental. Jérusalem repose sur son cœur, au centre du monde. Dans cette vision de la Terre, les régions arctiques sont périphériques et se présentent comme un prolongement boréal de l'Asie, bordée au nord par une mer libre abritant de nombreuses îles. Le détail le plus singulier est une chaîne de montagnes qui s'étire jusqu'au littoral arctique et qui est peut-être l'héritière des monts Riphées de l'Antiquité. Cette chaîne montagneuse forme pour l'Asie méridionale et l'Europe une barrière protectrice contre le Pays de Gog et de Magog, dépeints comme deux personnages se régalant de membres humains et probablement à l'image des guerriers nomades qui à l'occasion mènent alors des incursions à partir de l'Asie centrale. Le Pays des Amazones, un autre mythe de l'Antiquité, aussi transposé en Asie arctique, est signalé à l'attention par deux maîtresses femmes lourdement armées qui montent la garde d'un territoire situé juste au-dessus de la main droite du Christ.

L'Europe du Nord est une région relativement peu ornée de la mappemonde d'Ebstorf, traversée par plusieurs cours d'eau non identifiés et dont la partie centrale contient les dessins d'un wapiti, ou d'un cerf, et d'un animal à corne qui pourrait être un bovidé sauvage ; semblable et de la même époque, la mappemonde d'Hereford représente un ours dans cette région, peut-être pour symboliser les forêts russes. Au large de la côte occidentale de l'Europe s'étire un chapelet d'îles parmi lesquelles figurent Anglia (Angleterre), Scotia (Écosse), Hibernia (Irlande), Islandia (Islande) et Norwegia (Norvège) ; elles forment une chaîne, depuis le sud vers le nord, et sont à peine séparées du continent. Le tracé conventionnel et le manque de définition des îles et des côtes européennes septentrionales laissent supposer que, si les savants connaissent l'existence de terres boréales aussi reculées que l'Islande et la Norvège, ils savent peu de choses de leur position géographique ou de leur nature réelle. Dans un monde conçu comme une métaphore imparfaite du corps du Christ, les régions à ce point éloignées du cœur ont peu d'intérêt ou d'importance.

Les eaux libres et manifestement navigables de l'océan Arctique et l'existence d'îles septentrionales habitables sont les seules indications, sur la planisphère d'Ebstorf, que l'Arctique est encore alors considéré comme un domaine où la vie humaine peut prospérer. La survivance, à l'époque médiévale, des antiques concepts de merveilles hyperboréennes est toutefois suggérée par le « Livre de Leinster » datant du XIIe siècle. Ce recueil d'écrits divers inclut une version mythique de l'histoire ancienne de l'Irlande. On y rapporte que le druide Caicher conduit son peuple de Scythie vers le nord et qu'une tempête les entraîne dans l'océan boréal « jusqu'à ce qu'ils atteignent, au bout d'une semaine, le gigantesque promontoire sis au nord des monts Riphées et trouvent sur ce promontoire une source au goût de vin, y festoient et y dorment trois jours et trois nuits ». Caicher y prophétise que leurs descendants voyageront sans répit jusqu'à ce qu'ils parviennent en Irlande trois cents ans plus tard. De toute évidence, l'Arctique est encore pour l'auteur du « Livre de Leinster » un monde où l'on peut s'attendre à des prodiges et où il est possible de naviguer en eaux libres, de la Scythie à l'Irlande.

La promesse d'un océan Arctique libre de glaces séduira les navigateurs des siècles ultérieurs, mais les premières cartes postmédiévales esquissent également peu à peu un continent polaire et ajoutent ainsi une nouvelle composante qui persiste à la marge de la connaissance géographique du monde. Le géographe flamand Gerhard Mercator décrit mieux que les autres le continent polaire, lui dont la carte de 1569 est la principale source d'information dont disposent Martin Frobisher et d'autres pionniers de l'exploration arctique. Sa carte montre un continent vaguement circulaire qui s'étend approximativement de 75° à 87° de latitude Nord et qui ceinture un océan polaire occupé en son centre par une haute montagne isolée. D'étroits canaux qui coulent vers le nord en direction du pôle divisent en quatre îles le continent. Gentilhomme navigateur et auteur du compte rendu le plus complet de l'aventure de Martin Frobisher dans l'Arctique canadien, George Best propose une description plus minutieuse de l'Arctique à partir de cette carte :

> Comme le mentionne Mercator citant probablement quelque auteur, il y eut un frère d'Oxford, grand mathématicien, qui s'aventura en personne très loin dans le Nord, il y a plus de 200 ans, et qui, à l'aide d'un astrolabe, décrivit presque toutes les terres autour du Pôle qu'il trouva divisées en quatre parts ou îles, par quatre grands chenaux, coulées ou passes au débit violent qui se jetaient eux-mêmes dans une monstrueuse cuvette, un entonnoir vorace d'une puissance et d'un courant si intenses qu'un navire s'engageant si peu que ce fut dans l'une de ces quatre coulées ne pouvait être retenu par la force de quelque grand vent, mais filait tête baissée dans les entrailles de la terre par ce profond et vorace entonnoir. La partie sud-ouest de cette contrée, rapportait-il, jouit d'un bon sol fertile. Un peuple appelé Pygmée, qui au mieux ne fait pas plus de 4 pieds, en habite la partie nord-est (par rapport à l'Angleterre) [...]. Tous ces impétueux chenaux et

> coulées courent droit vers un point sous le Pôle où l'on dit aussi que se trouve une montagne de taille monstrueuse, de hauteur prodigieuse et d'environ 35 lieues de circonférence à la base.

La référence au mathématicien anglais muni d'un astrolabe fait écho à un mystérieux ouvrage, intitulé *Inventio Fortunatæ*, qu'un docte frère d'Oxford ayant beaucoup voyagé dans l'Arctique au milieu du XIVe siècle aurait offert à Édouard III d'Angleterre. Nul n'a vu ce livre depuis le XVIe siècle. On a émis l'hypothèse que son auteur est un moine anglais qui aurait séjourné dans les établissements scandinaves du Groenland au milieu du XIVe siècle. Le vortex arctique et les Pygmées, que l'auteur de l'*Inventio* présente comme les habitants des continents polaires, semblent le fruit de l'amalgame de mythes scandinaves et des connaissances géographiques des Groenlandais scandinaves.

La carte du Nord laissée par Mercator porte la marque d'une seconde source ésotérique : le récit des présumés voyages, au XIVe siècle, de deux frères vénitiens nommés Niccolò et Antonio Zeno. Agrémenté d'une carte, ce récit publié en 1558 prétend relater une série d'explorations dans le Grand Nord entreprises presque deux siècles plus tôt. Son auteur décrit plusieurs vastes contrées nouvellement découvertes : Estland, Frisland, Icaria, Estotiland, Drogeo ; deux d'entre elles — Islanda et Engronelant — sont assez aisément reconnaissables. Ces contrées sont, selon ses dires, peuplées de races fabuleuses de guerriers, de cannibales et de chrétiens ; la région arctique y est dépeinte comme la terre d'accueil de civilisations florissantes ; le lieu le plus septentrional qui y soit décrit est le prospère monastère de Saint-Thomas, associé à une région de sources thermales par presque 75° de latitude Nord sur la côte orientale de l'Engronelant. La carte des frères Zeno, fabriquée à partir des sources à la disposition de tout auteur vénitien du XVIe siècle, est une imposture, mais le fait qu'un géographe aussi bien informé que Mercator lui concède quelque autorité indique que le concept d'un Arctique habitable et clément est encore vivace de son temps dans la conscience européenne.

Ce point de vue est certainement partagé par John Dee, ami de Mercator, astrologue et conseiller d'Élisabeth Ire d'Angleterre, et tenu pour l'homme le plus savant d'Europe. En 1580, Dee réunit de la documentation pour étayer la revendication anglaise de souveraineté sur les régions septentrionales de l'Amérique du Nord et soutient que le roi britannique Arthur a

> non seulement conquis l'Islande, le Groenland et toutes les îles nordiques bordant la Russie, mais même (en un sens) étendu sa juridiction sur le Pôle Nord; et qu'il a envoyé des colons en ce lieu et dans les îles entre l'Écosse et l'Islande. Ce par quoi il est probable que l'île autrefois nommée Friseland a été une découverte et une possession de l'Angleterre; et comme on a vu le Groeland par-delà le Groenland devoir aussi à Arthur ses habitants, il est plausible que la fameuse île dite Estotiland ait été propriété de ses sujets.

Dee tire manifestement des *Gestæ Arthuri*, autre livre introuvable depuis le XVIe siècle, ses renseignements peut-être enjolivés par ses propres fantasmes triomphalistes de succès britanniques dans un Arctique propice à l'occupation humaine.

Dans son compte rendu des voyages de Frobisher en 1578, George Best rassemble des preuves détaillées susceptibles d'expliquer pourquoi les régions arctiques doivent être habitables. Il observe que la température est non seulement fonction de l'angle auquel les rayons du soleil frappent la terre, mais aussi de la durée du jour, en sorte que le jour ininterrompu de l'été arctique permet l'apparition de conditions climatiques tempérées. Pendant l'hiver, le demi-jour et le clair de lune dispensent une luminosité suffisante et la nature prodigue aux créatures des lieux, fourrure, plumage et autres moyens de survivre au froid. Le cosmographe de la Renaissance, Guillaume Postel, soutient aussi cette théorie en affirmant que « sous le Pôle et dans ses environs, est le meilleur habitat pour l'homme qui y jouit d'un jour continuel et n'a pas la moindre idée de ce que signifie nuit ou obscurité ».

La conviction que l'Arctique est le paradis des délices hyperboréens ne se dissipe que graduellement à mesure que, du XVIe au XIXe siècle, les explorateurs rapportent de leurs voyages des connaissances géographiques durement acquises. En 1816, Mary Shelley peut encore convoquer ce fantasme persistant et se servir d'une expédition arctique comme cadre de son œuvre intitulée *Frankenstein ou le Prométhée moderne*. Dans une lettre à sa sœur écrite depuis Saint-Pétersbourg, le narrateur Robert Walton décrit les attraits de l'exploration polaire:

> J'essaie vainement de me persuader que le pôle est le siège du froid et de la désolation; invariablement, il se présente à mon esprit comme un lieu de beauté et de délices. Là-bas, Margaret, le soleil ne se couche jamais. Son vaste disque ne fait qu'effleurer l'horizon, et il brille dans une perpétuelle splendeur. Là-bas — car, avec ta permission, ma sœur, je veux accorder foi aux navigateurs qui m'ont précédé —, là-bas, la neige et le gel sont abolis. Il se peut même que, voguant sur une mer étale, nous soyons poussés vers

> une terre surpassant, en charme et en beauté, toutes les régions découvertes à ce jour dans les parties habitables du globe. [...] Que ne peut-on attendre d'une région où il fait éternellement jour? Peut-être découvrirai-je là la merveilleuse puissance qui attire l'aiguille des boussoles. Peut-être pourrai-je donner corps à un millier d'observations célestes auxquelles il ne manquait que ce voyage pour que soient expliquées enfin les apparentes excentricités des planètes. Je vais assouvir mon ardente curiosité en visitant une partie du monde qui n'a jamais été explorée, et il se peut que je foule un sol sur lequel aucun être humain n'ait encore posé le pied[1].

Vingt ans plus tard, Edgar Allen Poe imagine une plus sinistre version antarctique d'une région tropicale sous le pôle. Dans *Les aventures d'Arthur Gordon Pym*, des explorateurs se fraient péniblement un chemin dans la barrière de glace qui protège l'océan Antarctique. À de hautes latitudes, ils découvrent un océan étale, de plus en plus chaud, et une île boisée qui est la patrie d'un peuple semblable aux Polynésiens. Fuyant dans un canoë d'indigène tandis qu'est massacré le reste de l'équipage, le narrateur est happé par un courant de plus en plus rapide qui l'entraîne inéluctablement vers le sud, en direction du pôle où l'histoire s'achève abruptement dans un troublant malstrom de chaudes cataractes. Quelques années auparavant, Poe décrit avec virtuosité un gouffre polaire antarctique dans le « Manuscrit trouvé dans une bouteille », nouvelle qu'il publie plus tard avec une note de fin de texte où se révèlent les curieux détours qu'emprunte la culture pour répandre des mythes:

> NOTE. — Le *Manuscrit trouvé dans une bouteille* fut publié pour la première fois en 1831, et ce ne fut que bien des années plus tard que j'eus connaissance des cartes de Mercator, dans lesquelles on voit l'Océan se précipiter par quatre embouchures dans le gouffre polaire (au nord) et s'absorber dans les entrailles de la terre; le pôle lui-même y est figuré par un rocher noir, s'élevant à une prodigieuse hauteur[2].

Poe n'emprunte peut-être pas directement à Mercator la vision qu'il entretient d'un accès par le pôle au monde souterrain, mais leurs visions s'inspirent vraisemblablement toutes deux d'une même source primaire. Poe connaît certainement les vues de l'excentrique officier de l'Armée américaine John Symmes, auteur de nombreux livres et conférences, au début du XIXe siècle, sur le concept saugrenu que de larges

1. Traduction Joe Curvorst, Marabout [1978], « Le Livre de Poche », 2004, p. 15-16.
2. Traduction Charles Baudelaire, Garnier-Flammarion, « GF », 1965, p. 220.

Le pôle Nord et l'océan libre qui l'entoure, suivant la description de John B. Shelden qui affirme y avoir navigué en 1869. Cette mystification témoigne de l'étonnante persistance de concepts géographiques pourtant déjà caducs lorsque Mercator les dépeignait presque trois siècles plus tôt. (Anonyme, *Discovery of the North Pole and the Polar Gulf Surrounding It*, 1870. Collection du Glenbow Museum, Calgary, Canada)

ouvertures donneraient accès à l'intérieur habitable de la terre, aux pôles Nord et Sud. Il semble probable que Symmes étoffe tout bonnement une idée avancée au XVIIe siècle par l'astronome anglais Edmund Halley, savant à qui l'on doit la découverte du retour périodique de la comète aujourd'hui connue sous son nom. Halley émet l'hypothèse que l'intérieur de la Terre est creux et habitable, éclairé par des gaz lumineux qui s'échappent occasionnellement des orifices polaires, causant ainsi les aurores (boréales et australes). À peine un siècle sépare les travaux de Halley du moment où le monde apprend l'existence d'un traité de géographie arctique intitulé *Inventio Fortunatæ*. Les érudits des premiers temps de la Renaissance traitent comme une autorité cet obscur document médiéval qui sert peut-être de fondement aux théories de Halley et de Mercator sur la zone polaire du Nord.

Si la science géographique écarte finalement le concept de merveilles polaires, il n'en survit pas moins sous forme d'idée littéraire et abstraite dans la conscience culturelle européenne. Ainsi, dans *Voyage au centre de la terre* de Jules Verne, des aventuriers du XIXe siècle trouvent-ils l'entrée de cette contrée fantastique à l'intérieur d'une montagne de l'Arctique, le volcan islandais Sneffels. Plusieurs de ces thèmes subsistent en outre dans le champ trouble des politiques raciales. L'association des régions arctiques avec une race nordique européenne supérieure refait surface dans les œuvres de Friedrich Nietzsche qui, en 1895, ouvre son essai *L'antéchrist* par une assimilation métaphorique de son nouveau surhomme nordique avec les peuples hyperboréens de l'Arctique auxquels il oppose les méridionaux dégénérés :

> Nous sommes des Hyperboréens, — nous ne savons que trop à quel point nous vivons à l'écart. « Ni par mer, ni par terre, tu ne trouveras la route qui mène chez les Hyperboréens » : voilà ce que Pindare savait déjà de nous. Au-delà du nord, de la glace, de la mort — notre vie, notre bonheur... [...] Plutôt vivre dans les glaces que parmi les vertus modernes, et autres vents du sud[3] !

Un autre nom ancien, emprunté à la géographie mythique de l'Arctique, réapparaît en 1912 avec la fondation de la Société de Thulé. Cet ordre mystique allemand entretient la croyance que l'île de Thulé a été une Atlantide du Nord, le berceau d'une civilisation avancée qu'une catastrophe a anéantie. Confiés à la garde d'anciens maîtres, avec qui les adeptes peuvent communiquer lors des rites mystiques de l'ordre, certains secrets de cette civilisation auraient survécu. Forte de ce savoir, la Société de Thulé entend créer une tribu aryenne de surhommes qui extermineront un jour les races inférieures de ce monde. Elle est alors un centre de recrutement pour les Bavarois radicaux qui, à leur tour, forment le noyau du Parti national socialiste fondé par Adolf

3. Traduction de Jean-Claude Hémery, Gallimard, « Idées/Gallimard », 1974, p. 11.

Hitler au début des années 1920. Un fond de religion occulte caractérise la pensée sociale et politique du nazisme allemand et des éléments de croyance en un fantastique et légendaire monde arctique survivent encore de nos jours dans les convictions racistes des partisans de la suprématie blanche. *Thule* est aujourd'hui le titre d'un magazine américain haineux, publié en hommage aux « prisonniers de guerre » blancs détenus dans les pénitenciers américains pour des actes de violence contre toute race autre que la blanche.

Maintes publications contemporaines diffusent des croyances pareillement fantaisistes que promeuvent des sites Internet voués aux idées ésotériques. Plusieurs de ces sources entretiennent des liens avec la « Hollow Earth Research Society » dont les adeptes s'inspirent grandement des théories de John Symmes. Les tenants de ces théories affirment résolument qu'après la Deuxième Guerre mondiale plus de 2 000 éminents scientifiques ont disparu d'Allemagne et d'Italie, émigrant collectivement avec près d'un million d'autres individus en « une contrée par-delà le pôle Nord ». Une variante de cette fable, qui rappelle les croyances de la Société de Thulé, s'appuie sur le « Journal de bord secret », largement diffusé et prétendument rédigé par l'amiral américain Byrd, qui raconte un vol au-dessus de l'Arctique le 2 février 1947. Ce « Journal de bord secret » rapporte la découverte d'un paysage tropical et d'une ville resplendissante où Byrd aurait été contraint de se poser par des soucoupes volantes arborant la swastika. Là, il aurait été interrogé par des extraterrestres aux traits germaniques accusés, d'une sagesse et d'une force exceptionnelles. Selon une autre version, le vol de l'amiral Byrd en 1947 et la découverte d'une contrée tropicale auraient eu lieu en Antarctique. De fait, l'illustre aviateur est à l'époque en Antarctique, à titre d'officier supérieur de l'opération High Jump menée par la marine américaine en 1947 pour tenir occupées, dans l'après-guerre, les forces navales et pour affirmer du même coup la présence américaine dans l'Antarctique. La version ésotérique affirme que cette entreprise était en réalité celle d'un corps expéditionnaire de plus de 100 000 hommes envoyés dans les terres australes pour anéantir les populations allemandes en exil qui avaient soi-disant rallié un Antarctique clément et habitable en passant par l'intérieur creux de la terre. Parce que les Américains y auraient essuyé une défaite humiliante, leur gouvernement aurait dissimulé l'épisode et fomenté une conspiration du silence.

Cette fantaisiste succession d'histoires mêle plusieurs éléments de géographie légendaire de l'Arctique. L'accès par les pôles à l'intérieur de la planète rappelle la description, dans l'*Inventio Fortunatæ*, du vortex polaire qui aspire les navires dans les entrailles de la terre, mais aussi la description plus récente et (à ses yeux) indépendante, par Edgar Allen Poe, d'un malstrom antarctique. L'idée d'un refuge tropical dans l'Antarctique, comme les rumeurs évoquant de secrètes vallées de forêts de palmiers dans le Grand Nord canadien et l'Arctique européen, a de respectables antécédents, depuis au moins l'époque médiévale et pourrait même, en vérité, remonter jusqu'à l'antique et mythique Pays des Hyperboréens.

On ne doit pas s'étonner que de pareils concepts exercent encore une emprise sur l'imagination populaire. La légende de l'un lointain paradis arctique nous est familière depuis le temps d'Homère; les éphémères descriptions de quelques explorateurs arctiques ou les yeux scrutateurs de satellites envoyés dans l'espace par la dernière génération ne viendront pas si vite à bout d'un mythe aussi archaïque.

CHAPITRE 3

Un monde de chasseurs

Des images d'une insolite beauté ont nourri ma fascination précoce pour l'Arctique. Comme d'autres gens du Sud, je le percevais comme une terre de roc et de glace, réduite à sa plus simple expression vu l'absence de forêts, de terres agricoles et de traces importunes d'activité humaine. La lumière diurne perpétuelle de l'été arctique ajoutait au dépaysement et à l'étrangeté onirique de ce territoire dont les périls de l'interminable nuit et du froid meurtrier en hiver captivaient l'imagination.

J'ai appris à connaître l'Arctique à travers les récits d'exploration. Pour les Européens qui se sont retrouvés sous l'emprise des régions polaires et qui ont ensuite relaté leur expérience — presque tous des jeunes gens de bonne famille attirés au nord par la soif de richesse ou de promotion dans la carrière qu'ils avaient choisie — l'Arctique était un lieu d'infinis dangers et tribulations. Sa beauté tenait à son état sauvage, à l'absence du familier et à la mise à l'épreuve du caractère humain dans un combat loyal entre des hommes intrépides et une nature implacable. Quand je repense à mes premiers séjours dans l'Arctique, je constate à quel point les écrits des explorateurs ont défini le cadre à l'intérieur duquel se sont façonnées mes perceptions de la région. Tous les gens du Sud subissent un « choc environnemental » dans cette contrée dénuée de tout élément d'une familiarité rassurante. Quand un esprit imbu de récits d'exploration polaire encaisse ce choc, le charme de l'Arctique lui paraît bien trompeur : une illusion derrière laquelle guettent le péril et l'adversité, sitôt passée l'expérience du moment.

La promesse de sensations fortes et de dangers ne fait pas partie de l'expérience des peuples indigènes de la région. Leur patrie bien-aimée est un monde beau, sûr et réconfortant, un monde qui a généreusement fourni de quoi vivre à leurs ancêtres depuis d'innombrables générations. Ces ancêtres ont reconnu il y a longtemps un fait essentiel : les animaux sont la richesse de l'Arctique parce que la toundra et l'océan couvert de glace offrent aux peuples chasseurs une récolte faunique plus facile à moissonner qu'en presque toute autre région du globe. Il y a plusieurs bonnes raisons à cela. La première est qu'en comparaison des zones tempérées ou tropicales les régions arctiques abritent très peu d'espèces animales, peut-être en partie à cause de leur rude climat. L'émergence relativement récente d'environnements jusque-là ensevelis sous les inlandsis de la Glaciation en est une autre puisque seules quelques espèces ont eu le temps de s'adapter adéquatement à la région. Le revers de la médaille ? L'absence de compétition avec d'autres animaux pour les mêmes réserves alimentaires a pour conséquence que l'Arctique peut subvenir aux besoins d'indénombrables individus de ces quelques espèces. Fermiers, pêcheurs et autres moissonneurs habitués au commerce savent que pareille « monoculture » rend possible une utilisation très efficace des ressources, avantage naturel que l'Arctique assure à ses peuples chasseurs.

Autre trait caractéristique de l'environnement arctique dont les chasseurs bénéficient : l'amplitude extrême des variations saisonnières. Cette situation favorise les denses regroupements d'animaux à certains moments de l'année ; ainsi poissons, oiseaux et mammifères mettent-ils à profit le court été pour frayer ou pour élever et nourrir leur progéniture, et fuient-ils l'hiver glacial en migrant vers le sud ou en se tenant à la marge de la glace de mer. D'immenses hardes de caribous se dispersent vers le nord chaque printemps pour mettre bas près du littoral arctique et se rassemblent à la fin de l'été en larges fleuves d'animaux déferlant vers le sud pour s'abriter dans les forêts. Les phoques donnent naissance à leurs petits en troupeaux innombrables sur la glace de mer printanière ou en colonies compactes sur des îles rocheuses. Dans leurs migrations, les baleines empruntent de petites tranchées dans la glace de mer pour atteindre dès que possible en saison leurs aires arctiques d'alimentation et se faufilent dans d'étroits rubans d'eau où l'on peut aisément les approcher. Libres de glaces quelques semaines chaque été, les cours d'eau regorgent de bancs d'ombles ou de saumons et

Les plus stériles étendues de l'Arctique subviennent aux besoins d'une vie faunique, comme en témoigne ce bœuf musqué qui traverse les plages de graviers de Port Refuge dans le haut Arctique canadien. (Robert McGhee, Musée canadien des civilisations)

la toundra est semée de nids d'oies, de canards et de cygnes qui élèvent leurs oisillons et muent en vue de leur départ précoce vers le sud.

L'Arctique est une terre riche et généreuse pour ceux qui ont appris à quel moment et en quel lieu retrouver ces concentrations fauniques saisonnières dans leur environnement immédiat, mais aussi comment planifier leurs activités annuelles pour en tirer le meilleur parti, comment exploiter le froid de l'hiver pour stocker de la viande pendant des semaines ou des mois en prévision de périodes de disette. En comparaison, la forêt boréale à sa frontière méridionale et les forêts tempérées plus au sud — où les animaux de proie sont davantage susceptibles de vivre en solitaires ou d'errer de manière imprévisible en petits groupes et où la vue est partout obstruée par les arbres — sont des environnements qui exigent, pour survivre, bien plus d'habiletés et de connaissances du milieu de la part du chasseur.

Les premiers anthropologues qui ont tenté d'expliquer pourquoi les Esquimaux et autres peuples de l'Arctique habitaient des régions septentrionales aussi désertiques ont eu tendance à laisser entendre que leurs ancêtres avaient été refoulés au nord à la suite de conflits ou empêchés de s'installer au sud par des populations qui défendaient jalousement leurs territoires forestiers. Il semble cependant plus vraisemblable que les ancêtres de la plupart des peuples arctiques aient choisi ces régions pour l'existence prospère qu'elles leur offraient. Bien sûr, il y a des inconvénients même pour le chasseur qui apprend à exploiter les ressources de l'Arctique. La terrible rigueur du froid hivernal, l'obscurité qui l'accompagne et l'absence d'animaux migrateurs créent un environnement qui pardonne moins qu'en régions tempérées les erreurs ou la malchance. Les chasseurs arctiques ont de tout temps vécu moins en sécurité que ceux des contrées plus au sud, mais ils estimaient que la beauté et la prodigalité de leur terre compensaient plus que largement ses dangers occasionnels.

L'anthropologue Igor Krupnik a étudié de près les peuples chasseurs de l'Arctique et note qu'ils ont tous développé des modes de vie semblables, ce qui est probablement nécessaire pour composer avec l'inévitable insécurité de l'existence dans l'Arctique. L'une des caractéristiques de ce mode de vie est un fort taux de procréation ; les populations locales ont de la sorte la capacité de s'accroître rapidement en période d'abondance. Aucun peuple traditionnel de l'Arctique ne s'efforce de limiter la taille de la famille ou la croissance démographique au nombre d'individus dont l'environnement immédiat serait en tout temps en mesure d'assurer la subsistance. Compte tenu de l'instabilité des ressources fauniques dans l'Arctique, il est probablement impossible d'équilibrer fluctuations à court terme des réserves alimentaires et longévité humaine. Dans un contexte traditionnel, une forte croissance démographique signifie un taux de mortalité élevé dans les inévitables périodes de famine. Mais s'ils étaient moins nombreux, les groupes locaux pourraient être entièrement décimés. Si le groupe compte un plus grand nombre d'individus, quelques-uns survivront habituellement pour le perpétuer.

Les peuples arctiques ont pour autre caractéristique un penchant pour la mobilité. Quand les ressources alimentaires viennent à manquer localement, la capacité de se déplacer rapidement sur de longues distances, combinée à un large réseau de proches et de connaissances dont on peut espérer un soutien temporaire, revêt une extrême importance. Krupnik observe néanmoins que les grandes expansions territoriales et les migrations sur de longues distances surviennent typiquement en période d'abondance. Pareils mouvements peuvent s'opérer lorsque des populations locales en croissance rapide se déploient dans des régions qu'elles ont délaissées lors d'épisodes antérieurs de disette. Cela peut aussi conduire à investir un territoire jusque-là inconnu ou inexploré, dans l'espoir d'y faire bonne chasse, et à le peupler rapidement quand s'y trouvent en quantité des bêtes jamais chassées auparavant.

Une troisième caractéristique des peuples arctiques est leur propension à abattre autant d'animaux que possible, puis à stocker l'excédent de viande pour consommation ultérieure ou à la partager avec d'autres groupes, ou encore à la laisser carrément se perdre. L'abattage excessif, habituel et routinier, de bêtes dont ces populations dépendent pour leur subsistance vient démentir la vision romantique selon laquelle les peuples chasseurs autochtones seraient naturellement des protecteurs de l'environnement. Cette chasse excessive, sans égard aux conséquences biologiques, est un comportement constant chez les peuples arctiques à travers l'histoire. Dans la plupart des cas, les espèces chassées ne sont pas gravement menacées puisque les chasseurs arctiques sont peu nombreux; en outre, jusqu'au siècle dernier, ils ne possédaient pas d'armes susceptibles d'infliger de lourdes pertes aux populations fauniques. On tient cependant la preuve archéologique indiscutable que les anciens chasseurs étaient en mesure de provoquer au moins des extinctions locales. Le bœuf musqué de l'île Banks, dans l'Arctique canadien, semble avoir été exterminé au moins à deux reprises: une première fois, il y a environ 3 000 ans, et une autre fois dans les années 1850. La disparition des derniers mammouths survivants sur l'île Wrangel, aux confins de la mer de Tchoukotka, a coïncidé avec l'apparition de chasseurs humains sur l'île il y a environ 5 000 ans. Krupnik soutient que l'extinction vers la fin de la Glaciation de plusieurs espèces de grands animaux, tant en Eurasie qu'en Amérique du Nord, pourrait être imputable à des chasseurs humains qui vivaient et s'activaient dans un environnement semblable à celui de l'Arctique et qui auraient développé des coutumes de chasse encore en usage chez les chasseurs arctiques contemporains.

Ces habitudes de chasse peuvent sembler simplement téméraires ou insouciantes des conséquences; en fait, elles sont intimement liées aux religions et aux conceptions du monde des peuples arctiques — et ces aspects de l'existence sont clairement pertinents pour la compréhension du mode de vie des communautés arctiques de chasseurs. Dans leur perception traditionnelle du monde et de son fonctionnement, les chasseurs arctiques n'établissent habituellement aucun lien entre l'abattage excessif et l'extinction d'une espèce, ou même le déclin des populations animales chassées. Si l'on peut se permettre une généralisation à partir de la grande diversité de croyances nourries par chacune des communautés nordiques, c'est que l'abattage d'un animal y est universellement vu comme un accord consensuel entre le chasseur et le gibier. La proie s'offre d'elle-même à être tuée ; elle choisit un chasseur suffisamment compétent et bien informé de la manière dont il faut traiter le corps de l'animal. Si le chasseur se conforme au rituel prescrit pour apaiser l'âme de l'animal tué ou lui être agréable, la créature renaît pour être tuée à nouveau et satisfaire aux besoins d'un chasseur qui se sera montré digne de ce trophée. Les populations fauniques déclinent, ou disparaissent, non parce qu'on les chasse à l'excès, mais parce que des chasseurs ne les traitent pas avec assez de respect et que les premières décident d'éviter désormais les seconds. Cette conception de la relation entre animal et humain semble bien adaptée aux besoins de populations contraintes de tuer aussi souvent que possible, pour se prémunir contre les inévitables périodes de disette dont tout chasseur arctique a l'expérience.

Le rapport entre chasseur et gibier est un aspect d'un ensemble complexe de croyances religieuses qui jadis imprégnait l'existence des peuples du Nord et exerce encore sur eux une influence considérable. Pour décrire cette vision du monde, les anthropologues utilisent le mot « chamanisme », dérivé du vocable sibérien « chaman » qui désigne un thérapeute religieux. Tous les peuples arctiques, depuis les Saames d'Europe septentrionale jusqu'aux Inuit de l'Arctique canadien et du Groenland, ont pratiqué des religions chamaniques. On trouve des éléments de chamanisme dans l'antique religion scandinave décrite dans les *Edda* islandaises et des savants y ont relevé de remarquables similarités avec le bouddhisme tibétain.

La conception chamanique de l'univers est fort différente de celle de la plupart des peuples du monde moderne. Au lieu d'une sphère tournant autour d'un soleil de feu qui pivote sur lui-même dans un espace ténébreux et infini, le monde chamanique se compose d'une série invariable de plans superposés. Les formes les plus simples de cette croyance retiennent trois plans. Le plan supérieur est le monde céleste, occupé par le soleil et la lune, les planètes et les étoiles, les nuages, le vent et son lot d'êtres surnaturels et de puissances spirituelles. En dessous se trouve un monde intermédiaire habité par les êtres humains, les autres animaux, les fantômes et les âmes errantes ; c'est la portion la mieux comprise et la plus aisément maîtrisée. Au niveau inférieur gît le monde souterrain, accessible par les cavernes, les failles rocheuses, dont attestent d'ailleurs les os fossilisés et, à l'occasion, les carcasses gelées d'énormes bêtes ; d'étranges créatures, aussi bien matérielles que spirituelles, et parfois même des fantômes peuplent ce monde mystérieux. Certaines sociétés y ajoutent un monde sous-marin qu'habitent poissons, mammifères marins et redoutables puissances spirituelles. D'autres y intercalent aussi des plans plus ésotériques encore, moins nettement conceptualisés et en général pas très bien cernés. Un axe terrestre central, qui sert de canal de communication dans tout l'univers, relie ces plans et soutient les mondes supérieurs.

Les puissances spirituelles qui peuplent les plans supérieurs et inférieurs peuvent exercer une influence considérable sur les occupants du monde intermédiaire. Maigre chasse, mauvais temps, maladie ou malchance d'un individu sont communément imputées à la malveillance de résidents du monde inférieur ou supérieur. Pour apaiser ces derniers, un chaman doit se rendre chez eux et se livrer à des excuses, à un combat ou à des menaces qui résoudront le problème. Cela nécessite un voyage spirituel pendant lequel l'âme du chaman quitte son corps d'homme ou de femme pour atteindre le monde céleste, chtonien ou sous-marin. Seule une personne instruite des techniques chamaniques, ou choisie par les esprits dispensateurs des pouvoirs nécessaires, peut entreprendre un tel voyage spirituel. Ces pouvoirs s'acquièrent souvent par l'intervention d'auxiliaires spirituels qui pour la plupart ressemblent à un animal et sont supérieurement doués des qualités de l'animal : vigueur, célérité, ruse, courage ou capacité de voir par-delà l'horizon. Les auxiliaires spirituels se présentent au chaman dans ses rêves, ou ses périodes de jeûne et de privation ; ils peuvent être parfois dépêchés par un autre chaman. Le voyage spirituel s'accomplit dans une transe induite soit par des hallucinogènes soit par le rythme des tambours : tous les shamans utilisent un grand tambourin circulaire qu'on appelle parfois le « coursier du chaman » ou la « porte du monde spirituel ».

La religion chamanique offre aux peuples du Nord une explication aux cycles des bonnes et mauvaises périodes, inévitables dans l'univers arctique, et leur donne un sentiment de contrôle sur les catastrophes que sont maigre chasse, mauvais temps et maladie. Elle gratifie les petites sociétés du leadership de chamans qui, s'ils sont expérimentés et avisés, réussiront peut-être à prendre et imposer des décisions difficiles,

La Sibérie et l'Alaska pendant la Glaciation.

mais nécessaires, en les présentant comme des exigences du monde spirituel. Des individus sans scrupules abusent malheureusement parfois de cette position pour accumuler fortune et pouvoir personnels dans des sociétés qui ont pour idéaux le partage et l'égalité dans l'harmonie. Pour le meilleur et pour le pire, les peuples arctiques sont restés fidèles à la vision chamanique du monde pendant des milliers d'années; certains de ses préceptes se sont avérés des plus résistants aux assauts du christianisme missionnaire aussi bien qu'à ceux des politiques scientifiques de régulation de la chasse.

La complexité des visions du monde et des adaptations arctiques laisse supposer que l'occupation humaine des régions polaires a demandé un temps infini. Cela ne signifie pas pour autant que quelque société arctique ait vécu et se soit développée uniquement dans sa zone bien délimitée depuis des temps immémoriaux ou depuis la fin de la Glaciation. Le concept romantique de cultures archaïques et immuables est en totale contradiction avec ce que nous savons des sociétés arctiques. Les petites nations du Nord ont toutes des histoires aussi longues et aussi complexes que celles des peuples plus méridionaux, une réalité que les découvertes archéologiques corroborent jour après jour à notre grand étonnement.

Le problème de l'archéologie tient à ce que ses découvertes sont tributaires d'objets conservés par hasard, et qu'elle ne jette que d'étroits faisceaux de lumière dans une vaste et ténébreuse étendue d'espace et de temps. Deux découvertes du genre, mentionnées au chapitre premier, semblent indiquer que les humains se seraient aventurés au-delà du cercle arctique jusqu'à la vallée du fleuve Iana, puis auraient traversé la Béringie pour atteindre l'extrémité nord-ouest de l'Amérique du Nord aussi précocement qu'il y a 25 000 à 30 000 ans, à l'apogée de la dernière Glaciation. Rien ne permet cependant de rattacher ces conclusions à une autre série de trouvailles qui nous ramènent moitié moins loin dans le passé : elles datent en effet de la période durant laquelle les températures sur la planète ont commencé à s'élever, au moment où a pris fin la Glaciation. Ces sites archéologiques se trouvent sur la rivière Berelekh — un affluent septentrional de l'Indiguirka où des chasseurs ont laissé des outils et des ornements d'ivoire en plus d'une grande quantité d'os de mammouth dont on a évalué l'âge à environ 12 000 ans — et à l'intérieur d'une grotte au-dessus de la rivière Bluefish, dans le nord du Yukon, où un autre groupe de chasseurs a abandonné des outils de pierre à peu près à la même époque. Nous ne savons rien d'autre de ces peuples et un autre hiatus de plusieurs millénaires sépare ces découvertes bien documentées des suivantes qui sont vraisemblablement reliées à de nouveaux groupes de peuples migrant vers le nord, dans la toundra et le long des côtes glacées.

Il y a environ 8 000 ans, l'inlandsis de la dernière Glaciation qui recouvrait le continent est rétracté aux dimensions qui sont encore les siennes aujourd'hui et les zones environnementales du monde ont approximativement épousé leur configuration moderne. On reconnaît universellement que, dès cette époque, des populations migraient au moins à la frange des régions arctiques en y adaptant, au début, les modes de vie côtiers qu'elles avaient développés dans des zones plus

L'afflcurement de calcaire abritant la grotte Bluefish domine une large vallée du Yukon septentrional, juste au sud de la limite des arbres. (Jacques Cinq-Mars, Musée canadien des civilisations)

méridionales. Certaines œuvres de l'art rupestre de la Norvège septentrionale pourraient être vieilles de 8 000 ans et ces images peintes d'animaux et de chasseurs arctiques nous en apprennent davantage que les quelques collections d'outils de pierre datant de la même période. De l'autre côté de l'Atlantique, sur la toundra côtière du Labrador, des peuples chassaient le morse et enterraient leurs morts sous des tumulus de blocs erratiques, selon des rituels aussi complexes que tous les autres rituels alors en usage, à notre connaissance, ailleurs dans le monde. Les chasseurs maritimes ont progressé vers le nord le long du littoral asiatique du Pacifique, au moins aussi loin que le Kamchatka et peut-être même le Tchoukotka tandis que, du côté américain, les Aléoutiennes et le sud de l'Alaska assuraient la subsistance de sociétés de chasseurs côtiers.

Les premières tentatives dans l'arrière-pays, où les sites archéologiques sont extrêmement dispersés et plus difficiles à repérer, nous sont beaucoup moins connues. Nous savons qu'il y a 8 000 ans des peuples chasseurs de caribou occupaient la plus grande partie de l'intérieur de l'Alaska et se livraient au moins à des incursions saisonnières dans la toundra à l'ouest de la baie d'Hudson pour atteindre le littoral arctique. Des entreprises semblables furent menées à travers toute la Sibérie, mais, jusqu'à récemment, nous ne savions que peu de choses du degré d'adaptation arctique sur ce territoire. Le tableau a changé radicalement dans la dernière décennie grâce à la découverte et à l'excavation, par l'archéologue Vladimir Pitul'ko, d'un vaste site archéologique gelé en profondeur sur la minuscule île Zhokov. Sis à 500 kilomètres au nord du littoral arctique, dans une région si isolée qu'on l'avait cru inoccupée jusqu'à une époque assez récente, cet îlot fait partie de l'archipel de Nouvelle-Sibérie. La datation à l'aide du radiocarbone indique néanmoins qu'il y a environ 8 000 ans, à un moment où l'îlot donnait sur la côte du continent sibérien, un peuple y vivait dans des huttes en bois de trois ou quatre mètres de côté, creusées dans le sol, au toit de bois flotté. Ce peuple chassait le renne et l'ours polaire, parfois même quelques phoques et morses, utilisait des traîneaux semblables à ceux de temps bien postérieurs et gardait des chiens qui, probablement, tiraient les traîneaux. Le peuple qui habitait cet établissement était parvenu à une véritable adaptation à l'Arctique et, par 76° de latitude Nord, les insulaires de Zhokov avaient manifestement appris à composer avec les ténèbres et la froidure hivernales aussi implacables en ce lieu que dans la plupart des régions polaires.

Quels qu'aient été les insulaires de Zhokov, il nous est impossible de leur découvrir des descendants dans aucun des peuples du monde présent. Nous ne savons pas non plus si les artistes auxquels nous devons les premières peintures rupestres du Nord de la Norvège étaient d'ancestraux Saames ou si les tout premiers chasseurs de l'Alaska étaient d'ancestraux Esquimaux, Aléoutiens ou Dénés. Compte tenu de l'inclination des Nordiques traditionnels à rapidement accroître la taille de leur groupe local en période d'abondance, à investir subitement de nouveaux et lointains territoires de chasse et à frôler l'extinction ou la quasi-extinction lors des inévitables famines, il semble plausible que plusieurs de ces peuples ayant laissé des traces archéologiques de leur occupation de l'Arctique n'aient pas de descendants dans le monde actuel. Les Tuniit offrent le meilleur exemple d'un tel peuple : premiers occupants universels de l'Arctique nord-américain, ils ont laissé un trésor d'œuvres artistiques bien conservées qui témoigne d'une vision du monde chamanique très particulière.

Il y a environ 8 000 ans, les environnements arctiques d'Amérique du Nord étaient aussi étendus qu'ils le sont de nos jours et les populations fauniques avaient migré vers le nord pour s'implanter sur des terres et dans des bras de mer depuis peu libérés des glaces plurimillénaires. Si d'anciens groupes amérindiens se livraient l'été à des incursions dans le Nord à travers la toundra, probablement à la remorque du caribou comme l'ont fait ces derniers siècles des groupes de Dénés ou d'Innus, il semble toutefois probable qu'ils revenaient chercher abri dans les forêts pendant l'hiver. Rien n'indique que quelque société se soit adaptée à vivre à longueur d'année dans la toundra et, pendant les 3 000 années suivantes, l'Arctique nord-américain est resté pour l'essentiel inoccupé.

Puis, voilà environ 5 000 ans, la situation bascule soudainement et mystérieusement. On exhume des vestiges archéologiques datant de 4 500 ans à 5 000 ans tout le long des côtes ouest et nord de l'Alaska, dans l'archipel arctique canadien et aussi loin que dans les vallées stériles du Groenland septentrional. En outre, ces vestiges très uniformes et très caractéristiques ne ressemblent à aucune autre trouvaille concernant des périodes antérieures dans les forêts nordiques ou les régions littorales subarctiques d'Amérique du Nord. Elles s'apparentent par ailleurs aux vestiges archéologiques laissés par des peuples sibériens depuis le lac Baïkal jusqu'à la mer de Tchoukotka : de menus outils de pierre habilement taillés dans du silex aux couleurs vives ; de fines aiguilles faites d'os d'oiseau, au chas presque microscopique ; des pointes de harpon sculptées dans de la corne ou de l'ivoire, percées d'un trou dans lequel le chasseur attache un filin pour extraire sa proie de la mer ; des lances d'os ou d'ivoire qui se terminent par une lame de silex tranchante comme un rasoir.

Leurs habitations semblent avoir été aussi singulières que leurs outils et leurs armes. Les vestiges trouvés font pour la plupart penser à des restes de tentes : des blocs erratiques disposés en ovale servaient à lester les bords d'une bâche en peau, probablement tendue sur une armature conique de pôles, et profondément rechaussée de tourbe et de neige pour isoler du froid hivernal. La surface habitable est petite, habituellement de deux ou trois mètres de côté, et divisée par un couloir médian qui court de l'avant à l'arrière. Ce dispositif unique est généralement large d'environ 80 centimètres, bordé de pierres ou de pavés à la verticale, parfois dallé et renferme un foyer central. Leur habitation à passage médian, leurs outils et leurs armes s'apparentent par le style à ceux des peuples sibériens, non seulement à ceux d'il y a 5 000 ans, mais aussi à ceux du siècle dernier, et à ceux de sociétés aussi éloignées que les Saames de Scandinavie septentrionale.

L'apparition soudaine de ce mode de vie typique dans l'Arctique nord-américain reflète à coup sûr la progression de nouveaux arrivants, venus de Sibérie, qui ou bien franchissent le détroit de Béring en canot ou, plus vraisemblablement, le traversent à pied sur la glace hivernale dangereusement instable. Leur mode de vie arctique est sans doute rendu possible par les inventions eurasiennes qu'ils semblent introduire dans les Amériques : l'arc, la flèche et le vêtement de peaux confectionné avec soin et du genre de celui encore porté aujourd'hui par des peuples sibériens. Les flèches sont attestées par de minuscules pointes de pierre taillée aux extrémités tranchantes et acérées ; quant aux vêtements, d'énormes quantités d'aiguilles faites d'os, des retailles de peaux cousues et quelques sculptures représentant des individus dont le costume se compose de hautes bottes, d'un pantalon et d'un parka doublé, à haut col, en sont les témoins. Pourvus d'un vêtement sophistiqué, armés de harpons, de lances et de foènes qui leur permettent d'exploiter la plupart des ressources arctiques, munis de petites tentes qui leur servent d'abri mobile contre le pire mauvais temps arctique, ces peuples ont tout ce qui est nécessaire pour voyager et chasser sur la toundra et la glace de mer. Étrangement, l'archéologie n'a pas trouvé beaucoup de traces d'autres éléments typiques d'adaptation arctique : ainsi, on a très rarement retrouvé des os de chiens — signe que si, comme tous les autres peuples chasseurs, celui-ci appréciait la compagnie des chiens, il en avait très peu. On a récupéré les parties en bois d'un seul canot semblable à un kayak sur un site groenlandais — indice que ce peuple savait fabriquer et utiliser une embarcation, mais qu'il possédait peu de ces utiles véhicules.

Qui étaient ces premiers explorateurs de l'Arctique ? Les archéologues les appellent « Paléo-Esquimaux » (ou Anciens Esquimaux), simplement parce que le territoire qu'ils occupaient était à peu près le même que celui des populations de langue esquimaude des derniers siècles. Une appellation trompeuse dans la mesure où il est improbable que ces peuples aient parlé une langue esquimaude ou soient les ancêtres directs des Esquimaux ou des Inuit contemporains. Leur convient bien mieux le nom que leur ont donné les Inuit eux-mêmes qui les reconnaissent comme une race étrange et singulière. La chronique orale des Inuit relate que, lorsque leurs ancêtres sont arrivés dans l'Arctique canadien voilà quelques siècles, le territoire était occupé par

Les restes d'un foyer de pierres vieux de 4 000 ans, sur une plage du haut Arctique canadien, signalent un campement de lointains Tuniit (ou Dorsétiens), premiers humains à avoir appris à vivre dans cet environnement nordique extrême. (Robert McGhee, Musée canadien des civilisations)

une tribu de grands étrangers, forts et inoffensifs, que les Inuit ancestraux ont appelés « Tuniit » et bientôt chassés hors de leurs territoires. Les Tuniit sont presque à coup sûr ce peuple dont les traces archéologiques témoignent de l'occupation, sur presque 5 000 ans, des régions arctiques nord-américaines depuis le détroit de Béring jusqu'à la côte orientale du Groenland et à l'île de Terre-Neuve, au sud.

Ce masque miniature, qui représente un visage serein et tatoué, est le plus ancien portrait connu d'un individu de l'Arctique. Un artiste tuniit l'a sculpté sur l'île Devon, dans l'Arctique canadien, il y a environ 3 700 ans. (Richard Garner, Musée canadien des civilisations)

J'apprends l'existence des Tuniit à l'été 1965 quand j'arrive enfin en Arctique. Je suis l'assistant sur le terrain de Bill Taylor, archéologue au Musée national du Canada qui deviendra bientôt un éminent directeur de l'institution. Pendant trois mois, nous campons et travaillons sur les rives de l'Ekalluk, dans l'Arctique central canadien, à exhumer les débris laissés par presque 3 000 ans d'occupation. L'Ekalluk est un torrent d'eau glacée, d'une parfaite limpidité, long de quelques kilomètres seulement, qui draine un grand lac logé dans l'arrière-pays de l'île Victoria. On lui a donné le nom de l'omble arctique qui se dit « *iqaluk* » dans la langue des Inuit; des quantités phénoménales de ce poisson transitent en effet par ce cours d'eau chaque été dans leur courte migration du lac à l'océan. Des millénaires durant, il a été le lieu de passage des migrations de caribous qui s'engouffraient dans cet isthme étroit entre le lac et le littoral océanique et, pendant la plus grande partie de ce temps, l'endroit a attiré pêcheurs et chasseurs désireux de tirer parti de ses ressources.

Nous amorçons nos fouilles dans les prairies de la toundra, tapissées de fleurs, qui s'étirent à partir du cours d'eau. Presque partout où nous creusons nous exhumons des traces de présence ancienne: pointes d'armes faites de petites pierres, lames de couteaux et racloirs taillés dans de la quartzite rose; têtes de harpons aux formes gracieuses et foènes sculptés dans des bois de caribou auxquels l'enfouissement dans le sol gelé de la toundra a fait prendre un ton lustré de chocolat; partout les racines d'herbes et de fleurs s'enfoncent dans des couches compactes d'éclats d'os de caribous. De l'autre côté du cours d'eau se découpent plusieurs épaisses bordures de pierre, vestiges d'enceintes cérémonielles où les familles tuniit se rassemblaient pour célébrer une chasse heureuse.

Cet été-là, le défi de tenter de comprendre les Tuniit m'obsède. Je suis séduit par la beauté naturelle de leurs outils et de leurs armes, minuscules artéfacts si habilement ouvragés et si scrupuleusement fidèles à des formes standardisées qu'ils semblent presque le fruit d'une production industrielle plutôt que d'un artisanat domestique. À cette perception s'oppose l'évidente déficience de leur technologie en comparaison de celle des Inuit qui habiteront à leur suite la région. Où sont donc les nombreux « gadgets » employés par les Inuit pour capturer une variété de bêtes, pour traiter viandes et peaux, pour tester la neige et la découper en vue d'une construction, pour ornementer les lampes à l'huile et s'acquitter de dizaines d'autres tâches ? Où sont les débris d'embarcations, de traîneaux à chiens, voire d'habitations d'hiver adéquatement isolées ?

Plus tard, mon étonnement grandit encore lorsque m'est donnée la chance de mieux connaître les Tuniit. Dans le désert polaire des îles du haut Arctique, je tombe sur les vestiges d'une très primitive et singulière société tuniit que le pionnier de l'archéologie danoise, Eigil Knuth, a baptisée Independence en souvenir du principal réseau de fjords ainsi nommé dans le Nord groenlandais. Les vestiges de ces habitations de la culture Independence consistent en de simples périmètres pierreux de tentes, traversés d'un passage médian pourvu d'un foyer ; le petit nombre d'os et d'artéfacts trouvés à proximité indique qu'on n'y logeait le plus souvent que quelques jours, peut-être quelques semaines. Ces Tuniit des premiers temps — les sites de culture Independence datent souvent d'aussi loin que 4 500 ans — semblent avoir chassé à l'arc le bœuf musqué. De toute évidence, ils n'utilisaient ni ne chassaient les mammifères marins dont les peuples ultérieurs dépendront de l'huile, tant pour se nourrir que pour alimenter les lampes dispensatrices de lumière et de chaleur en hiver. On n'a trouvé sur ces sites ni lampe à huile en pierre ni vestiges de quelque habitation fermée et isolée, susceptible d'être chauffée avec de telles lampes. Eigil Knuth avance que les premiers à s'aventurer dans l'extrême haut Arctique, où la nuit hivernale dure des mois, passaient toute l'année sous des tentes couvertes de peaux de bœuf musqué et chauffées par de petits feux ouverts. Les foyers de ces tentes recèlent généralement des fragments carbonisés d'os de bœuf musqué et de ramilles de saule arctique de la taille d'un crayon ; dans le désert polaire, ce genre de combustible n'a pu alimenter que des feux occasionnels. Knuth a été tenté de s'y représenter des familles survivant à la longue nuit hivernale dans l'obscurité de tentes non chauffées, peut-être dans un état de torpeur proche de l'hibernation grâce auquel certains mammifères survivent aux hivers boréaux. Les Inuit et autres peuples arctiques traditionnels auraient estimé intolérable pareil mode de vie et il se peut que nous faisions fausse route en reconstituant un style de vie aussi austère, rudimentaire et inconfortable. Néanmoins, il semble possible qu'au moins certaines tribus de Tuniit se soient résignées à des conditions de vie très en deçà de celles connues par n'importe quel autre peuple du monde récent, et aient appris à s'en accommoder.

Quelques années plus tard, je découvre une autre société tuniit sur le minuscule îlot Dundas, morceau de roc gris enveloppé de brouillard, assiégé par les bancs de glaces flottantes et les courants tourbillonnants d'une nappe d'eaux libres dans le haut Arctique. Ce peuple, qui a vécu il y a environ 1 000 ans seulement, a maîtrisé l'art de chasser des mammifères marins aussi imposants que le morse dont les mugissements et les grognements retentissent continuellement dans le brouillard. Il a bâti son petit village — une demi-douzaine d'assises de

Cette illustration du XVIIIe siècle d'une maisonnée saame d'Europe septentrionale fait voir un aménagement comprenant un corridor mitoyen et un foyer central, ce qui démontre une continuité séculaire chez les peuples du monde arctique. (Extrait de Knud Leem, *Beskrivelse over Finmarkens Lapper*, Copenhague, G. G. Galifarb, 1767)

tentes dotées d'un passage médian et d'un foyer central — à l'abri d'un affleurement de roc assailli par la mer ; l'hiver suivant, la neige soufflée par le vent avait envahi le refuge. Chaque année, au fil des siècles, l'énorme amoncellement de neige s'est reconstitué et, chaque été, il a fondu dégageant le site quelques jours seulement à la fin d'août de telle sorte que le village est aussi parfaitement préservé, au moment où je le visite, que si on l'avait abandonné le mois précédent. Des matelas de mousse recouvrent les plateformes de couchage de chaque côté du couloir central ; des éclats et des éclisses de bois traînent encore là où on les a découpés et, dans une des habitations, la mère de famille a recouvert le foyer d'une pierre plate de manière à préserver le charbon de bois comme combustible jusqu'à son prochain séjour. En ce jour d'août, j'ai le sentiment de ne pas être seul, que, d'un moment à l'autre, se feront entendre des bruits de voix et de pas dans le gravier, et que les occupants du village surgiront du brouillard. Je me sens quelque peu mal à l'aise de m'accaparer leurs possessions pour mon usage, spécialement ces effets personnels qui ont été de toute évidence plus que de simples outils : un lagopède dodu sculpté dans de l'ivoire poli ; une petite figurine en bois d'un homme à la poitrine trouée où on a fiché une éclisse de bois ; et, au fond d'une crevasse dans le roc, derrière le village, une petite sculpture sur bois représentant un ours.

Ces Tuniit d'époque tardive appartiennent à ce que les archéologues appellent la culture dorsétienne, d'après la communauté du cap Dorset en terre de Baffin où l'on a identifié les premiers vestiges du genre. Entre environ l'an 500 avant J.-C. et l'an 1500 de notre ère, les peuples dorsétiens ont été d'habiles chasseurs de phoque et de morse ; ils ont brûlé l'huile de ces animaux dans des lampes de pierre pour s'éclairer et se chauffer l'hiver et ils ont dû connaître une existence considérablement plus sereine et plus confortable que leurs lointains ancêtres. Fait plus remarquable encore, ils ont appliqué à la création de minuscules sculptures le raffinement des formes, la miniaturisation et le souci du détail caractéristiques de la technologie de leurs ancêtres. Dans l'ivoire, les cornes de cervidés, le bois et parfois la stéatite, ils ont représenté des humains, toutes les espèces animales du monde arctique, des êtres en mutation à divers stades entre l'animal et l'homme, et d'autres créatures d'apparence humaine. L'homogénéité de plusieurs représentations montre que ces œuvres ne sont pas le fruit de l'imagination individuelle, mais prennent racine dans un corpus singulier de croyances religieuses et de visions du monde.

Certains des objets trouvés dans les villages dorsétiens se rattachent directement aux activités des chamans : cadres en bois de petits tambourins ; masques grandeur nature sculptés dans du bois flotté, badigeonnés d'ocre rouge pour dessiner des visages très peu humains ; dentitions aux canines proéminentes, taillées dans l'ivoire et sans doute insérées dans la bouche pour transformer un humain en ours. On a aussi trouvé de petites canules d'ivoire, semblables à celles dont usaient les chamans d'autres cultures nordiques pour extirper du corps d'un sujet malade quelque arme magique; les canules dorsétiennes sont travaillées à une extrémité pour dessiner une bouche grande ouverte flanquée de deux têtes d'animal — toujours un loup et un caribou, d'où l'on déduit que l'antagonisme de ces perpétuels ennemis était susceptible de générer une quelconque forme de pouvoir. De minuscules pointes de harpon en ivoire, longues de quelques millimètres, évoquent des armes magiques lancées par des sorciers chamaniques pour provoquer la maladie. On s'est peut-être servi de petites sculptures d'humains ou d'animaux, à la gorge ou à la poitrine trouée, pour exercer un pouvoir magique sur les créatures représentées. Des sculptures dépeignent un ours aux jambes ou aux bras ballants, comme s'il flottait ou volait; le squelette de l'ours gravé sur la surface de son corps nous rappelle que, dans la pensée chamanique, squelette et âme sont intimement associés comme les deux composantes du corps qui survivent à la mort. Pareil ours volant ou esprit d'ours pourrait symboliser le puissant esprit secourable d'un chaman, voire le chaman lui-même en plein vol spirituel à destination de quelque autre monde. Des images sculptées de visages humains et d'apparence humaine couvrent des baguettes en bois de caribou. L'une de ces baguettes, dont un segment est grandement usé comme si on l'avait couramment tenue en main, émerge du sol gelé d'un village où je procède à des fouilles; j'y dénombre soixante figures dont certaines exhibent des traits d'allure indéniablement animale. Cet objet pourrait évoquer les auxiliaires spirituels d'un chaman, ou peut-être propose-t-il simplement une galerie de caricatures des divers membres du groupe local.

L'art du peuple dorsétien est si varié et si subtil qu'il laisse entrevoir le monde spirituel propre à ces chasseurs des temps anciens, un monde de bien des manières semblable à celui d'autres peuples chamaniques du Nord et néanmoins spécifique à cette société qui a évolué dans le relatif isolement de l'Arctique nord-américain, sur une période de près de cinq mille ans. Son art semble aussi préfigurer la fin de la société tuniit. Dans les derniers siècles d'existence de la culture dorsétienne, entre environ l'an 1000 et l'an 1500 après J.-C., ses artistes produisent de plus en plus d'amulettes et d'objets chamaniques. Pendant cette période s'accroît aussi la pression sur les sociétés auxquelles appartiennent ces artistes. Au cours de ces siècles, l'hémisphère Nord est soumis à une période de réchauffement climatique connue en Europe sous le nom l'Optimum médiéval. L'apparition inattendue d'eaux libres en début d'été ou le gel automnal des mers plus tardif qu'à l'habitude sont causes de tribulations et souvent de calamités pour les chasseurs tuniit qui semblent avoir été essentiellement accoutumés à la chasse sur la terre ferme et sur la glace de mer. Les Inuit redoutent de nos jours que le réchauffement constaté dans la dernière décennie n'impose des changements désastreux à leur mode de vie ; la situation vécue il y a mille ans pourrait avoir été aussi sérieuse.

À la même époque, le monde tuniit commence à recevoir la visite d'étrangers, de gens dont les chamans auxquels s'en remettent les Tuniit, pour leur sagesse et leur savoir, ne peuvent avoir même soupçonné l'existence. De l'est viennent les Scandinaves du Groenland qui, en route pour un pays qu'ils appellent Vinland, côtoient les rivages du pays tuniit dans leurs explorations. Plus tard, comme l'a récemment démontré l'archéologue Pat Sutherland, certains de ces étrangers séjournent longuement à terre et commercent probablement avec les Tuniit. Les visiteurs apportent sans nul doute du métal et d'autres articles exotiques qu'ils s'empressent d'échanger contre des défenses de morse ; plus insidieusement, ils apportent peut-être aussi des virus ou des bactéries contre lesquels les Tuniit, isolés du monde, n'ont aucune résistance biologique. Les artistes tuniit du temps représentent sur des baguettes de cornes d'animal les visages des nouveaux venus : longues figures étroites aux nez et aux sourcils accusés, portant parfois la barbe ou un bonnet.

Un défi tout aussi inattendu et finalement plus grave déferle bientôt sur le pays tuniit depuis l'ouest. Des Inuit ancestraux s'introduisent dans l'Arctique oriental aux XIIe et XIIIe siècles de notre ère, peut-être attirés dans la région par la disponibilité d'articles de commerce européens qu'y apportent les Scandinaves. Ces Inuit sont des chasseurs de baleine venus de grands villages côtiers de l'Alaska septentrional et occidental, des entrepreneurs qui contrôlent depuis des générations le commerce grandissant du fer sur le détroit de Béring. Avec leurs traîneaux à chiens et leurs oumiaks — de grands canots de peaux capables de transporter les hommes, les chiens et tout l'équipement d'un campement — ils ont la capacité d'explorer et d'occuper de vastes étendues de terre. On leur doit l'introduction du type mongol d'arc incurvé, une arme aussi efficace pour chasser les humains que les bêtes. Ils importent aussi leur tradition de féroces guerres intercommunautaires qui se sont intensifiées au fil des siècles sur les côtes de l'Alaska. Contrairement aux fermiers scandinaves, peu intéressés à s'installer sur les territoires tuniit, les Inuit voient dans cette région une terre d'abondance qu'ils pourraient occuper et exploiter à leur aise et en toute sécurité. Les Inuit perçoivent sans doute les petites bandes éparses de Tuniit comme de pitoyables et gênantes rivales, faciles à chasser de ces terres dont ils ont besoin pour eux-mêmes. La tradition orale inuit nous apprend que cela devait se répéter encore et encore, et les Tuniit — ces grands et solides gaillards, mais sans armes et dépourvus de l'esprit combatif des Inuit — sont tués ou refoulés et livrés à un destin incertain. Un seul récit nous donne un aperçu de la réaction des Tuniit à cette situation. En 1922, l'historien inuit Ivaluardjuk décrit ainsi à l'anthropologue Knud Rasmussen le dernier Tuniit vivant sur les îles Uglit dans le bassin de Foxe :

> Les Tuniit étaient des hommes vigoureux ; ils furent néanmoins chassés de leurs villages par des hommes plus nombreux, pour beaucoup issus de noble ascendance ; mais ils aimaient tant leur pays qu'au moment de quitter Uglit, dans un geste d'amour éperdu pour son village, un homme frappa les rochers de son harpon et fit voler les pierres comme autant d'éclats de glace.

La tradition inuit raconte aussi qu'une des bandes tuniit échappe à l'anéantissement. Ce peuple, connu sous le nom de Sagdlermiut, forme alors une petite société isolée qui occupe l'île Southampton, dans le nord de la baie d'Hudson. Jusqu'au début du XXe siècle, ses membres se servent d'outils taillés dans la pierre à la manière tuniit plutôt que d'outils métalliques en usage chez les autres Inuit. Dénués de kayak, ils s'aventurent en mer sur des peaux de phoque gonflées. Ils parlent un étrange dialecte, portent des vêtements aux coupes singulières et ont peu en commun avec les groupes inuit voisins qui les considèrent trop arriérés pour leur prêter le moindre intérêt. Récemment, l'anthropologue physique Geoffrey Hayes a utilisé de l'ADN récupéré sur des squelettes sagdlermiut pour confirmer que le profil génétique des Sagdlermiut ressemblait à celui des peuples dorsétiens autant qu'à celui des Inuit, sous-entendant ainsi que ces deux groupes auraient contribué à leur ascendance. Malheureusement, les Sagdlermiut n'ont pas survécu à un nouvel épisode important de contacts avec des étrangers débarqués sur leur territoire. En 1902, l'île Southampton reçoit la visite du baleinier écossais *Active* dont plusieurs membres d'équipage souffrent d'un mal non identifié. La maladie se communique aux

Sagdlermiut et, l'automne de la même année, toute la bande a péri. Ainsi s'éteignent les Tuniit, après 5 000 ans d'histoire.

Les membres infortunés de ce petit groupe, qui toussent jusqu'à ce que mort s'ensuive dans des tentes sans chauffage sur les plages de gravier de l'île Southampton, sont les ultimes représentants des anciens peuples chasseurs dont le mode de vie s'était développé, au fil des millénaires qui ont suivi la dernière Glaciation, dans un relatif isolement des peuples méridionaux plus nombreux et technologiquement plus avancés. Avec eux disparaît une vision unique du monde arctique, une vision que les minuscules et éloquentes sculptures conservées dans le pergélisol de leurs territoires nous laissent seulement entrapercevoir.

CHAPITRE 4

En Sibérie arctique

Vers la fin de son vol bihebdomadaire depuis Anadyr, le vieil Antonov 24 se dégage du bas couvert nuageux au-dessus de la mer de Béring. Une fois le train et les volets d'atterrissage sortis dans un claquement sec, la plainte des turbopropulseurs perd de son aigu, les sièges lâchement boulonnés et les piles de fret amarrées à l'avant de la cabine se mettent à vibrer tandis que nous piquons vers des eaux grises striées de crêtes blanches. Nous survolons soudain une plage de gravier, puis une étendue de toundra verdoyante jonchée de barils de pétrole et de pièces rouillées de machinerie abandonnée. La piste s'allonge au centre d'une petite ville. Un paysage déroutant d'immeubles délabrés et de cheminées métalliques fumantes défile dans le hublot tandis que nous nous posons. Mon voisin de siège, un adolescent tchouktche vêtu d'un jean et d'un anorak, sort de sa torpeur pour la première fois depuis que nous sommes montés à bord et scrute son coin de pays par le hublot. Nous venons d'atterrir à Lavrentia, la communauté la plus nordique sur la côte orientale de l'Asie, à moins de 100 kilomètres au sud du détroit de Béring.

C'est mon premier séjour en Russie depuis l'effondrement de l'État soviétique, un événement qui a ouvert aux Occidentaux plusieurs régions jusque-là interdites. Pour la première fois au XXe siècle, des étrangers peuvent librement circuler sur cette vaste portion du monde arctique et découvrir de leurs yeux un territoire longtemps inaccessible. En descendant de l'avion sur la presqu'île de Tchoukotka, je ne me débats pas seulement contre un vent cinglant qui souffle du détroit

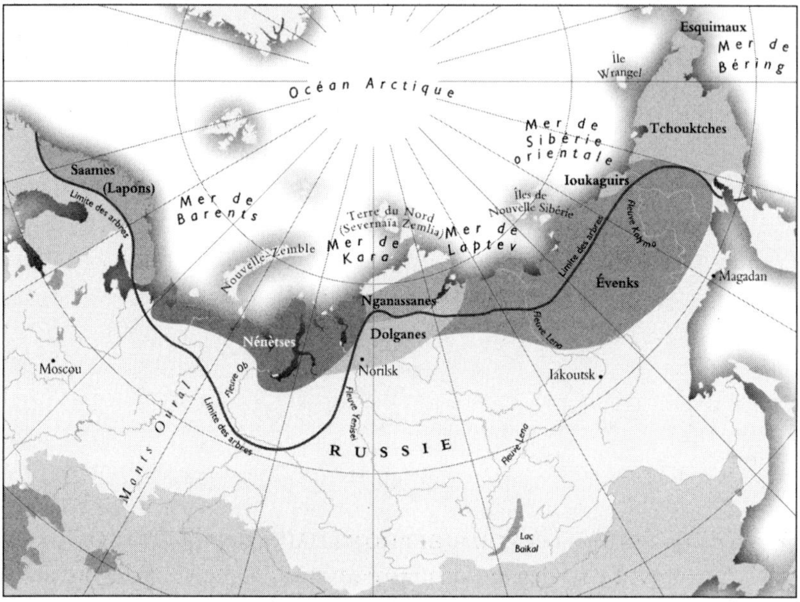

Patries autochtones d'Eurasie septentrionale.

de Béring, mais contre les sombres préjugés qui se sont accumulés dans mon esprit quand, bien en sécurité au Canada, j'étais témoin de l'exil, ordonné par Staline, de régiments complets de prisonniers de guerre, de classes entières de citoyens et parfois de petites nations, dans la glace, la boue et les ténèbres de cette terre inconnue. J'avais lu *Une journée dans la vie d'Ivan Denissovitch* et *L'Archipel du Goulag*; les seuls noms de Magadan et de Kolyma me plongeaient dans l'épouvante au rappel de tant de souffrance humaine. Les missiles nucléaires pointés sur des villes d'Occident avaient la Sibérie pour tanière. Son impénétrable forteresse recelait des laboratoires militaires où des communautés isolées de scientifiques tramaient la destruction de nos sociétés. Un développement industriel sauvage et sans scrupule y avait façonné un paysage cauchemardesque de cours d'eau pollués, de sols contaminés et de pièges radioactifs.

Les Occidentaux désignent sous le nom de Sibérie la totalité de l'immense région de toundra et de taïga qui s'étend de l'Oural jusqu'au Pacifique; chez les Russes, ce nom délimite un territoire plus restreint. Et comme la plupart des Occidentaux, mais aussi certains Russes, j'entretenais sur la Sibérie des idées toutes faites qui trouvaient peut-être leur origine dans des siècles de fables narrées par des générations d'exilés tsaristes et soviétiques — et même bien au delà, dans un vieil héritage remontant au moins aussi loin que le compte rendu par Marco Polo de son voyage en Chine au XIIIe siècle.

Les habitants de Tchoukotka et des régions limitrophes continuent de gouverner eux-mêmes leurs territoires pendant presque cinq siècles après le séjour chinois de Marco Polo, période au cours de laquelle l'empire Mongol se désintègre et le nouvel empire Russe s'étend peu à peu à l'est, sur le continent le plus large de la terre, induit en ce sens tant par la politique gouvernementale que par l'intérêt commercial. Au XIVe siècle, des trafiquants de Moscovie franchissent l'Oural et s'aventurent jusque sur les rives de l'Ob, le plus occidental des grands fleuves qui prennent source dans les montagnes d'Asie centrale et coulent vers le nord jusqu'au littoral arctique. À l'est de l'Ob s'étalent 1 000 kilomètres de plaines boisées jusqu'au fleuve Ienisseï, puis quelque 4 000 autres kilomètres de hauts plateaux et de chaînes de montagnes entrecoupées par les vallées de la Lena, de l'Indiguirka, de la Kolyma et de centaines de plus petits cours d'eau.

Longtemps avant l'arrivée des Russes, une mosaïque de petits peuples occupe entièrement cette vaste région. Les plus méridionaux d'entre eux ont des modes de vie semblables à ceux des peuples éleveurs d'Asie centrale, sociétés semi-nomades qui s'adonnent à la garde de troupeaux de chevaux, de moutons et de chèvres. Ces peuples qui, pour la plupart, paient depuis longtemps un tribut à l'empire Mongol et à ses prédécesseurs, en imposent un à leur tour aux tribus plus pauvres et plus faibles des forêts au nord. La culture des éleveurs de la steppe est depuis longtemps présente dans la taïga où les froides températures et le manque de pâturage ne permettent pas l'entretien d'animaux domestiques du Sud. L'économie y dépend du renne, animal de la même espèce (*Rangifer tarandus*) que le caribou qui a longtemps assuré la subsistance de la majorité des peuples chasseurs continentaux de l'Amérique du Nord septentrionale.

Le renne subvient à la plupart des besoins fondamentaux des peuples des forêts boréales: viande et graisse, pour se nourrir; cornes comme substituts au bois de feuillu auquel ont accès presque toutes les autres technologies; peaux légères aux superbes propriétés isolantes, matériau insurpassable pour le vêtement arctique, et longs tendons pour les coutures. De la Carélie jusqu'au Pacifique, les peuples autochtones du

Nord croisés par les Russes vivent avec les rennes et grâce aux rennes. Certains chassent le renne sauvage, d'autres conjuguent chasse et élevage, et d'autres encore tirent principalement leur subsistance de hardes domestiquées. Des groupes d'éleveurs traient leurs rennes domestiques pour en tirer un constant apport alimentaire nutritif, d'autres s'en servent comme bêtes de trait pour les traîneaux, comme animaux de bât ou comme montures qu'ils enfourchent, voire comme appeaux pour attirer et capturer des rennes sauvages. La domestication des rennes a une longue histoire (dans son récit datant du IXe siècle, le Norvégien Ottar en fait mention et Marco Polo l'évoque dans sa description de la Sibérie du XIIIe siècle) ; on a cependant soutenu que cette pratique ne se serait généralisée dans les régions arctiques qu'au XVIIIe siècle, soit parce que la chasse excessive ou la maladie aurait décimé les hardes sauvages, soit parce que la demande pour les cuirs de renne se serait accrue.

Presque tous les peuples sibériens trouvent dès lors dans la pêche une source additionnelle de protéines et piègent également les animaux à fourrure de la forêt. Les fourrures de renard, de castor, de martre et de zibeline sont la monnaie d'échange des peuples des forêts lorsqu'ils traitent avec des trafiquants étrangers qui leur procurent des aiguilles de fer, des chaudrons métalliques et d'autres ustensiles. Les fourrures servent en outre de monnaie pour le tribut qu'ils versent afin de se prémunir des attaques de nations plus populeuses vivant en amont. Ce procédé se répand progressivement vers le sud, des peuples de la toundra jusqu'au lointain empire Mongol et aux plus petits royaumes, tout aussi menaçants, dans lesquels il se désintègre graduellement.

Les fourrures sont l'aimant qui attire les Européens dans les forêts d'Asie septentrionale comme dans celles du Canada au XVIIe siècle et, comme au Canada, on se dispute férocement les concessions et chartes royales pour exploiter cette ressource lucrative. Vers la fin du XVIe siècle, la riche famille Stroganov se voit concéder le monopole du commerce dans les territoires limitrophes de l'Oural. La région doit payer un tribut à Koutchoun, ce Tatar devenu « khan de Sibérie » qui mène également des incursions jusqu'à la lointaine ville de Perm, en Moscovie orientale. On peut commodément dater de 1581 le début de la conquête russe de la Sibérie, lorsque Maxim Stroganov embauche le cosaque Iermak Timofeïevitch pour protéger son empire commercial. Dans un langage rappelant celui qui a justifié les croisades médiévales, Iermak reçoit l'ordre de renverser le khan infidèle et de s'emparer de

Des Nénètses éleveurs de rennes font avancer leurs bêtes dans la neige hivernale sur la toundra sibérienne. (Bryan et Cherry Alexander)

son trésor dans la ville de Sibir, sur les rives de la rivière Irtych, un affluent occidental de l'Ob. Avec quelques centaines de Cosaques, mais aussi de mercenaires recrutés parmi les prisonniers des batailles de Moscovie en Europe orientale, Iermak franchit l'Oural et s'acquitte de sa mission en 1581.

Stroganov s'est engagé dans cette entreprise sans en aviser le Tsar et Ivan le Terrible le menace de châtiments sévères si l'aventure devait susciter de nouvelles attaques des Tatars en Moscovie orientale. Tout lui est pardonné lorsque des messagers chargés de fourrures arrivent à Moscou avec la nouvelle de la victoire. Ivan dépêche le prince Bolkovsky et cinq cents soldats d'infanterie pour consolider la conquête, dix prêtres pour christianiser le nouveau territoire et des cadeaux précieux pour acheter la loyauté des souverains locaux. Iermak reçoit le titre de Prince de Sibérie et le mandat de gouverner sur la région conquise, ce à quoi il s'emploie en imitant l'usage tatar qui consiste à exiger un tribut des tribus locales et à anéantir celles qui ne se soumettent pas.

Pour des générations de Russes, la conquête par Iermak Timofeïevitch du khanat de Sibérie prend l'allure d'une épopée nationale assez comparable aux aventures d'un Daniel Boone et autres héros semblables de la légendaire conquête de l'Ouest américain. Suivant la légende, Iermak fait vœu de chasteté, témoigne d'une foi inébranlable au Dieu chrétien dans les situations les plus atterrantes, combat avec courage et traite ses ennemis vaincus avec une chevaleresque équité. Cette réputation est en contradiction avec d'autres sources qui présentent les Cosaques comme de spartiates et belliqueuses tribus russes des vallées du Don et de la Volga, dont le principal objectif est de connaître la renommée et la prospérité en se préservant de toute servitude.

Les Cosaques sont ces explorateurs, aventuriers, militaires et trafiquants qui étendent inexorablement l'influence russe à l'est, sur toute la Sibérie, alléchés par les promesses de richesse que leur font miroiter les fourrures, l'ivoire de mammouth et les autres ressources de l'Orient. En 1628, ils ont déjà établi un fort à Krasnoïarsk près de la source de l'Ienisseï et, quatre ans plus tard, à Iakoutsk dans la vallée de la moyenne Lena. Iakoutsk devient bientôt le pivot de l'influence russe en Sibérie orientale et d'une nouvelle exploration jusqu'à la côte du Pacifique. D'Iakoutsk, une bande de Cosaques atteint la Kolyma d'où Simon Dejnev poursuit vers l'est, traverse le détroit de Béring en 1648 et parvient à l'embouchure du fleuve Anadyr, là où il se jette dans la mer de Béring. À la fin du XVIIe siècle, l'influence russe se fait profondément sentir sur la plus grande partie de la Sibérie : marchandises et tributs venant d'aussi loin que le Kamchatka et le fleuve Amour affluent vers l'ouest. Au siècle suivant, les Russes englobent dans leur sphère les Aléoutiennes, l'Alaska, et même la côte californienne. En Sibérie, seuls les Tchouktches et les Esquimaux de Tchoukotka échappent à l'autorité russe à laquelle ils finissent par se soumettre en 1789, après plusieurs batailles cruelles et coûteuses.

Le recensement de la Sibérie ordonné en 1697 par Pierre le Grand dénombre une population de quelque 150 000 habitants à l'est de l'Oural qui, pour environ la moitié, sont russophones et, pour le reste, autochtones. Les Russes se concentrent surtout en Sibérie occidentale, dans les vallées de l'Ob et de ses affluents, mais leur influence rayonne à partir d'un nombre grandissant de colonies de peuplement disséminées le long des cours d'eau et autres routes de commerce et de transport. Les fourrures de Sibérie deviennent bientôt l'une des principales exportations de la Russie vers l'Europe et l'Asie, et un apport important à la trésorerie russe. Pour maintenir l'afflux de fourrures, les tsars russes prélèvent un impôt ou tribut, appelé *yasak*, sur chacune des petites nations sibériennes incorporées à l'Empire. Si le *yasak* n'est pas

Le soleil de minuit colore le monumental paysage enneigé de l'île d'Ellesmere, dans l'Arctique canadien. Combiné à l'air glacial, l'angle obtus du soleil arctique produit des effets de lumière uniques aux régions polaires. (Patricia Sutherland)

La parhélie provoquée par la réflexion de la lumière sur les cristaux de glace en haute atmosphère, compte parmi les effets surréels caractéristiques des ciels arctiques. (Bryan et Cherry Alexander)

Les lueurs spectrales d'une aurore boréale vibrionnent au-dessus de Vatnajökull, la plus importante calotte glaciaire d'Islande. (Ragnar Th. Sigurdsson)

Cartographe européen le plus réputé de son temps, Gerhard Mercator a publié cette carte des régions polaires en 1606. Cette représentation de la zone polaire repose sur des idées fantaisistes héritées de l'époque médiévale : une gigantesque montagne polaire émerge au centre d'une mer libre qui s'écoule à l'intérieur de la terre. Le pôle magnétique y figure comme une montagne de fer dans la mer qui sépare l'Asie de l'Amérique. (Royal Ontario Museum)

Les caribous migrent vers le nord dans la toundra canadienne, à l'ouest de la baie d'Hudson. Ces colossales concentrations de vie faunique font de l'Arctique un paradis pour les chasseurs. (Fred Bruemmer)

Une minuscule pointe de flèche, expertement taillée dans du silex rose par un très ancien chasseur tuniit, gît à la surface de cette plage du Haut Arctique depuis 4 000 ans. (Robert McGhee, Musée canadien des civilisations)

Les quatre rectangles de végétation délimitent les restes d'habitations dorsétiennes sur la côte méridionale de la Terre d'Ellesmere. Une petite communauté y a probablement vécu quelques semaines, voilà environ 1 000 ans. (Robert McGhee, Musée canadien des civilisations)

Un artiste dorsétien de l'Arctique canadien a sculpté dans l'ivoire cet ours polaire (138 cm de long), il y a approximativement 2 000 ans. Les traits et les croix sur la surface du corps évoquent les os et les articulations du squelette. Cette vue squelettique conjuguée à la posture « flottante » de l'animal, atypique d'un ours vivant, induit à penser que la statuette pourrait représenter un esprit. (Richard Garner, Musée canadien des civilisations)

Les couleurs d'une ville sibérienne : l'« Hôtel North », à Lavrentia. (Robert McGhee, Musée canadien des civilisations)

Des enfants s'approchent d'une baleine grise qu'on vient de capturer, pendant que les chasseurs se débarrassent de la tête de la précédente prise. (Robert McGhee, Musée canadien des civilisations)

Site du premier parlement islandais, Thingvellir reste un lieu très chargé de sens dans l'Islande contemporaine. À l'origine, le parlement siégeait dans l'amphithéâtre que forme la crête de basalte crevassée à l'avant-plan et le président d'assemblée prenait place sur le haut rocher encaissé dans la muraille sur la gauche. Les participants à l'assemblée bivouaquaient au pied de la crête, dans la plaine qui fournissait eau et pâturage à leurs chevaux. (Ragnar Th. Sigurdsson)

Reconstitution d'une petite habitation de la période viking dont on a exhumé les débris à Eiriksstadir, dans le Haudakal, en Islande occidentale. (Patricia Sutherland, Musée canadien des civilisations)

Les restes de l'église Hvalsey se dressent en bordure d'un fjord du Groenland méridional. Cette structure médiévale fut en 1403 le théâtre d'un mariage décrit dans le dernier document historique connu des établissements scandinaves au Groenland. (David Keenlyside, Musée canadien des civilisations)

En 1818, John Ross et ses équipages font la rencontre des Inughuit du nord-ouest du Groenland. Œuvre de John Saccheus, l'interprète groenlandais de Ross, cette illustration témoigne d'un heureux mariage de styles européens et inuit traditionnels. (Extrait de John Ross, *A Voyage of Discovery... for the Purpose of Exploring Baffin's Bay*, Londres, John Murray, 1819)

Les vestiges d'un très ancien village d'hivernage thuléen sur les plages de gravier de Broonan Point, dans le haut Arctique canadien. Les os de baleines qui soutiennent le toit de ces habitations se sont effondrés et en encombrent encore certaines ; une végétation qui se nourrit des détritus laissés ici voilà environ 800 ans ceinture le village. (National Air Photo Library, Ottawa, Canada)

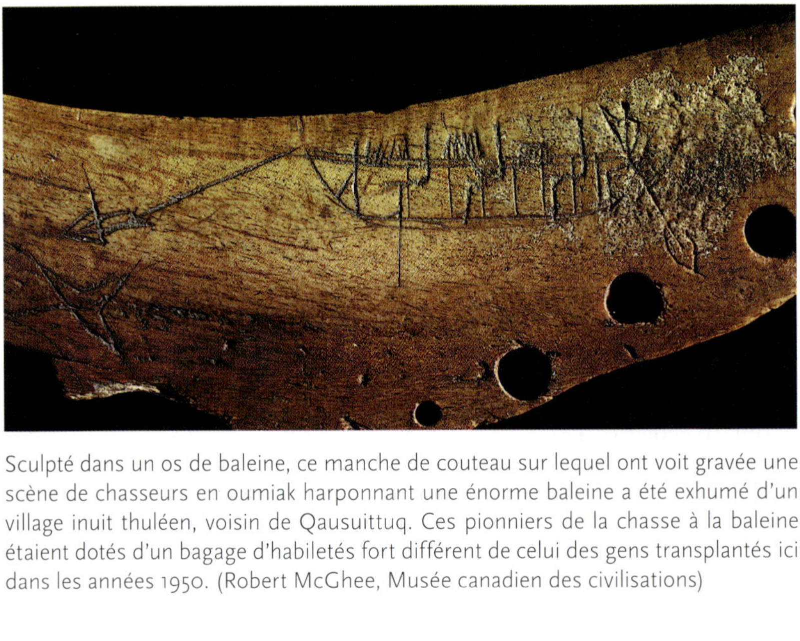

Sculpté dans un os de baleine, ce manche de couteau sur lequel ont voit gravée une scène de chasseurs en oumiak harponnant une énorme baleine a été exhumé d'un village inuit thuléen, voisin de Qausuittuq. Ces pionniers de la chasse à la baleine étaient dotés d'un bagage d'habiletés fort différent de celui des gens transplantés ici dans les années 1950. (Robert McGhee, Musée canadien des civilisations)

en soi onéreux pour plusieurs peuples sibériens, la manière dont on le perçoit — par un système de fermages généraux conjugué à des concessions de monopoles commerciaux — laisse libre cours à la corruption et aux abus flagrants des marchands et administrateurs locaux. Les cas d'extorsion, de prises d'otage en garantie de paiement, ou de révoltes locales écrasées brutalement par l'alliance des pouvoirs militaires et marchands, sont monnaie courante.

La nécessité de se procurer des fourrures pour payer le *yasak*, aussi bien que pour les troquer contre des outils métalliques, des marmites, des fusils et d'autres objets utiles, impose un nouveau fardeau aux peuples éleveurs de rennes des forêts sibériennes. La dissémination de fermiers russes dans toute la Sibérie méridionale, qui force des populations autochtones à se déplacer vers les forêts du Nord et bouscule les frontières traditionnelles entre les nations, vient ajouter une autre pression sur ces populations. Au XVIIIe siècle, le maigre flux désorganisé de paysans russes qui fuyaient vers l'est pour échapper au servage est considérablement gonflé par le flot d'exilés politiques et religieux — notamment des vieux-croyants qui établissent leurs austères communautés religieuses en plusieurs régions. La découverte d'or et d'autres ressources entraîne le plus souvent l'expulsion des occupants indigènes au profit d'aventuriers russes et étrangers. À mesure qu'augmente la population russe, chasseurs et trappeurs s'essaient à concurrencer directement les autochtones, sans trop se soucier des droits traditionnels d'usufruit du territoire et de ses ressources.

Au début du XXe siècle, tous les peuples éleveurs de rennes de Sibérie se sont dans une certaine mesure intégrés à l'économie russe ; pour la plupart, cela s'inscrit dans la suite naturelle de leurs rapports avec les populations antérieures des steppes méridionales. La construction du transsibérien consolide l'influence économique et administrative des Russes sur tout le continent, mais l'autorité réelle de la Russie s'étiole rapidement à mesure que le voyageur s'éloigne des principaux centres économiques et routes de transport. Les peuples de la toundra et de la taïga continuent pour la plupart à mener leurs modes de vie traditionnels qui se sont toujours accommodés du commerce et du paiement de tribut en échange de protection contre d'hostiles étrangers. Combinée à la faible et inefficace administration russe, la plus grande accessibilité du territoire conduit malgré tout à la généralisation des abus contre les populations locales par de cupides individus qui profitent des zones grises.

Pendant les siècles d'expansionnisme russe dans les superbes forêts enneigées, les peuples de la toundra arctique restent relativement indemnes. Leur isolement géographique les protège, mais on les ignore aussi parce que leurs territoires ne regorgent ni de zibelines ni d'autres animaux sylvicoles à fourrure qui aiguisent l'intérêt des Russes. Quelque 30 000 hommes chassent et élèvent alors des rennes dans les plaines de la toundra, à la frange de la Sibérie septentrionale, ou chassent en saison les mammifères marins sur les littoraux glacés.

Ceux de l'Arctique occidental — les Saames des toundras limitrophes de la mer de Barents et les Nénètses de la mer de Kara — font d'abord la rencontre d'Européens arrivés par mer, plutôt que de Cosaques arrivant sur leur territoire par le continent. Ce processus s'amorce dès le IXe siècle, époque où l'aventurier norvégien Ottar affirme au roi anglais Alfred qu'il est le premier Européen à avoir doublé le cap Nord et exploré l'entrée de ce qu'on appelle aujourd'hui la mer Blanche. Au XVIe siècle, plusieurs tentatives anglaises et hollandaises pour découvrir un passage maritime au nord de l'Asie tournent mal sur les littoraux occupés par les chasseurs saames et nénètses, mais leurs descriptions d'une région où abondent les mammifères marins attirent les Européens chasseurs de morse et de baleines. Peuple maritime, les Pomors russes étendent au XVIIIe siècle leurs activités de chasse et de trappe sur les côtes des mers de Barents et de Kara ; ils refoulent ainsi vraisemblablement plusieurs groupes indigènes qui y chassaient jusque-là. La décimation des troupeaux de morses et de baleines, bien documentée pour le Svalbard, se confirme aussi le long de ces côtes de telle manière que, dès le XIXe siècle, quand les Pomors se replient sur leur base de la mer Blanche, les toundras septentrionales sont aux mains des éleveurs de rennes et les littoraux pratiquement désertés.

Loin à l'est, les occupants tchouktches et esquimaux de la presqu'île de Tchoukotka échappent à l'influence tangible des Russes jusqu'en plein XXe siècle. Bien qu'ils soient nominalement sujets du tsar depuis la fin du XVIIIe siècle, les Tchouktches restent, avec leurs voisins esquimaux sur la côte de la mer de Béring, les seuls peuples sibériens exemptés du *yasak*. Le gouvernement russe estime que la taxe susceptible d'être soutirée à ces peuples de la toundra relativement pauvres et farouchement indépendants ne vaut pas les efforts qu'exigerait sa perception et les missionnaires décèlent peu d'intérêt pour le christianisme chez ces adeptes de la religion chamanique qui les protège depuis d'innombrables générations. En outre, comme les nouvelles et lucratives routes maritimes entre le Kamchatka, les Aléoutiennes et l'Amérique russe contournent la presqu'île de Tchoukotka, les Tchouktches n'ont d'autre choix que de développer leur propre commerce avec les Esquimaux de l'Alaska par-delà le détroit de Béring. Les liens avec les Amériques se resserrent lorsque baleiniers et trafiquants américains déferlent sur la mer de Béring pendant la seconde moitié du XIXe siècle, suivis des prospecteurs et mineurs qui affluent depuis les champs aurifères du Yukon. Des Tchouktches m'ont dit que leurs arrière-grands-parents parlaient anglais, langue du négoce dans toute la région jusqu'au temps de la Révolution soviétique. Mais, déjà à l'époque, les troupeaux de baleines franches et de morses avaient décru à tel point que la chasse commerciale n'était plus rentable, et la plupart des mineurs et trafiquants américains avaient aussi quitté la région.

Les premières années suivant la Révolution soviétique plongent la plus grande partie de la Sibérie méridionale dans l'âpreté de la guerre civile, un conflit qui aggrave l'exploitation et le dénuement des populations autochtones. Sorti victorieux de l'affrontement, le nouveau gouvernement soviétique entreprend d'étendre son influence sur les zones les plus reculées du continent et, pour la première fois de leur histoire, les peuples autochtones de Sibérie septentrionale commencent à retenir l'attention officielle d'un important appareil étatique. Dans son idéologie romantique, le communisme marxiste perçoit les éleveurs de rennes, les pêcheurs et les chasseurs du Nord comme des « communistes primitifs » qui travaillent et détiennent collectivement tous leurs biens. Ses idéologues témoignent ainsi d'une profonde méconnaissance de la réalité, et même s'ils tiennent pour nécessaire d'abolir ce « communisme primitif » avant d'établir le socialisme, ils le jugent moins délétère que le capitalisme et les autres systèmes d'exploitation. La riche mosaïque des tribus nordiques fait l'objet, par le régime, d'une classification en vingt-six nationalités officielles que l'on se met à appeler communément les « Petits Peuples du Nord ». En 1924, un puissant et avisé Comité du Nord est institué pour superviser le développement de la région. Dans la fervente langue de bois tant prisée par les fonctionnaires soviétiques, le comité est bientôt en mesure d'annoncer que

> [l]es trois socs de la puissance soviétique sont entrés en action : autogestion, coopération et raison ont déjà labouré le sol vierge de la taïga et de la

toundra, tiré de la non-existence nationale et sociale la totalité de ces peuples, jusque-là presque inconnus du monde, qui ont déjà commencé à rallier les rangs des combattants du socialisme.

Un réseau d'entreprises d'économie coopérative, la création d'écoles et de conseils locaux transforment ce « communisme primitif » en socialisme contemporain. Les peuples nordiques ont toujours mené la plupart de leurs activités sur le mode coopératif et, de ce fait, donner un nouveau nom aux groupes familiaux traditionnels de chasseurs ou aux équipes d'éleveurs en les convertissant ainsi en coopératives socialistes ne pose généralement pas de grandes difficultés. Habituellement dirigés par des secrétaires russes, les conseils locaux ont peu d'autorité, mais offrent une tribune où s'expriment les doléances. Les Sibériens qui, par le passé, ont été à la merci des abus de royaumes lointains et puissants se retrouvent maintenant eux-mêmes partie prenante d'un nouvel ordre paternaliste, généralement bienveillant.

Cette situation prévaut pendant environ une décennie, jusqu'à ce que les forces staliniennes de collectivisation rurale commencent à intervenir dans la taïga, et finalement dans la toundra. Le Comité du Nord est aboli en 1935 et plusieurs de ses membres sont exécutés. On confie l'administration de certaines régions à l'entreprise d'État chargée de l'industrialisation de la Sibérie en s'appuyant sur une main d'œuvre composée de prisonniers et d'exilés; les régions arctiques et leurs peuples relèvent du Directoire de la route maritime du Nord. On qualifie dès lors de *kulaks* (riches paysans exploiteurs de leurs voisins) les chefs des prospères familles d'éleveurs de rennes pour mieux les isoler, les exiler ou même les exécuter, et on confisque leurs troupeaux pour constituer la base des fermes collectives, propriété de l'État. Comme ailleurs dans la Russie rurale, ces mesures provoquent localement la méfiance, parfois aussi la résistance armée. Les autochtones cachent ou abattent des quantités phénoménales de rennes — peut-être le tiers du cheptel total de la Sibérie. Les nouvelles lois entraînent non seulement la fin de l'influence et de la prospérité personnelles des propriétaires éleveurs, mais les contraignent aussi à la violation d'interdits culturels et religieux leur prohibant de transférer la propriété de bêtes individuelles auxquelles leur existence est intimement liée. Certains groupes isolés errent au loin avec leurs rennes, se réfugient dans des régions reculées et inaccessibles de la toundra et de la taïga. D'autres se soumettent seulement des lèvres, persistant dans des subterfuges qui leur réussissent aussi longtemps que l'attention et les énergies de l'État soviétique se portent ailleurs : d'abord sur les purges ordonnées par Moscou dans les années 1930, ensuite sur la Grande Guerre Patriotique entre 1941 et 1945.

Dès les années 1950, la Sibérie est mûre pour la période de transformations la plus radicale jamais connue par les peuples de la région. La collectivisation est déjà un fait accompli et l'indépendance tribale ou ethnique, de l'histoire ancienne. Les technologies des transports et des communications, perfectionnées pendant la Deuxième Guerre mondiale, ouvrent la toundra à des aventures industrielles qui s'appuient sur les mines et le développement de champs pétrolifères, mais aussi à des entreprises militaires associées à la nouvelle guerre froide. L'invasion soudaine des gens du Sud, qui introduisent de nouvelles technologies et de nouveaux intérêts économiques et administratifs, impose un cadre de vie totalement différent aux gens du Nord. Les chasseurs et éleveurs de rennes sibériens, qui ont longtemps tiré bénéfice de leurs relations commerciales avec des étrangers et qui, dans les décennies récentes, ont à tout le moins fait semblant de conformer leur existence aux principes structuraux du socialisme d'État, se retrouvent soudain dans un monde où ils ne sont ni souverains ni d'un grand intérêt pour leurs nouveaux maîtres.

Comme leurs compatriotes autochtones de l'Amérique du Nord septentrionale exposés au même élan d'intérêt et d'autorité du Sud au milieu du XXe siècle, les Sibériens boréaux perdent la liberté de s'évaporer dans la toundra. On sédentarise de nombreux peuples nomades pour faciliter la distribution des services scolaires et médicaux et l'accès aux emplois dans de nouvelles aventures industrielles. L'envoi des enfants dans des pensionnats gérés par l'État constitue une autre incitation à renoncer aux migrations saisonnières qui, depuis des siècles, font partie de la routine annuelle de nombreux groupes.

Le résultat final de ce processus — que nous approfondirons dans un chapitre ultérieur — est la transformation des peuples nordiques, qui composent alors une mosaïque de sociétés indépendantes chérissant leur langue et leur culture propres, en une population relativement homogène de citadins dont la culture, la langue et les appartenances sociales se russifient de plus en plus. Les habiletés des chasseurs et des éleveurs liées à la connaissance du territoire sont dévaluées par l'institutionnalisation de l'éducation et l'exercice d'emplois non spécialisés ou semi-spécialisés, dont dépendent les villes et les industries du Nord pour leur survie. Chasse et élevage se transforment en exploitations industrielles structurées selon le modèle du *kolkhoz* (ferme collective) et, plus tard, du *sovkhoz* (ferme d'État) dans les régions agricoles de l'Union soviétique. Chasseurs et éleveurs deviennent des salariés, employés de l'État, au même titre que les mécaniciens, les cuisiniers et les comptables. Toute suggestion même voilée qu'il faille dédommager les peuples autochtones pour l'occupation de leurs terres par l'État, ou encourager l'existence des cultures locales, est vite étouffée par l'inébranlable conviction que les populations locales sont incorporées dans une société de loin supérieure et plus avancée, une société qui leur dispense des bienfaits jusque-là inconnus : éducation, logements chauffés, soins médicaux, télévision, revenus réguliers, pensions de retraite et même vacances occasionnelles dans les centres de villégiature de la mer Noire.

Après que deux générations de Sibériens eurent délaissé leurs cultures traditionnelles pour s'y intégrer pleinement, le système soviétique se délite de lui-même. Au début des années 1990, salaires et pensions de retraite commencent à arriver en retard, ou à ne pas arriver du tout. Les marchés pour la production locale disparaissent. Il est impossible de se procurer des pièces de rechange pour les véhicules et autres équipements ; même les approvisionnements en nourriture et en carburant se font rares et irréguliers tandis que se détériorent les réseaux de transport. Il n'existe plus de pouvoir centralisé capable de répondre aux besoins économiques des communautés aux confins du pays et l'économie ne permet plus de soutenir ces communautés comme par le passé. De nombreux Russes et d'autres étrangers, attirés dans le Nord par les généreux salaires et les primes d'éloignement, quittent la région, retournent en Russie centrale où les événements des années 1990 ne perturbent pas aussi radicalement l'économie.

Les Sibériens du Nord n'ont pas la possibilité de se replier dans un pays plus prospère, mais ils ont au moins maintenant le droit d'exiger qu'on leur rende leur terre, si appauvrie et mutilée soit-elle par un demi-siècle d'industrialisation avortée. Des organisations qui se portent à la défense des droits des peuples autochtones, de leurs revendications de droits territoriaux, de la renaissance et de la promotion des cultures locales, commencent à se faire entendre dès la fin des années 1980, au moment de la *glasnost*, cette politique officielle de discussion franche. Avec l'agitation économique et sociale du début des années 1990 et la fin du soutien économique centralisé, les voix de ces groupes comptent de plus en plus dans les affaires sibériennes. Le besoin ressenti d'organisations autochtones revendicatrices est en grande partie une réaction à l'augmentation des perspectives d'affaires qui s'offrent dans le Nord aux non-autochtones, à des entrepreneurs dont les activités ne sont plus encadrées par les restrictions d'un gouvernement central paternaliste. Des sociétés étrangères aussi bien que des entreprises régionales, qui opèrent sans trop se soucier de la protection environnementale ou des besoins et souhaits des communautés locales, peuvent désormais exploiter les ressources en bois, minerais et hydrocarbures de la Sibérie.

Les représentations faites pour assurer la propriété ou le contrôle autochtone sur le territoire ancestral et ses ressources n'ont guère donné de résultat jusqu'à présent. Dans le cadre de la démarche de privatisation de l'économie russe, on a rétrocédé quelques hardes de rennes à des groupes familiaux d'éleveurs. D'autres groupes ont obtenu certains territoires de chasse et aires de pâturage sur la base de contrats à long terme de quasi-affermage qui restent toutefois bien en deçà de la privatisation de la terre. Cependant, les peuples du Nord ont pour la plupart tiré un profit limité de ces arrangements ou d'autres accommodements rendus possibles par l'économie post-socialiste. Presque tous ont la nostalgie de la sécurité, des salaires assurés et autres avantages du socialisme. La période Brejnev, pendant laquelle l'économie de l'Union soviétique se trouvait dans la phase terminale de sa maladie fatale, représente l'âge d'or pour les peuples des confins de l'empire dont aucun système économique rationnel ne saurait soutenir le mode de vie. L'effondrement de l'Union soviétique a laissé les peuples de Sibérie septentrionale orphelins à la fois de leur mode de vie traditionnel et du socialisme qui l'avait supplanté.

Voilà la Sibérie que je découvre lorsque je débarque, par un matin d'été, dans la ville tchouktche de Lavrentia. Mes premières impressions ne tempèrent pas les sinistres préjugés et les craintes d'Occidental que j'apporte dans mes bagages. Le vent qui souffle en rafales de la mer de Béring charrie un brouillard glacial auquel se mêle la fumée sulfureuse de charbon crachée par plusieurs cheminées de métal noir. Des camions délabrés bringuebalent dans une rue creusée d'ornières bourbeuses, entre d'anonymes immeubles non peints. De l'autre côté de la piste un mirador sans gardien surplombe une enfilade de baraques abandonnées, spectacle tristement évocateur des films qui dépeignent les camps de concentration européens du milieu du XXe siècle. Les rares passants dans les rues portent des vêtements aux couleurs ternes, trimballent des sacs à provisions presque vides ou déambulent sans motif apparent, la mine résolue ou indifférente. Un véhicule verdâtre, semblable aux blindés qui servent au transport des troupes et dont les chenilles ferraillantes font voler la boue, descend bruyamment la rue principale. En bordure de la ville, des collines sans arbres ondoient jusqu'à une basse crête coiffée d'énormes radars militaires et d'une panoplie de coupoles satellites. La fatigue du décalage horaire causée par le long vol depuis Moscou, conjuguée au choc culturel déboussolant, explique les verres déformants qui me font voir dans cette petite ville tout ce que je présumais trouver en Sibérie.

Après quelques heures de sommeil dans un petit hôtel dont le personnel s'active avec une efficacité et un dévouement exemplaires, je me réveille dans un monde transformé. Un soleil resplendissant a lessivé la grisaille de la ville. L'absence de couleur est la première impression que laisse à l'œil occidental une communauté russe des années 1990. Dénuée d'enseignes au néon, de panneaux réclames et du vif éclat des métaux peints ou des plastiques saturés de couleur qui foisonnent dans nos rues, l'agglomération où voisinent le bois, le stuc et les véhicules officiels apparaît uniformément terne. Mais, graduellement, l'œil se met à percevoir les couleurs de la ville. Des bleus et des verts crayeux irradient délicatement les cadres de fenêtre et les boiseries ornementales des vieux bâtiments. Des badigeonnages d'un ocre intensément sanguin agrémentent les murs de stuc; sur la façade de l'hôtel on a peint un traîneau, tiré par des rennes, qui file en direction d'un coucher de soleil tamisé et l'école maternelle arbore un monumental arc-en-ciel aux jaunes, rouges et bleus tendres.

Un petit cours d'eau marque la limite de la ville; je le franchis en me balançant sur un billot de bois flottant et me retrouve sur une plage adossée à une rangée de cabanes de planches. Une pimpante baleinière de bois fraîchement peinturée, construite suivant le modèle traditionnellement en usage chez les chasseurs de baleines américains du XIXe siècle dépeints par Herman Melville, a été tirée sur le gravier. Un canot identique gît sur la plage, coque en l'air, amarré à la carcasse d'une baleine nimbée d'eaux rougeoyantes qui a l'apparence d'une torpille. Dehors, devant l'une des cabanes, les heureux pêcheurs boivent du thé autour d'un petit poêle à bois. La nouvelle d'une chasse couronnée de succès s'est répandue dans toute la ville; enfants et adultes accourent pour voir de près la baleine. De l'autre côté de la plage, des enfants de la maternelle traversent prudemment le cours d'eau en zigzaguant; tous fraîchement lavés et vêtus de lainages éclatants, les enfants aux traits asiatiques et aux tresses noires tiennent par la main des Russes aux cheveux blond filasse et forment un essaim bourdonnant autour de la bête inerte. Presque tous mâchonnent de petits morceaux de peau de baleine qu'un vieil homme en cuissardes découpe à même un orifice, de forme carrée, pratiqué dans le flanc de l'animal.

Quand les chasseurs finissent de siroter leur thé, un tracteur se pointe pour hâler l'animal à terre, mais on retire d'abord de la plage le crâne et les os nettoyés de la dernière baleine capturée que l'on jette en eaux profondes. On procède peut-être de la sorte pour des motifs sanitaires, bien que chez la plupart des peuples du Nord l'élimination respectueuse des os de l'animal soit un aspect essentiel d'une existence honorable et l'opération fait appel à des éléments d'un antique rituel destiné à écarter tout risque d'outrage aux baleines. Un homme énergique d'âge mûr, que les autres appellent Volodia, supervise le travail; il a manifestement mené la chasse et se charge maintenant de l'élimination des os et de la distribution de la viande. J'ignore dans quelles proportions partage traditionnel et transaction commerciale président à la distribution, mais chacun sur la plage semble recevoir une part et la viande de baleine *kutlety* fait son apparition le soir même sur le menu de l'hôtel. Dans la nouvelle Sibérie post-socialiste, une économie en déroute encourage la résurgence de modèles souples de coopération et de partage qui, des siècles durant avant 1917, ont été utiles aux peuples autochtones.

Parvenu au sommet de la colline derrière la plage des chasseurs de baleine, au terme d'une ascension de dix minutes, je me retrouve dans un monde différent où je me sens tout de suite chez moi. La suie et la poussière du chemin, les crasseuses cheminées d'usine et les camions pétaradants disparaissent soudain derrière l'épaulement de la colline et font place à une scène exempte d'humains et de résidus technologiques. Autour de moi, de vertes collines ondulent à perte de vue, le bleu de la baie étincelle et de lointaines montagnes sont striées de neige. Mes pieds foulent un étroit sentier de sol tourbeux qui serpente dans un épais tapis d'herbes et de fleurs à hauteur de cheville, aux motifs aussi subtils et éclatants que ceux d'un tapis persan. De petits coussins de saxifrage jaune et pourpre sont posés sur des champs de pavots arctiques dorés, de pédiculaires clinquants et d'épilobes roses; une

Le véhicule à chenilles appelé *vesdekhod*, comme celui qu'on aperçoit ici sur l'unique rue de Lavrentia en Tchoukotka, est l'indispensable moyen de locomotion performant dans la toundra sibérienne. (Robert McGhee, Musée canadien des civilisations)

profusion de lins des marais à aigrette blanche dodelinent dans le vent sur le bord d'un ruisseau bruissant ; des saules aux troncs tordus, épais comme des crayons, supportent d'énormes chatons, et de minuscules bouleaux courbés embrassent la terre en quête de chaleur. Une harde de bruants des neiges voltige d'un rocher couvert de lichen à l'autre ; un énorme bourdon traverse le sentier en vrombissant. Chauffée par le soleil, la toundra est un immense jardin des plus familiers, un jardin qui se continue à l'ouest, sur des milliers de kilomètres, en Europe arctique et, à l'est, par-delà le détroit de Béring, en Alaska et au Canada où j'ai appris à nommer ses fleurs et à identifier ses oiseaux.

Au fil des semaines, je découvre que la toundra de Tchoukotka ne m'est pas seule familière. Comme ailleurs en Russie, la chaleur, la serviabilité et la générosité de la population locale font oublier l'indifférence ou l'hostilité des bureaucrates. Leurs problèmes et leurs préoccupations ressemblent à ceux des peuples d'autres régions arctiques : subvenir aux besoins de sa famille ; composer avec des étrangers qui dénigrent la culture et les valeurs locales, et s'arrogent des droits sur les ressources de la région; tenter de comprendre pourquoi alcool, drogues, maladies et morts violentes minent sa communauté; trouver le moyen de conjuguer les avantages de la mondialisation culturelle et économique avec la certitude tranquille d'appartenir à un lieu bien à soi.

Des semaines plus tard, lorsque les premières chutes de neige annoncent la fin de la saison estivale, nous quittons le site archéologique que j'ai fouillé et nous entamons le long voyage de retour à la maison. La première étape se fait à bord d'un *vesdekhod*, affrété depuis ce qui subsiste de la ferme d'État locale. C'est ce type de véhicule que j'ai vu descendre, rugissant comme un blindé, la rue principale de Lavrentia; je sais maintenant que ces machines performantes sont les increvables moyens de locomotion et de communication des collectivités d'éleveurs de rennes et des autres communautés qui vivent loin des réseaux routiers. Très tôt l'expérience nous a appris que le toit de ces véhicules est plus confortable que leur sombre habitacle exigu, et nos chauffeurs nous ont certifié que nous verrons sans doute des ours en chemin. Par un crépuscule embrumé, nous remontons sur plusieurs kilomètres le large lit caillouteux d'une rivière, au milieu des bruits de ferraille et des éclaboussures, puis nous nous enfonçons dans la nuit neigeuse en longeant d'étroites et profondes vallées que seul éclaire le projecteur arrimé sur le toit. Pas le moindre ours en vue, seulement parfois des barils d'essence abandonnés par des voyageurs. Impossible de dormir: les gaz d'échappement et les cahotements nous tiendraient éveillés même s'il n'y avait pas la menace constante d'être éjectés du toit qui tangue et d'être laissés derrière dans la toundra.

Enfin, la piste esquisse un mouvement de descente et, dans l'obscurité de la nuit, nous pénétrons avec fracas dans l'établissement côtier abandonné de Pinakul, un terrain en friche aux barges rouillées, aux machineries décrépites, aux véhicules déglingués et aux immeubles en ruines. Nous devons y passer la nuit et repartir le lendemain matin en canot. Les chauffeurs disparaissent dans l'obscurité pour réveiller les seuls habitants de cette colonie à l'abandon, et nous reconnaissons en notre hôte le même Volodia qui menait la chasse à la baleine à Lavrentia plusieurs semaines auparavant. Chasseur tchouktche qui a tourné le dos à l'alcool et à la détresse de la vie citadine, Vladimir Eivoucheyvoun a pris la résolution de repartir à neuf dans le nouveau monde des années 1990. À travers la neige fondante, l'obscurité et la ferraille corrodée, il nous conduit à l'unique maison habitée, haute construction inusitée qu'il a bâtie lui-même. Dans une pièce chaude, entourée d'enfants endormis, sa femme nous sert du thé dont l'eau a bouilli dans une marmite autoclave, du pain, de la confiture et du saumon mariné. Volodia grimpe devant nous à une échelle de bois pour nous conduire à une serre vitrée sur le toit de sa demeure accueillante et singulière et nous nous installons pour dormir quelques heures sur des lits de peaux de caribou dans une pièce envahie par des plants de concombres grimpants. À l'aube, nous nous éveillons pour la dernière étape du voyage : la traversée de la baie jusqu'à Lavrentia à bord d'un *baydar* construit et piloté par le père de Volodia. Composé de peaux de morse fixées sur une ossature de bois, mu par un puissant moteur hors-bord japonais, ce canot tchouktche traditionnel est indubitablement en mesure d'amener en haute mer des chasseurs de baleine ou de traverser le détroit de Béring jusqu'en Alaska. À la fin de mon séjour dans la presqu'île de Tchoukotka, je me retrouve ainsi au milieu d'une famille qui a choisi une combinaison unique et gratifiante d'usages anciens et nouveaux, une famille qui survit bien dans un monde changeant et menaçant pour tant de gens autour d'elle.

CHAPITRE 5

Vikings et fermiers de l'Arctique – La saga atlantique

PAR UNE CHAUDE APRÈS-MIDI d'août sans nuages, le navire viking *Gaia* se rapproche de la côte de l'Amérique du Nord. Une brise d'arrière constante gonfle mollement l'énorme voile et le bâtiment plane, léger comme un goéland au repos, sur les crêtes et les creux d'une longue houle nord-est. La lumière du soleil se réfléchit sur les icebergs et scintille sur les jets des baleines au loin. Les falaises grises de Terre-Neuve se dressent à tribord et la houache mousseuse s'éloigne en spirales vers le Groenland. Cette minuscule et fragile coquille de bois a cinglé dans des champs de glaces redoutables, filé sur des hauts-fonds qui auraient déchiré le ventre d'un navire à coque plus profonde et survécu à des tempêtes sans plus de dégâts que de l'écume sur le pont. Son équipage est aussi confiant et serein que s'il se trouvait à bord d'un grand voilier moderne.

Gaia est la réplique du navire de Gokstad, exhumé d'un tumulus, près d'Oslo; parti de la Norvège il achève en août 1991 sa traversée de l'Atlantique en passant par l'Islande et le Groenland. Je me suis joint à l'équipage du navire quelques jours plus tôt et on vient de me confier pour la première fois le gouvernail tandis que le reste de l'équipage vaque aux préparatifs du débarquement. Pendant que je m'efforce nerveusement de maintenir la barre aussi bien que s'y sont employés les marins professionnels à bord, mon esprit me ramène constamment au passé et aux frêles vaisseaux identiques qui ont connu de semblables approches le long de cette côte, voilà mille ans. Un millénaire d'histoire escorte *Gaia* cette après-midi-là: l'histoire des premières

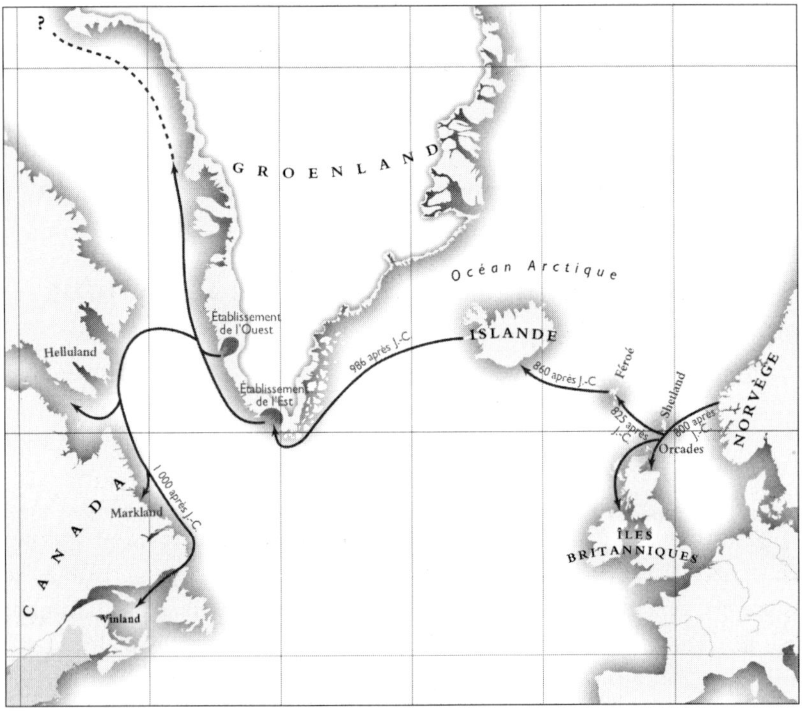

L'expansion viking dans l'Atlantique Nord.

explorations et colonisations des contrées insulaires de l'Atlantique Nord et la singulière aventure arctique d'une petite société médiévale qui a prospéré durant près de cinq cents ans.

L'ère viking s'ouvre aux environs de 800 avant J.-C., à une époque où l'Europe commence à émerger d'une période que l'on désignera plus tard comme le haut moyen âge. Le Saint Empire Romain de Charlemagne s'étend alors depuis Rome, capitale des papes, jusqu'aux côtes de la mer du Nord, et depuis les royaumes musulmans d'Espagne jusqu'en bordure des plaines d'Europe de l'Est. Après quatre siècles d'invasions barbares et de conflits locaux, l'Empire Romain réapparaît sous une nouvelle forme. Désormais allié au bras temporel des souverains chrétiens qu'il couronne, le pouvoir spirituel de l'Église crée la civilisation médiévale qui fleurira en Europe pendant un demi-millénaire.

Par-delà les frontières septentrionales de cette Europe se dessine un monde fort différent, un monde qui n'a connu ni l'invasion des armées de l'antique Rome ni l'héritage contrasté de la civilisation romaine. Ce sont les pays de seigneurs de la guerre perpétuellement querelleurs, des hommes dont le besoin de faire constamment étalage de leur richesse et de leur autorité personnelle favorise les arts, l'artisanat et les expéditions au long cours en quête d'objets coûteux, rares et exotiques. Certaines de ces sociétés — les Irlandais, les Pictes d'Écosse — sont chrétiennes, mais celles des côtes de la mer du Nord et de la Baltique sont les dernières à rendre un culte au panthéon païen qui régnait jadis sur l'Europe. C'est de ces sociétés que viennent les pillards vikings qui commencent à se manifester au large des côtes de l'Europe chrétienne aux environs de l'an 800 après J.-C.

Pour les peuples dont ces maraudeurs impies saccagent et incendient les églises et les monastères, les païens du Nord incarnent les forces du mal et de la sauvage brutalité. Une condamnation en partie injuste puisque la destruction et la violence gratuite sont choses courantes dans toute l'Europe du IXe siècle. Les Vikings se distinguent du seul fait que, contrairement aux pillards chrétiens, ils ne s'arrêtent pas aux portes des églises. Leurs victimes se méprennent aussi en considérant ces voleurs comme représentatifs d'une société foncièrement violente. Les pillards qu'elles croisent sont tout juste le fer de lance de cette société — de jeunes hommes envoyés chaque année à la recherche de richesses et d'esclaves nécessaires pour conforter l'influence de leurs maîtres sur le développement d'une civilisation nordique prospère. Derrière eux restent, dans l'ombre, des communautés d'artisans, d'artistes, de marchands et, par-dessus tout, de fermiers.

Si l'irruption des Vikings en Europe trouve son origine dans des nécessités sociales, c'est une percée en matière de technologie militaire qui la rend possible: le perfectionnement de navires qui permettent aux peuples de Scandinavie d'entreprendre de longues traversées océaniques et de surgir avec une soudaineté déconcertante sur des côtes éloignées. En 1880, à Gokstad, près d'Oslo, on exhume d'un tumulus le plus bel échantillon d'un navire de ce type. À la fin de sa vie utile le navire de Gokstad, construit au IXe siècle, sert de sépulture à un souverain local dont on retrouve à bord, au XIXe siècle, le squelette, en plus des carcasses de ses chevaux, de ses chiens et d'un paon. Le navire est constitué de minces planches de chêne qui se chevauchent, attachées les unes aux autres à l'aide de rivets de fer; la coque, en forme de coquillage, est liée par des cordes à une légère membrure de bois. L'unique mât, planté au milieu, supporte une large voile carrée; de

Reconstitution du navire de Gokstad de l'ère viking, le *Gaia* s'approche de la côte de Terre-Neuve à l'été 1991. (Robert McGhee, Musée canadien des civilisations)

chaque côté de la coque s'alignent des trous de nage pour seize avirons, et un gouvernail est attaché à tribord. Lesté de son équipage maximal d'environ trente-cinq hommes, avec sa coque de vingt-quatre mètres de long et cinq mètres de large, il doit tirer moins d'un mètre d'eau. Des répliques du navire de Gokstad ont démontré sa capacité de filer à des vitesses supérieures à douze nœuds et sa faculté de traverser en relative sécurité non seulement la mer du Nord, mais l'Atlantique Nord. Le *Gaia* dont je tiens la barre en 1991 est une réplique du navire de Gokstad.

Les forces qui suscitent les raids vikings contre l'Europe chrétienne incitent aussi à la quête permanente de nouvelles terres agricoles inhabitées où des hommes ambitieux pourront s'imposer à la manière des chefs de clans locaux dans leurs pays d'origine totalement occupés. Les navires scandinaves tiennent parfaitement la mer, mais les marins ne disposent ni de compas ni de quelque autre instrument adéquat pour la navigation en haute mer et les tempêtes chassent souvent les vaisseaux devant elles des jours durant. Cette impuissance à suivre par gros temps un itinéraire planifié conduit fortuitement à la découverte de nombreuses îles. Comme les navires dévient de leurs routes en tentant vainement de regagner leur position et leur port d'attache, il est inévitable que soient bientôt découvertes toutes les îles montagneuses de l'Atlantique Nord.

La première des étapes qui conduiront un jour les marins vikings aussi loin que le Groenland et l'Arctique canadien se concrétise probablement au VIIIe siècle quand les pillards atteignent les côtes de Grande-Bretagne et d'Irlande. Irlandais et Pictes ont depuis longtemps colonisé les Hébrides et les Orcades, à quelques kilomètres seulement au large de la côte écossaise, de même que l'archipel Shetland à presque 100 kilomètres plus au nord et à mi-chemin entre l'Écosse et la Norvège. Les Féroé se trouvent à mi-chemin entre l'Écosse et l'Islande, à 250 kilomètres au nord-ouest du Shetland, et les Vikings ont sans doute vent de l'existence de ces îles escarpées dès leurs premières incursions en Irlande.

Pour tout habitant d'Irlande, d'Écosse ou des Hébrides qui a l'esprit d'observation, l'existence de terres lointaines dans le Grand Nord ne fait sûrement pas de doute. Chaque printemps de vastes troupeaux de cygnes, d'oies et de plus petits oiseaux arrivent du sud, passent des jours ou des semaines à se gaver frénétiquement, puis prennent leur envol dans une agitation et un fracas assourdissants, et gagnent de l'altitude jusqu'à disparaître en direction nord-ouest au-dessus de l'océan désert. Crottées et épuisées, les hardes réapparaissent à l'automne avec leur progéniture depuis peu en état de voler. Les Vikings ne sont pas les premiers Européens à suivre ces guides dans les immensités inconnues de l'Atlantique Nord. Cet honneur revient au peuple irlandais dont les explorations sont motivées par la quête non de richesse et de renom personnel, mais de lieux, d'ermitages écartés où les moines pourront mener leur vie de prière, protégés des tentations du monde par le rempart de la mer. Pendant des siècles, des ermites irlandais se lancent ainsi dans des coracles (barques d'osier recouvertes de peaux) mus à l'aide d'avirons et d'une voile carrée, confiants que Dieu les protégera et les guidera dans leur sainte vocation.

Nous ignorons jusqu'où les conduisent ces explorations, mais de mystérieuses indications de voyages lointains ont survécu. La *Navigatio Sancti Brendani* est une invraisemblable histoire écrite au IXe siècle relatant le périple que complète, de 565 à 572 après J.-C., un saint Brendan vieillissant dans sa quête d'un paradis terrestre. Entre autres merveilles, le saint équipage passe à proximité d'une montagne qui vomit le feu et crache des charbons ardents, une image évocatrice de la volcanique Islande. Ailleurs, rapporte Brendan, le vent tombe abruptement, la mer se calme et se fige : une description qui correspond à la formation de la glace de mer et une indication que l'homme s'aventure probablement fort loin au nord ; tout comme est sûrement un iceberg la colonne de cristal qu'il croise, surgie de l'océan, couleur d'argent, plus dure que le marbre. Les icebergs de l'Atlantique Nord sont des vêlages des glaciers groenlandais qui dérivent vers le sud en suivant le courant du Labrador pour finalement se liquéfier dans les eaux chaudes du Gulf Stream ; ils dérivent rarement à l'est de 36° de longitude Ouest, ce qui permet de situer ce spectacle avéré au milieu de l'Atlantique, à quelque 2 000 kilomètres à l'ouest de l'Irlande. Ce récit fabuleux semble suggérer que, dès le IXe siècle, époque de sa rédaction, les Irlandais connaissaient l'existence de l'Islande et s'aventuraient peut-être même occasionnellement plus loin au nord et à l'ouest.

On tient pour une source bien plus fiable sur les débuts de la navigation irlandaise un livre écrit en 825 après J.-C. par Dicuil, moine et géographe irlandais vivant à la cour de Charlemagne. Dans cet ouvrage intitulé *Liber de mensura orbis terræ*, Dicuil écrit :

> Dans l'océan au nord de l'Angleterre se trouvent plusieurs îles qu'on peut atteindre, à partir des îles britanniques les plus septentrionales, en deux jours et deux nuits de navigation toutes voiles dehors, avec un bon vent constant. Un saint homme m'a informé qu'en deux journées et une nuit d'été, voguant dans un petit bateau à deux bancs de nage, il a débarqué sur l'une d'elles. Certaines de ces îles sont très petites ; presque toutes sont séparées des autres par d'étroits bras de mer. Des ermites venus de Scotie

> [autre nom donné à l'Irlande] vivent sur ces îles depuis près de cent ans. De même qu'elles étaient inhabitées depuis les origines du monde, de même aujourd'hui sont-elles, à cause des pirates scandinaves, sans anachorètes, mais peuplées d'innombrables moutons et de très nombreuses espèces différentes d'oiseaux de mer. Jamais je n'ai vu ces îles mentionnées dans les livres d'érudits.

Cette description s'applique très certainement aux îles Féroé, premier marchepied d'importance dans la traversée de l'extrême Nord Atlantique. De fait, des vestiges archéologiques laissent croire que des fermiers scandinaves débarquent sur ces îles aux environs de 800 après J.-C., peu avant que Dicuil ne rédige son ouvrage. Le moine bien informé traite aussi d'une île nommée Thulé, sise encore plus au nord :

> Il s'est maintenant écoulé trente ans depuis que des prêtres qui habitaient cette île du premier jour de février au premier jour d'août m'ont dit que, non seulement au solstice d'été mais dans les jours qui le précèdent et le suivent, le soleil couchant donne l'impression dans la soirée de se retirer derrière une petite colline, de telle sorte que pendant ce bref laps de temps l'obscurité ne se fait pas et, quelle que soit la tâche à laquelle un homme souhaite s'adonner, même épouiller sa chemise, il peut s'y employer avec autant de précision qu'en pleine lumière du jour [...]. Ils font métier et commerce de faussetés ceux qui ont écrit de la mer autour de cette île qu'elle est gelée et qu'il y fait en permanence jour sans nuit du point vernal jusqu'à l'équinoxe d'automne, et vice versa, perpétuellement nuit depuis l'équinoxe d'automne jusqu'au point vernal ; parce que ceux qui naviguent en période de grand froid s'y sont frayés un chemin et, séjournant sur l'île, y ont toujours joui de l'alternance du jour et de la nuit, sauf au moment du solstice. Mais à une journée de navigation vers le nord, ils ont trouvé la mer glacée.

Comme je l'ai signalé au chapitre 3, le nom de Thulé nous vient de la géographie des Anciens et désigne une terre du Nord à six jours de voile de la Grande-Bretagne, terre qu'a visitée Pythéas au IVe siècle avant J.-C. L'île décrite par Dicuil semble être toutefois presque certainement l'Islande, située juste sous le Cercle arctique, où le soleil au mitan de l'été ne se couche guère et où s'accumule fréquemment, tout juste au large de sa côte septentrionale, la glace de mer. La présence d'ermites irlandais en Islande est confirmée à la fois par des chroniques scandinaves et par des noms de lieu dérivés du mot *papar*, vocable norrois qui désigne ces saints pères. Peu après l'époque où Dicuil rédige son ouvrage, les moines d'Islande, comme ceux des îles Féroé, voient leurs ermitages envahis par des fermiers scandinaves avides de terre. Plus tôt, j'ai émis l'hypothèse que les Irlandais auraient trouvé leur chemin jusqu'à ces contrées du Grand Nord en notant, puis en suivant la migration des oies, des cygnes et d'autres oiseaux. Les Scandinaves empruntent à leur tour les routes migratoires des ermites irlandais qui les mettent ainsi sur la piste de nouvelles terres.

La tradition islandaise, qui situe la découverte scandinave de l'île aux environs de 860 après J.-C., fait état de trois pionniers: Gardar Svavarsson, le Viking suédois qui reconnaît par la mer les côtes de l'île et la nomme Gardarsholm; Naddod qui la baptise Snowland parce qu'une tempête hivernale en couvre les montagnes alors qu'il s'en éloigne; et Floki Vigerdarson, qui navigue avec l'aide de corbeaux comme le fit Noé avec celle de colombes, auquel l'île doit le nom sous lequel on la connaît depuis lors. Si ces explorateurs laissent des comptes rendus contradictoires sur la qualité du sol et du climat de l'Islande, ils s'accordent à dire qu'il s'agit d'une vaste contrée. La taille inattendue du territoire — l'envergure des montagnes et des cours d'eau, la largeur des profondes vallées verdoyantes qui s'enfoncent loin dans l'arrière-pays — est toujours aussi impressionnante aujourd'hui. Pour le voyageur qui la survole ou qui, derrière le volant d'une voiture de location, roule sur l'autoroute côtière, l'Islande semble un continent isolé plutôt qu'une petite île.

L'Islande que découvrent les premiers explorateurs est considérablement plus verdoyante que celle d'aujourd'hui: un millénaire de coupe forestière et d'élevage de moutons l'a dégarnie de sa végétation. Selon l'*Íslendingabók*, le « Livre des Islandais » datant du XIIe siècle, « l'Islande était, à cette époque, entre montagne et littoral, une immense forêt » composée de bouleaux, de ces mêmes petits arbres tordus qui poussent aujourd'hui en certains lieux, comme les cimetières de campagne, où ils sont à l'abri des moutons. L'hémisphère Nord entre à l'époque dans une phase de réchauffement connue plus tard sous le nom d'Optimum médiéval, un épisode climatique pendant lequel les étés sont sensiblement plus longs et plus chauds que ceux d'une époque récente et la glace de mer moins persistante qu'à présent. Les fermiers de Norvège et des établissements scandinaves dans les Îles britanniques septentrionales flairent les bonnes terres de pacage dans les récits que les premiers explorateurs rapportent d'Islande. Ces relations font sans doute aussi état des rivières grouillantes de truites et de saumons; des indénombrables troupeaux d'oies, de cygnes et d'oiseaux de mer; des phoques, des baleines et des morses qui garantissent non seulement de la viande, mais une fortune en ivoire. L'attraction est telle que le roi Harald « À la belle chevelure » — dont les impôts, la tyrannie et les contraintes sur les chefs de clans rivaux ont certainement pour effet d'encourager l'émigration — commence à redouter que la Norvège se dépeuple et impose une lourde taxe aux candidats à l'émigration. À la fin du règne d'Harald, aux environs de 930 après J.-C., on évalue la population de l'Islande entre 10 000 et 30 000 habitants, et toute terre arable y a trouvé preneur.

On se serait attendu à ce que la colonisation de l'Islande tourne à la tragédie. Le pays est isolé, à la frange d'un Arctique encore inconnu, et son environnement extrême mal compris. Les colons qui en occupent les terres sont les plus ambitieux et les plus impatients qu'ait produits la société viking ; ils commencent bientôt à se quereller pour des privilèges, des affronts à leur honneur et les limites de leurs fermes. La population se compose majoritairement d'esclaves dont plusieurs sont des guerriers irlandais capturés au combat, aussi arrogants, aussi épris de liberté que leurs maîtres scandinaves, et aussi aisément tentés par la révolte et le meurtre. Il n'y a ni loi ni d'ailleurs de moyen d'en faire respecter une. La religion ne peut pas davantage servir de ciment social puisque si certains colons sont des chrétiens d'Irlande et des Hébrides, la majorité d'entre eux voue encore un culte aux idoles païennes. Nul n'aurait pu blâmer un sociologue de présumer que pareille situation aboutirait inévitablement à l'anarchie et au désastre. Et malgré de telles prémisses, les Islandais ont édifié une société qui perdure depuis plus de mille ans et dont on loue la stabilité, le souci d'égalitarisme au sein de la communauté, le respect et l'amour de l'histoire et de la tradition.

La route empruntée n'est ni rectiligne ni tracée d'avance, du moins la connaît-on bien puisque l'Islande est aussi le premier pays d'Europe du Nord véritablement alphabétisé. On attribue souvent l'importance de la littérature et de l'histoire dans la culture islandaise à la composante irlandaise et hébridaise des premiers habitants du pays. Il est certain qu'aucune autre société scandinave n'a engendré une tradition littéraire de l'envergure des sagas islandaises, ni une telle passion pour la consignation de l'histoire qui a assuré la sauvegarde d'archives uniques sur l'une des premières sociétés européennes. Peu après son introduction par l'Église, l'alphabet romain est adapté à la langue islandaise (le vieux norrois) et se répand dans tout le pays aux XIIe et XIIIe siècles. Presque tout ce que nous savons de la religion païenne

Ces cataractes du nord de l'Islande ont pour nom Godafoss (Chutes des dieux) en souvenir des idoles païennes qu'on y a précipitées lorsque l'Islande a officiellement adopté la religion chrétienne, en l'an 1000. (Robert McGhee, Musée canadien des civilisations)

d'Europe septentrionale nous vient des *Edda* écrites par des lettrés islandais du XIIIe siècle. Plus d'une centaine de sagas familiales, pour plusieurs sauvegardées par la tradition orale au fil des siècles avant d'être couchées par écrit, brossent des portraits colorés d'une société querelleuse, animée par la quête de richesse, d'honneur et de vengeance. Hommes d'Église et fermiers rédigent des annales où ils consignent les événements d'intérêt local et les nouvelles apportées par des voyageurs qui ont séjourné dans des régions reculées du monde scandinave. Des historiens reconstituent aujourd'hui méticuleusement les listes de familles qui ont participé à la prise de possession originelle des terres, sans oublier le nom de leurs fermes. Ils décrivent la genèse, aux environs de 930 après J.-C., d'un régime juridique fondé sur une assemblée annuelle des membres influents de la société — l'*Althing* — qu'on qualifie de premier parlement européen.

L'*Althing* siège annuellement à Thingvellir, au sud-ouest de l'Islande, dans un amphithéâtre naturel géologiquement étonnant, avoisinant une plaine où l'on campe et laisse brouter les chevaux. Thingvellir est conservé en son état presque originel et reste le centre symbolique de l'État islandais. Par une journée d'été, quiconque se tient dans ce lieu de rassemblement, un vallon herbeux ceinturé de murailles verticales de roc noir lacérées par des forces géologiques gigantesques, peut mesurer tout le poids historique qui s'y est accumulé depuis un millénaire. C'est en cette saison de l'année que des gens de tout le pays empruntaient autrefois les sentiers équestres pour se rendre à Thingvellir, y montaient leurs tentes et leurs huttes aux murs de tourbe dans la plaine, au pied des à-pics.

L'*Althing* était un événement social et économique important pour le peuple islandais. Comme Westminster, Mère des parlements et son rival, l'*Althing* avait cependant peu à voir avec la démocratie. Le pouvoir était exercé par trente-six *godar*, des hommes suffisamment riches et influents pour subvenir à l'entretien des temples et pour s'imposer comme d'efficaces chefs religieux et politiques de leur région. Les intrigues et les jeux de pouvoir de cette élite fortunée constituaient toujours la toile de fond des litiges sur lesquels se penchait l'*Althing* et il est difficile d'imaginer comment, sans cette structure, aurait pu être évitée l'anarchie. Ce système démontre clairement son efficacité en l'an 1000 après J.-C. : le christianisme progresse alors dans la population et il faut arrêter une décision potentiellement explosive concernant l'avenir religieux de la société islandaise. Après des débats pendant lesquels les zélotes des deux camps promettent la guerre civile, la question est référée à Thorgeir, président de l'Assemblée. Thorgeir délibère un jour et une nuit, puis rend une décision qui s'avère à la fois pragmatique et sage : tous les Islandais recevront le baptême chrétien, mais certaines des anciennes lois païennes continueront de s'appliquer ; les gens pourront continuer à manger de la viande de cheval ; ceux qui souhaitent pratiquer en privé l'antique culte y seront autorisés. Beaucoup se font baptiser dans les sources thermales des sites volcaniques islandais parce que leur zèle pour la nouvelle religion ne va pas jusqu'au bain en eaux glacées.

La république islandaise perdure trois siècles (un siècle de plus que toute république du monde moderne) avant de perdre son indépendance politique devant le roi norvégien en 1262. Elle ne regagnera son autonomie que pendant la Deuxième Guerre mondiale.

C'est une période d'agitation, suscitée par une compétition de plus en plus féroce dans une situation de décroissance des ressources, qui mène à cet état de fait. Dès le XIIIe siècle, la destruction des forêts d'Islande — pour chauffer les maisons, pour alimenter les fours destinés à fondre le fer et pour créer des pâturages — commence à hypothéquer l'environnement. Chèvres et moutons éliminent le couvert végétal résiduel; la mince couche de sol volcanique s'érode et les vents la balaient; des régions entières se transforment en terres incultes et désertiques. Un refroidissement climatique entraîne des hivers plus mordants qui font périr de froid le bétail dans les champs ou l'affament par pénurie de fourrage. La glace de mer menace graduellement la navigation, et le commerce avec l'Europe décline alors que les navires islandais, de plus en plus indispensables et rares, sont abandonnés ou perdus en mer. La guerre civile éclate et la fumée s'échappant de bâtiments de ferme en flammes marque la progression des armées locales au fond des larges vallées.

L'allégeance au roi norvégien apporte une paix relative à l'Islande, mais le siècle suivant s'avère une époque de plus grande épreuve encore pour la majorité de la population. On continue à déserter les fermes tandis que se dégrade le climat et que s'aggrave l'érosion. Des éruptions volcaniques détruisent des districts entiers. Les épidémies — variole, peste et autres maux moins identifiables —, qui frappent l'Europe dans le sillage des croisades et de l'ouverture du commerce avec l'Asie, font finalement leur apparition en Islande et déciment la population. Au début du XIVe siècle, pêcheurs et pirates anglais pillent les fermes côtières, un phénomène qui changera le destin du pays. Ce qui attire les Anglais sur ces côtes, ce ne sont ni les petits objets de quelque valeur qu'ils peuvent rafler ni les jeunes gens qu'ils peuvent kidnapper et vendre comme esclaves — même si cela se pratique couramment — mais plutôt la morue qui pullule dans les eaux islandaises. L'économie du pays est bientôt indissociable de ce commerce et, en passant de l'agriculture de subsistance à la pêche commerciale, les Islandais trouvent dans le monde un créneau économique que leur pays occupe encore de nos jours.

D'autres événements mondiaux jouent tour à tour un rôle inattendu dans l'histoire de l'Islande. Le plus important d'entre eux est la Deuxième Guerre mondiale. Les forces alliées ont besoin à la fois d'un refuge pour les convois de l'Atlantique Nord et d'un poste de ravitaillement pour les avions construits en Amérique du Nord qu'il faut acheminer par voie aérienne dans les zones européennes de combat. Les bases américaines établies à Reykjavík et Keflavík plongent l'Islande au cœur même de l'effort de guerre allié et exercent un effet important sur l'économie locale. Les influences matérielles et culturelles américaines qui se manifestent ces années-là auront des répercussions durables sur le mode de vie islandais. Une fois la Norvège et le Danemark sous occupation allemande, la guerre fournit à l'Islande l'occasion de se proclamer république indépendante — chose faite en 1944.

L'Islande exerce une remarquable fascination sur les férus d'histoire. Ce pays résolument moderne a un passé si singulier, un passé sur lequel il fait si fortement fond et auquel il est si attaché que l'histoire y est partout présente. Les noms de lieu sont un rappel constant d'événements historiques, depuis Vestmannaeyjar au large de la côte méridionale — archipel ainsi nommé pour avoir servi de refuge aux esclaves irlandais insurgés — jusqu'aux tumultueuses chutes Godafoss, sur un cours d'eau septentrional, auxquelles on a donné ce nom en souvenir des idoles païennes précipitées dans la cataracte lorsque le pays se christianisait. Les bâtiments de ferme, très semblables à leurs contemporains des temps modernes en Europe du Nord, se dressent sur des monticules de rocs et de terre, ostensibles vestiges de générations de bâtiments de fermes et d'étables faits de tourbe. Nombre de ces fermes recèlent des traces d'occupation susceptibles de remonter à la période du Landnam (de la prise de possession de la terre) au Xᵉ siècle. En conduisant, sur les étroites autoroutes islandaises, il m'arrive de tressaillir à l'apparition, sur les petits panneaux verts identifiant les fermes, d'un nom que les sagas m'ont rendu familier. Ainsi, la ferme Bergthórshvoll, sur la côte méridionale, porte-t-elle le même nom que celle où Njál et ses fils ont été brûlés vifs par leurs ennemis dans l'un des événements les plus tragiques que relatent les sagas. Les archéologues qui ont procédé à des fouilles à Bergthórshvoll ont identifié les restes d'une étable construite à la fin du Xᵉ siècle et incendiée quelques décennies plus tard, peut-être dans la conflagration qui détruisit la maison attenante et ses brutaux occupants.

Dans la charmante vallée de Haukadal, dans l'ouest de l'île, on a récemment reconstruit une petite maison commune de Viking à partir des débris archéologiques récupérés sur un site proche d'une ferme nommée Stora-Vatnshorn qui offre gîte et déjeuner aux visiteurs. Si l'on en croit les sagas, un homme nommé Erik le Rouge aurait défriché une terre, près de la ferme de son beau-père à Vatnshorn, et bâti sa maison après être arrivé en Islande aux environs de 960. Au siècle dernier, les fermiers de la région d'Haukadal appelaient toujours Eiriksstadir (domaine d'Erik) la propriété voisine de Stora-Vatnshorn. C'est à cet endroit, près d'un minuscule ruisseau qui dévale le versant abrupt d'une colline broutée par les moutons avant de se jeter dans le lac encaissé de la basse vallée, que les archéologues ont exhumé les restes d'un manoir du xe siècle aux murs de tourbe élevés sur une assise de pierres. Une tradition historique vieille de mille ans permettrait de relier cette construction à la figure légendaire d'Erik le Rouge. Pour reprendre les mots de Gudmundur Olafsson du Musée national d'Islande, révélateurs de la méfiance innée de l'archéologue à l'égard des sources littéraires, « si un homme appelé Erik le Rouge a vraiment existé, cette maison a probablement été la sienne ». Ce héros de saga serait au centre de la suite de l'aventure scandinave dans l'Atlantique occidental qui conduirait finalement des fermiers et chasseurs norrois en plein Arctique et, à l'ouest, aussi loin qu'au Canada.

Alors que l'Islande effleure à peine le Cercle arctique, le Groenland est indubitablement un continent arctique. Sa pointe méridionale s'étire tout juste au-delà du 60e parallèle et l'immense calotte glaciaire qui ensevelit presque tout le pays est un vestige des anciens glaciers qui recouvraient l'essentiel de l'hémisphère Nord pendant la dernière glaciation. Lorsque les explorateurs européens commencent à fréquenter le littoral du Groenland au XVIe siècle, ils découvrent un pays occupé par des Inuit apparentés aux nations autochtones de chasseurs et de pêcheurs dont les territoires embrassent tout l'Arctique canadien jusqu'à l'Alaska et la presqu'île de Tchoukotka. Les fjords interminables et les vallées intérieures du Groenland occidental sont pourtant émaillés de centaines de tertres de roc et de tourbe, restes de bâtiments de ferme et d'étables qui abritaient jadis de petits troupeaux de bovins, de moutons et de chèvres. Des segments de maçonnerie en pierre sèche, qui émergent ici et là du paysage herbeux, signalent les vestiges d'églises dans lesquelles on n'a pas célébré d'office depuis plus de cinq siècles. Cette langue de terre, coincée entre l'océan Arctique et le dôme massif de l'inlandsis, a déjà été l'avant-poste le plus reculé de la civilisation médiévale européenne.

Vu les aléas de la navigation viking, il n'est pas étonnant qu'on découvre bientôt cette terre à l'ouest de l'Islande. La côte orientale du Groenland se trouve à moins de 600 kilomètres de l'Islande, donc à moins de trois jours de navigation sous de bonnes conditions. En

La tradition veut que Brattahlid soit l'emplacement de la ferme d'Erik le Rouge dans le sud-ouest du Groenland. On distingue à l'avant-plan les ruines d'un bâtiment de ferme scandinave tandis que se dresse, tout juste sur la croupe de la colline, une reconstitution récente de la petite église construite « pas trop près de la ferme » pour Thjodhild, l'épouse d'Erik. (Patricia Sutherland, Musée canadien des civilisations)

outre, sur la plus grande partie de cette distance, restent à portée de vue du marin soit le cône volcanique blanc du Snaefellsjokul (Montagne de Neige), qui marque la pointe occidentale de l'Islande, soit les pics du Groenland qui s'élèvent à plus de 3 000 mètres d'altitude derrière Ammassalik et que les Islandais ont fini par appeler Hvitserk (Chemise Blanche). Suivant le *Landnamabok*, un marin nommé Gunnbjorn, ballotté par la tempête, en aurait fait la découverte aux environs de 900 et la nouvelle terre aurait été connue sous le nom de Récifs de Gunnbjorn. La région a pu offrir un asile temporaire aux Islandais qui fuyaient justice ou vengeance, mais l'unique relation de semblable événement dans le *Landnamabok* fait état d'un rude hiver, pendant lequel la neige ensevelit l'habitation, et auquel succéda un printemps marqué par la famine et le meurtre.

S'il faut en croire les sagas, la première tentative de survie dans cette nouvelle terre se concrétise en 982 quand Erik le Rouge — qui déboisait sa ferme à Haukadal la dernière fois que nous l'avons croisé — se dispose à chercher un asile où passer ses trois années d'exil forcé. Le séjour d'Erik à Haukadal prend fin quand ses esclaves provoquent un éboulement de terrain qui démolit la demeure d'un voisin ; il déménage sur une île, dans le proche Breidafjord, mais y est mêlé à une autre querelle qui se conclut par l'assassinat de voisins. On considère dès lors Erik comme un fauteur de troubles, même selon les critères du temps et du lieu, et lorsque le Thing local (le conseil des grands propriétaires fonciers) le condamne à l'exil, Erik arme un navire et fait voile vers l'ouest. Tournant le dos à la sinistre côte sud-est du Groenland et à la banquise qui y monte perpétuellement la garde, il vire au sud et contourne le cap Farewell. Il s'engage dans un réseau de fjords très semblables à ceux d'Islande, abrités de la mer, à la végétation luxuriante, aux prairies verdoyantes et aux fourrés de saules et de bouleaux nains. Des caribous broutent les flancs des coteaux verts, des cours d'eau vierges regorgent de saumons, des phoques nagent dans les fjords parsemés d'icebergs ou se prélassent à terre sans craindre les prédateurs humains. Contrairement à toute autre terre de l'Atlantique Nord découverte par les Scandinaves, le Groenland est alors exempt d'établissements humains.

Pendant ses trois années d'exil forcé, Erik concocte des plans pour coloniser cette contrée fraîchement découverte ; il mesure sans doute le paradoxe de ce qu'un hors-la-loi honni devienne le premier colon et premier citoyen respecté d'une nouvelle république. Avec l'instinct d'un agent immobilier, il nomme cette contrée Groenland [Terre verte] « parce que, fait-il valoir, les hommes seront d'autant plus incités à y venir si le pays a un nom invitant ». Lorsque échoit le terme de sa proscription, il rentre par mer à Breidafjord, dans l'ouest de l'Islande, et entreprend de recruter des immigrants. La famine dévaste la région depuis une décennie et la proposition d'Erik lui attire bientôt un grand nombre de disciples. En 985, une flottille de vingt-cinq navires part pour le Groenland et les sagas racontent que seuls quatorze d'entre eux complètent le voyage ; un fort temps et des vagues gigantesques causent la perte des autres ou les contraignent à rebrousser chemin.

Nous pouvons nous représenter la petite flotte qui s'éparpille dans les fjords du sud-ouest du Groenland. Ses navires s'apparentent au modèle connu sous le nom de *knorr*, le moyen de locomotion performant dans l'Atlantique Nord du temps des Scandinaves, que nous connaissons grâce à un échantillon bien conservé, exhumé du fond du

Roskildefjord au Danemark. Long d'environ quinze mètres, le *knorr* est plus court que le navire de Gokstad, son prédécesseur, mais a de plus larges baux et possède une coque plus profonde ; il est de ce fait mieux en état de tenir la mer et peut transporter davantage de marchandises. Il est non ponté, exposé au vent, à l'écume et aux crêtes de vague débordantes ; grâce à des répliques modernes, on sait qu'il est en mesure (la chance aidant) de résister aux redoutables tempêtes de l'Atlantique Nord. Ce type de navire est à même d'assurer le transport de la famille et des esclaves d'une petite ferme, en plus des outils et des biens domestiques nécessaires pour repartir à neuf, sans oublier les compléments de toute ferme : moutons, chèvres et chiens, une paire de chevaux islandais et quelques vaches de petite taille atrocement éprouvées par le mal de mer. Après des jours et des semaines sur une mer agitée, parmi les terrifiants amas de glace de l'extrême Atlantique Nord, les eaux calmes et les brises chaudes d'un fjord groenlandais ne peuvent sembler que paradisiaques.

À titre de fondateur de la nouvelle contrée, Erik se réserve les terres les plus prometteuses, dans l'arrière-pays d'Eiriksfjord, et construit une ferme en un lieu qu'il nomme Brattahlid. Les autres rescapés de la flotte se disséminent pour sélectionner les meilleures terres agricoles des fjords environnants tandis que certains poussent plus au nord, le long de la côte, et constituent un autre regroupement de fermes dans les fjords profonds derrière Nuuk, actuelle capitale du Groenland. D'autres immigrants s'installent les années suivantes et, aux environs de l'an 1000 après J.-C., la plupart des terres exploitables sont probablement occupées. La fumée de forêts rabougries en train de brûler s'élève au-dessus des fjords à mesure qu'on défriche la terre pour faire place à des champs de fourrage et à des pâturages ; on bâtit des maisons et des étables de pierre et de tourbe tranchée, à la manière islandaise, et on explore le pays — depuis les îles rocheuses de sa côte la plus avancée jusqu'à la bordure de son inlandsis.

Deux autres événements d'importance préoccupent la première génération de Groenlandais. D'abord la vue d'une plus vaste terre à l'ouest qui s'offre à l'équipage d'un navire d'immigration détourné de sa route par la tempête. Cette découverte donne lieu, dans les décennies suivantes, à de nouvelles explorations et à l'attribution d'un nom à trois autres terres : le Helluland (Pays du Roc), une contrée aride qui recoupe probablement la Terre de Baffin et les régions limitrophes de l'Arctique canadien ; le Markland (Pays de la Forêt), qui fait sans doute référence au littoral densément boisé du Labrador central et méridional ; et le Vinland (Pays de la Vigne) qui désigne vraisemblablement les côtes du golfe du Saint-Laurent. S'il faut en croire les sagas, on se serait essayé à établir des colonies dans le Vinland aux environs de l'an 1000 après J.-C., mais la crainte des occupants autochtones de la région y aurait vite fait renoncer. Le Markland a peut-être servi, au fil des siècles, de source d'approvisionnement en bois d'œuvre pour le Groenland sans arbres, mais nous ne savons presque rien de la fréquence à laquelle on l'aura visité. Peu de sources historiques font mention du Helluland, même si de récents indices archéologiques laissent penser qu'il a continué de faire partie du monde groenlandais pendant quelques siècles.

Le second événement d'importance, survenu dans les premières années de la colonisation du Groenland, est l'implantation du christianisme. *La saga d'Erik le Rouge*, l'une des deux sagas traitant de la colonisation du Groenland, en attribue l'initiative à Leif, fils d'Erik, qui aurait été converti à la cour du roi de Norvège, Olav Trygvesson. Cela semble une invention littéraire, mais la datation de l'événement — qui coïncide avec la conversion islandaise à la nouvelle religion, en l'an 1000 après J.-C. — est probablement exacte. La saga relate ensuite, dans un épisode qu'étaient de solides preuves archéologiques, une fable attachante sur la première église du Groenland, érigée par Thjodhild, l'épouse d'Erik :

> L'idée de renoncer à sa religion ne sourit guère à Erik, mais Thjodhild y donne sans hésiter son adhésion et fait construire une église, pas trop près cependant de la ferme. On l'appelle l'église de Thjodhild ; c'est là qu'elle prie avec les hommes, nombreux, qui embrassent le christianisme. Après sa conversion, Thjodhild ne vit plus avec Erik comme vivent mari et femme, un état de fait qui le contrarie beaucoup.

En 1961, des travaux de construction près de la ferme Brattahlid d'Erik mettent à nu des ossements humains et les archéologues appelés sur les lieux découvrent un cimetière chrétien encadrant une petite chapelle de tourbe. L'église ne mesure que six mètres sur trois et ne saurait accueillir qu'une très petite assemblée ; il pourrait bien s'agir de la première église chrétienne dans le Nouveau Monde.

En moins d'un siècle, la colonie groenlandaise a pu compter environ 2 000 habitants, majoritairement regroupés dans les fjords de l'Établissement de l'Est, près de Brattahlid, et en plus petit nombre dans l'Établissement de l'Ouest installé à 500 kilomètres plus au nord dans un enchevêtrement de fjords par environ 64° de latitude. On a recensé les débris archéologiques de deux cent cinquante fermes dans la région de l'Établissement de l'Est et de quatre-vingts autres dans l'Établissement de l'Ouest, sans doute pas toutes occupées simultanément. Comme en Islande, l'économie de la colonie repose sur les moutons et les chèvres qu'on élève pour leur laine, leur viande et surtout leur lait, conservé sous forme de fromage ou de *skyr*, un lait suri semblable au yogourt et qui fait toujours partie du régime alimentaire islandais. Il semble peu vraisemblable que l'on puisse déjà alors cultiver quelque céréale sur les fermes groenlandaises, et faire les foins pour le fourrage d'hiver y est sûrement le plus pénible labeur des mois d'été. Sur les fermes les plus vastes et les plus avantagées, il y a des bovins, voire quelques porcs, mais l'environnement groenlandais ne leur est pas favorable. La chasse et la pêche contribuent certainement pour une bonne part au régime alimentaire et gagnent en importance au fil des siècles lorsque le refroidissement climatique et la dégradation de l'environnement qui frappent l'Islande touchent aussi les fjords groenlandais.

Malgré son éloignement et son isolement, le Groenland est dès lors un pays résolument européen qui perpétue les croyances et les usages de la société médiévale. On a dégagé les vestiges de dix-sept églises dans l'Établissement de l'Est, et de deux, ou peut-être trois, dans celui de l'Ouest. Il s'agit, pour la plupart, de petits bâtiments dépendants de fermes familiales, mais plusieurs ont d'imposantes architectures de maçonnerie auxquelles ne manquent ni les cloches de bronze ni les vitraux, et desservent des districts plus populeux. Un inventaire de l'Établissement de l'Est, dressé au XIVe siècle, fait aussi état d'un monastère augustinien et d'un couvent bénédictin. Un premier évêque nommé en 1124 à la requête d'une délégation de fermiers influents — qui offrent en présent au roi de Norvège une cargaison composée d'ivoire, de peaux de morse et d'un ours polaire vivant — semble avoir cependant résidé en Islande comme ses proches successeurs. Le premier évêque à vivre effectivement au Groenland y débarque aux environs de 1210 et établit son siège épiscopal à Gardar, la plus grande ferme du Groenland. Sise sur une bande de terre luxuriante dans l'étroit col coincé entre Eiriksfjord et Einarfjord, deux des régions les plus peuplées de l'Établissement de l'Est, Gardar s'enorgueillit d'une grande cathédrale de pierre mesurant trente-deux mètres sur seize, et probablement pourvue d'un campanile. Dans les fertiles champs de foin qui encerclent la cathédrale, les archéologues ont répertorié un certain nombre de bâtiments dont une grande demeure qui sert alors sans doute de résidence à l'évêque, des étables qui peuvent contenir une centaine de bestiaux et un système d'irrigation alimenté par des étangs endigués dans les collines environnantes. Pendant près de deux siècles, Gardar est le centre du pouvoir et de la richesse de la société groenlandaise.

Le Groenland devient tributaire de la Norvège en 1262, au moment même où l'Islande reconnaît la souveraineté norvégienne ; plutôt que quelque pouvoir séculier, l'Église reste néanmoins tout au long de cette histoire l'important trait d'union qui permet à la lointaine colonie de garder le contact avec la société européenne. Pour sauvegarder ce lien, les Groenlandais paient des dîmes et diverses taxes sur les marchandises produites sur place : drap tissé de la belle laine des moutons élevés à la frange des glaciers ; fourrures d'animaux arctiques, dont l'ours polaire ; faucons de chasse pour les souverains d'Europe et du Moyen-Orient ; peaux de morse découpées en grelins pour le gréement des bateaux ; et par-dessus tout, ivoire de narval et défenses de morse. En 1327, un représentant de l'Église rapporte avoir perçu au total, en tribut pour la Croisade, quelque 650 kilogrammes d'ivoire – soit l'équivalent des défenses d'environ deux cents morses. La recherche de ces précieux articles de commerce pousse d'ailleurs les chasseurs scandinaves du Groenland loin au nord de leurs établissements et les met probablement en rapport avec les occupants autochtones de l'Arctique canadien.

La première indication d'un contact du genre nous vient d'un texte du XIIe siècle, l'*Historia Norvegiæ*, et se lit comme suit :

> Par delà le Groenland, encore plus loin au nord, les chasseurs ont fait la connaissance d'un peuple de petite stature qu'on appelle les Skraelings. Si on les attaque avec une arme, leur blessure vire au blanc et ils ne saignent pas ; mais s'ils sont touchés mortellement, ils saignent presque indéfiniment. Ils ne connaissent pas le fer, mais se servent de défenses de morse comme projectiles et de pierres aiguisées en lieu et place de couteaux.

La description semble correspondre à celle du peuple que les archéologues appellent les Tuniit, peuple de la culture du Dorset et premiers occupants autochtones de l'Arctique nord-américain. (On a émis l'hypothèse que la référence aux blessures exsangues ait été inspirée par une escarmouche entre des Scandinaves et des gens portant des vêtements faits de peaux de bêtes au lieu de drap plus perméable et familier aux Scandinaves.) Les Tuniit occupent à l'époque le littoral de l'Arctique canadien et ses îles, en plus de l'extrême nord-ouest du Groenland, au nord de la baie de Melville. L'archéologue Pat Sutherland a récemment découvert un mystérieux ensemble d'indices qui laissent croire à un partenariat complexe et durable entre les Scandinaves et les Tuniit occupant le territoire connu sous le nom d'Helluland (Terre de Baffin et régions limitrophes), axé peut-être sur le commerce de l'ivoire de morse. Les Tuniit sont d'habiles chasseurs de morse et il est vraisemblablement de l'intérêt des Scandinaves de se procurer de l'ivoire par le négoce. Il s'écoulera plusieurs décennies avant que les Scandinaves ne rencontrent une nation différente et potentiellement plus menaçante : les Inuit qui, se déplaçant vers l'est, délogent les Tuniit vers la fin du XIIe siècle ou au XIIIe siècle.

On connaît moins bien l'histoire du Groenland scandinave que celle de l'Islande et la disparition ultime de la société scandinave de ce pays reste un mystère troublant. Les bribes de preuve recueillies et ramendées ne suffisent pas à étayer les diverses théories avancées dont aucune d'ailleurs n'est particulièrement convaincante. Le premier signe avant-coureur de perturbation émane de l'Établissement de l'Ouest, le plus septentrional et le plus marginal ensemble de fermes. On en trouve trace dans le compte rendu d'Ivar Bardarson, membre du haut clergé envoyé au Groenland vers le milieu du XIVe siècle pour s'enquérir de l'état de l'Église et de ses biens. Arrivé par mer sur les lieux, probablement dans les années 1350, Bardarson rapporte que « les Skraelings ont pour l'heure la mainmise sur tout l'Établissement de l'Ouest. Il y a des chevaux, des chèvres, du bétail et des moutons, mais tous à l'état sauvage, et pas trace d'habitant, ni chrétien ni païen ». Probablement altéré dans le processus de transmission, le bref compte rendu ne subsiste que sous forme de traductions tardives retranscrites et il suscite depuis toujours des débats, en bonne partie parce qu'il n'est guère crédible : des animaux de ferme, particulièrement les vaches, ne sauraient survivre à l'hiver groenlandais sous cette latitude sans les soins d'humains, spécialement si le pays est infesté de chasseurs inuit. Des pièces archéologiques laissent présumer que, dès les années 1350, des groupes Inuit s'aventurent peut-être au sud, le long de la côte groenlandaise, jusqu'à l'Établissement de l'Ouest, mais limitent vraisemblablement leur occupation aux côtes externes et se montrent sans doute davantage intéressés à faire du troc avec les fermiers scandinaves vivant dans les fjords de l'arrière-pays qu'à les expulser de territoires de chasse selon toute apparence relativement pauvres. On a émis l'hypothèse que Badarson gonfle l'étendue de son enquête, peut-être après avoir fait la rencontre d'Inuit sur la côte, ou que les propriétaires des moutons et des vaches se cachent simplement d'une personne susceptible à leurs yeux d'être un percepteur d'impôts.

Quoi qu'il en soit, il est évident que l'Établissement de l'Ouest est alors en difficultés et semble largement ou totalement déserté quelque part pendant le XIVe siècle. Des carottes de glace extraites de l'inlandsis ont récemment documenté de manière indiscutable le climat du Groenland par le passé. Elles montrent que la période de 1340 à 1360 après J.-C. se caractérise par une succession ininterrompue d'années extrêmement froides, avec des étés particulièrement frais. Pendant ces étés, plusieurs des fermes les plus au Nord sont peut-être dans l'incapacité d'engranger suffisamment de foin pour les animaux, ce qui conduit inévitablement à des hivers de privation et de famine. Les survivants saisissent sûrement toute occasion qui s'offre d'abandonner leurs fermes et de déménager au sud pour retrouver des proches dans l'Établissement de l'Est. Les fouilles archéologiques menées dans l'Établissement de l'Ouest suggèrent pareille désertion, et cela d'une manière des plus poignantes à travers les squelettes de chiens de ferme — et, en une occasion, de chèvre — trouvés non ensevelis, parmi les ruines des maisons.

Plus populeux et plus favorisé sur le plan de l'environnement, l'Établissement de l'Est survit aux froides années du milieu du XIVe siècle, mais le sort de ses voisins du Nord est un avant-goût de ce qui l'attend. En outre, le plus important moyen pour les Groenlandais d'accéder à la richesse — les défenses de morse — est probablement entre les mains d'hommes de l'Établissement de l'Ouest. Les gens du Nord composent sans doute pour l'essentiel les équipes qui chassent le morse dans l'extrême Nord et sont vraisemblablement ceux-là mêmes qui entretiennent depuis longtemps des relations commerciales avec les Tuniit ou ont appris à commercer avec les Inuit nouvellement arrivés. La perte de cette ressource porte donc un dur coup aux efforts groenlandais pour maintenir leurs relations économiques avec l'Europe. Ce lien est déjà mis à l'épreuve par l'augmentation des glaces de mer en été le long des routes maritimes menant en Islande, mais aussi par la puissance maritime grandissante de la Ligue hanséatique acculant à la faillite les trafiquants norvégiens qui traditionnellement convoient les produits groenlandais. Les marchands allemands ne se montrent pas intéressés par le Groenland, peut-être en raison de l'effondrement du commerce de l'ivoire qui a pu suivre la fermeture de l'Établissement de l'Ouest. Rien ne manifeste mieux la perte d'intérêt en Europe pour la colonie groenlandaise que la négligence à remplacer, après son naufrage à la fin des années 1360, le *Greenland Knorr*, le navire marchand officiel envoyé annuellement par le gouvernement norvégien. Une décennie plus tard, lorsque l'évêque Alf meurt à Gardar, l'Église cesse d'envoyer des évêques au Groenland.

D'autres facteurs rendent sûrement la vie plus difficile aux colons restés au Groenland toutes ces années. L'examen de carottes de glace montre que le climat groenlandais continue de refroidir, avec des enchaînements d'années froides au début de la décennie 1380 de même qu'entre les années 1400 et 1420. On sait que la déforestation et la destruction des pâturages par broutage excessif ont un effet dévastateur sur l'économie islandaise et il n'y a pas lieu de croire qu'il en va autrement au Groenland. Les Inuit s'amènent certainement en plus grand nombre sur les côtes externes ; les premières années, on les accueille sans doute bien, à titre de partenaires commerciaux qui ont accès à l'ivoire et à d'autres articles précieux. Mais l'isolement du Groenland par rapport à l'Europe rend probablement obsolète ce commerce et force les Inuit à des procédés plus agressifs pour se procurer objets métalliques, canots de bois et autres articles de technologie européenne devenus indispensables à leur mode de vie. La présence des Inuit dépossède dans les faits les Scandinaves de territoires de pêche et de chasse au phoque sur le littoral, toutes ressources dont ils dépendent de plus en plus tandis que dépérit l'économie agricole. Cependant la crainte qu'une nouvelle population, mystérieuse et potentiellement dangereuse, ne s'insinue dans les territoires scandinaves constitue peut-être un motif suffisant pour que des familles décident, sans concertation, de fuir la région.

Les explications à la disparition du Groenland scandinave évoquent pour la plupart des catastrophes à grande échelle : attaque inuit ; absence généralisée de récolte et famine ; épidémie ou effets cumulatifs, sur plusieurs générations, de la malnutrition et des unions consanguines. Aucune pièce archéologique exhumée à ce jour n'a le moindrement étayé des scénarios aussi dramatiques. Les squelettes récupérés dans les cimetières d'églises groenlandaises ne présentent que peu de signes de maladie ou de malnutrition et sont en fait très semblables à ceux d'autres populations médiévales européennes. Pas la moindre trace de fosses communes ni de monticules de corps sans sépulture dans lesquels on s'attend à trouver les victimes d'une épidémie ou d'une guerre. En réalité, les cimetières groenlandais témoignent de ce que, jusqu'aux derniers jours, les morts sont ensevelis selon les règles de l'art et que la colonie maintient assez de liens avec l'Europe pour suivre non seulement les modes vestimentaires européennes, mais l'évolution des usages quant à la manière de disposer les mains du cadavre en vue de son inhumation. Anthropologue physique dont les travaux réunissent l'information la plus complète sur les sépultures groenlandaises, Niels Lynnerup imagine à la colonie une fin beaucoup plus prosaïque : dans une atmosphère de lente, mais inévitable dégradation de l'environnement, et dans l'appréhension croissante d'une attaque, les familles prennent individuellement la décision de quitter leur patrie pour la plus grande sécurité de l'Islande, de la Norvège ou peut-être d'autres pays européens. Les occasions de fuir se présentent peut-être d'elles-mêmes sous la forme de navires occasionnellement poussés par la tempête à l'ouest de l'Islande, ou de vaisseaux de pêche anglais qui écument les côtes d'Islande pendant la plus grande partie du XVe siècle. Pour reprendre les mots de l'historienne Gwyn Jones, il est vraisemblable que « des capitaines résolus et tyranniques de navire anglais aient frayé au XVe siècle dans les eaux groenlandaises en quête de poisson et de mammifères marins, de négoce honnête quand l'occasion s'en présentait, et de tout butin à portée de main ».

L'universitaire Kirsten Seaver a récemment compilé une masse fascinante de données relatives à la fin des colonies groenlandaises et démontré que deux traversées vers le Groenland, jusque-là réputées avoir été le fait de navires déviés de leur route par la tempête à la fin du XIVe siècle et au début du XVe siècle, pourraient ne pas avoir été purement accidentelles. Les gens à bord de ces navires entretenaient des liens avec un groupe de riches Islandais également associés à l'exploitation anglaise des pêches en Islande. Le possible engagement de la population scandinave rescapée du Groenland dans l'industrie de la pêche à la morue, qui connaît un développement rapide dans tout l'Atlantique Nord et culmine dans les pêcheries terre-neuviennes à la fin du XVe siècle, est une hypothèse séduisante.

Les derniers témoignages sur la société groenlandaise nous viennent de l'une de ces traversées, celle d'un équipage islandais que la tempête conduit au Groenland en 1406 et qui en repart quatre ans plus tard.

Entre autres événements, les membres d'équipage relatent un mariage intégralement célébré selon le rite chrétien, à l'église Hvalsey dont les murs de pierre toujours debout sont les vestiges les mieux préservés de l'architecture groenlandaise. Après quoi, les autres nouvelles soi-disant de première main à nous parvenir prennent la forme d'un récit de voyageur dans lequel on apprend comment un Islandais du nom de Jon Greenlander est dérouté vers le Groenland par la tempête, aux environs de 1540; comment ensuite, remontant un fjord, il voit des fermes et des remises à bateau comme il en existe en Islande et, mettant pied à terre, trouve un cadavre vêtu de vêtements en laine et en peau de phoque, et muni d'un couteau à lame de fer usé à force d'affûtage.

Nous pouvons imaginer la peine et le chagrin déchirants, le soulagement et l'espoir qui habitent les dernières familles groenlandaises qui montent à bord du navire pour commencer une nouvelle vie en Islande, en Norvège, ou peut-être en Angleterre. Elles quittent un pays où leurs ancêtres ont forgé et implanté un mode de vie européen qui a survécu aussi longtemps au Groenland qu'ont subsisté à ce jour, dans les Amériques, les sociétés d'origine européenne. Certaines restent sûrement derrière, dans leur patrie bien-aimée, espérant jusqu'à la fin une bonne récolte de foin et le retour des années prospères. De petites familles succombent peut-être parfois à la faim dans la nuit hivernale de maisons non chauffées ou périssent sur la grève en pleine action — comme l'homme dont Jon Greelander décrit le cadavre. Le visiteur suivant dont on garde des écrits est Martin Frobisher: quelque trente-cinq années plus tard, selon ses dires, des Inuit semblables à ceux qu'il a connus sur la Terre de Baffin occupent la contrée. Parmi les fermes abandonnées des fjords dont ils fouillent les maisons en ruines à la recherche de morceaux de fer ou de bronze, les Inuit chassent désormais le caribou et adoptent peut-être quelques enfants des dernières familles scandinaves, favorisées par le sort. Après cinq siècles d'existence disparaît la société européenne médiévale la plus périphérique, fondée aux temps héroïques de l'exploration viking.

Les attaches culturelles et historiques du Groenland scandinave ont encore malgré tout des résonances dans le monde moderne. Cinq siècles de plus se sont écoulés depuis que les Scandinaves ont à leur tour disparu; et, en dépit de sa proximité géographique avec l'Amérique du Nord, le Groenland est encore, fait inespéré mais indubitable, un État européen. L'Église reste le principal trait d'union entre le Groenland moderne et son ancêtre médiéval, elle qui de temps à autre s'est inquiétée du sort de ses ouailles abandonnées. Dans une très improbable lettre censément adressée en 1448 à deux évêques islandais, le pape Nicolas V demande l'envoi d'un évêque et de prêtres au Groenland et se dit préoccupé de ce que les églises y soient pour la plupart détruites et la population maintenue en captivité depuis une attaque des païens survenue trente ans plus tôt. Rien n'indique qu'on ait pris ce constat au sérieux ni que les évêques islandais y aient donné suite. En 1492, Innocent VIII nomme un évêque à Gardar et s'émeut à son tour de ce que les Groenlandais soient privés d'un évêque et même d'un navire depuis quatre-vingts ans. Comme son prédécesseur un demi-siècle plus tôt, le nouvel évêque ne met jamais les pieds au Groenland et la sollicitude de l'Église reste sans suite.

À la fin du siècle suivant, l'Europe apprend à connaître le Groenland et ses occupants inuit grâce aux explorations de Martin Frobisher, de John Davis et d'une légion d'anonymes commandants de navire anglais, hollandais et basques. Le Royaume de Norvège (maintenant rattaché à celui du Danemark) ne renonce pas pour autant à ses prétentions sur sa lointaine possession. Il faut toutefois attribuer le renouveau d'intérêt au XVIIe siècle pour la colonie perdue, non pas à des perspectives de souveraineté, mais à un long poème épouvantablement ampoulé que publie en 1608 Claus Lyschander, historien danois et pasteur luthérien. *The Greenland Chronicle* (La chronique du Groenland) met en scène les habitants inuit dépeints par les explorateurs comme les descendants des Scandinaves médiévaux. Lyschander exhorte son roi et ses compatriotes à renouer avec le Groenland et à

> Rester insensibles aux biens de ce monde
> Même si les ressources là-bas point n'abondent
> Songez donc à la gloire que vous récolterez
> De vous être au salut d'hommes, à l'honneur de Dieu dépensés.

Et l'auteur de prier Dieu qu'il

> Exhorte toutes les autorités
> À tourner vers le Groenland leurs pensées
> Là comme bêtes les gens vivent et meurent
> Oublieux de Dieu et de Notre Seigneur.[1]

Le tourbillon d'activités baleinières internationales, qui agite les mers du Nord au XVIIe siècle, et les guerres qui déchirent l'Europe

1. D'après la traduction anglaise de l'historien Finn Gad (N.d.T.).

pendant la plus grande partie de cette période engloutissent ces admonestations. Néanmoins, les appels de Lyschander ne se perdent pas puisqu'ils tombent finalement dans l'oreille d'un pasteur norvégien du début du XVIIIe siècle nommé Hans Egede. Egede se passionne pour la conversion à la religion luthérienne réformée des survivants des colonies scandinaves soi-disant catholiques romains ; il supplie avec succès le roi de l'envoyer au Groenland. Dès son arrivée en 1721, Egede se met en quête de brebis égarées scandinaves dans l'ouest du Groenland, mais ne trouve que des Inuit. Nullement ébranlé, il décide de christianiser ces peuples, quels qu'ils soient, et fonde une petite mission attenante à un comptoir de commerce. L'entreprise commerciale sert à défrayer les dépenses des installations, mais aussi à protéger les Inuit contre les pires spoliations des chasseurs de baleine et trafiquants dont les vaisseaux fréquentent maintenant la côte groenlandaise. La recolonisation européenne du Groenland s'opère à partir de cette petite semence très fragile. En 1776, le gouvernement crée la Royal Greenland Trading Company qui détient le monopole du commerce et devient le principal canal de communication entre le Groenland et l'Europe. Lorsque la Suède absorbe la Norvège en 1814, le Groenland devient une colonie du Danemark et, en cette ère de colonisation, s'établit un rapport candidement paternaliste qui se perpétue au XXe siècle.

Comme en bien d'autres parties de l'Arctique, la Deuxième Guerre mondiale y a grandement contribué à la rupture avec des façons de faire séculaires. Une fois le Danemark occupé par l'Allemagne, l'administration locale du Groenland se tourne vers l'Amérique du Nord pour ses relations commerciales, puis pour sa défense. Des traités permettent aux États-Unis de construire des aérodromes essentiels à la patrouille des eaux de l'Atlantique Nord et au ravitaillement des avions qui font la navette entre l'Europe et l'Amérique du Nord. Même si les bases aériennes s'établissent pour la plupart dans des régions peu peuplées, les apports de la technologie américaine et les effets économiques afférents jouent un rôle considérable dans le développement de la colonie. En 1953, le traité de défense avec les États-Unis est remplacé par un nouveau traité conclu sous la bannière de l'Organisation du Traité de l'Atlantique Nord (OTAN) ; s'amorce alors la construction de la gigantesque base aérienne de Thulé et de ses installations de contrôle-radar qui scrutent les cieux de la guerre froide à partir du Nord-ouest groenlandais. La même année, le Groenland change de statut : colonie du royaume danois, il en devient partie intégrante. La décentralisation des pouvoirs culmine en 1979 avec la proclamation de l'autonomie du territoire, en vertu de laquelle le Groenland se gouverne lui-même dans la plupart des domaines sociaux et économiques. Même s'il fait toujours partie du Royaume du Danemark, le Groenland contemporain est dans les faits un petit pays européen à la frange septentrionale de l'Amérique du Nord, ce qu'il était, pour l'essentiel, voilà mille ans. L'aboutissement ultime de la vie aventureuse et violente d'Erik le Rouge est cet unique métissage des cultures inuit et européennes qu'incarne le Groenland d'aujourd'hui.

CHAPITRE 6

Inuit

PAR UNE CALME JOURNÉE D'AOÛT 1576, Martin Frobisher et son pilote Christopher Hall grimpent sur le sommet d'une colline rocheuse de la Terre de Baffin. Ils espèrent découvrir l'ouverture occidentale de l'étroit et sinueux bras de mer dans lequel ils progressent depuis des jours, entre des terres qu'ils présument être l'Asie, côté nord, et l'Amérique, côté sud. Ils sont à quelques kilomètres seulement de l'extrémité ouest de ce qu'on appelle aujourd'hui la baie de Frobisher; abusés par l'espoir et la distance, ils croient discerner au loin deux caps et, entre eux, la mer libre qu'ils « estiment être la mer de l'Ouest par laquelle on accède au Cathay et aux Indes orientales ». Tournant leur regard dans l'autre direction, les explorateurs sont interpellés par un spectacle plus immédiat. Comme le rapporte le récit de voyage de Frobisher, publié par George Best,

> se trouvant à terre, sur le sommet d'une colline, il perçoit quantité de petits objets flottant au loin sur la mer, qu'il suppose être des marsouins ou des phoques ou quelque sorte d'étrange poisson: mais, se rapprochant, il découvre qu'il s'agit d'hommes dans de petits canots faits de cuir.

L'équipage de Frobisher est sur le point d'entrer pour la première fois en contact avec des Inuit habitant la Terre de Baffin et de communiquer à l'Europe la première description connue de ce peuple.

Les Anglais sont fascinés par leurs nouvelles connaissances qui bientôt montent à bord du navire de Frobisher pour faire du troc et rivaliser d'adresse avec les matelots dans le gréement. Christopher Hall les décrit comme suit:

> Ils ressemblent à des Tartares avec leurs longs cheveux noirs, leur visage carré, leur nez plat et leur peau tannée, vêtus de peaux de phoque comme leurs femmes, et habillés de manière identique, mais les femmes ont la face tatouée de stries bleues qui leur barrent les joues et leur cerclent les yeux.

Marquées de rapts et de prises d'otage en représailles, les relations entre les deux groupes se détériorent rapidement. On ramène en Angleterre des prisonniers inuit qui y deviennent des célébrités locales dans la courte période précédant leur rapide décès, probablement inévitable, des suites d'une maladie.

La comparaison qu'établit Christopher Hall entre ses fréquentations inuit et les Tartares est dans l'ordre des choses puisqu'il se croit sur une côte du Nord asiatique. Cette supposition est si universellement admise que le tsar de Russie Ivan le Terrible proteste auprès de la reine Élisabeth et exige le retour des prisonniers de Frobisher sur leur territoire, dans ses lointaines provinces sibériennes. L'idée que les Inuit sont une race asiatique persiste longtemps après la démonstration faite que l'Arctique nord-américain se trouve dans un hémisphère différent. Missionnaire morave au Groenland et l'un des tout premiers savants à spéculer sur l'histoire des Inuit, David Crantz écrit en 1820 que les Inuit sont originaires de « la Grande Tartarie, entre la Mongolie et la mer Arctique ». Les Inuit, suppute Crantz, sont parvenus dans leurs terres actuelles en fuyant l'avancée des hordes mongoles qui mènent vraisemblablement des incursions au nord-est en même temps qu'elles envahissent l'Europe médiévale.

Cette représentation des Inuit, comme un peuple que le voyageur est susceptible de croiser le long des côtes asiatiques et qui a immigré depuis peu dans les régions arides de l'Arctique canadien et du Groenland, est une première évaluation étonnamment juste, mais bientôt supplantée par une autre théorie, de loin plus excentrique et romantique. Les explorateurs et savants des XIXe et du XXe siècles en viennent à croire que les Inuit sont les descendants d'un archaïque peuple de l'âge de pierre qui aurait survécu à son époque dans un monde coupé de la civilisation par son environnement intolérable. Cette perception du passé inuit s'impose au XIXe siècle, perception que renforcent les romantiques et sensationnalistes récits d'exploration. La majeure partie du monde apprend à considérer ce peuple nordique, alors connu sous le nom d'Esquimaux, comme une race d'êtres primitifs et inchangés, isolés dans leur forteresse arctique et façonnés, tout

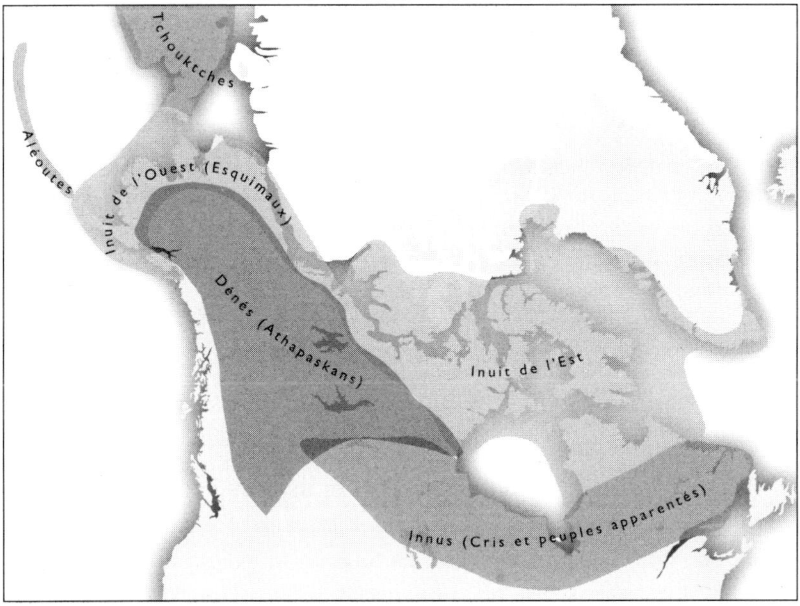

Inuit et peuples voisins.

au long d'incalculables millénaires, par une ingénieuse adaptation aux rigueurs de leur environnement.

(Qu'on nous permette une digression terminologique : on a dit que le nom Esquimau dérivait d'un mot algonquin signifiant « peuple qui mange de la viande crue ». Il s'agit d'une excellente caractérisation du peuple des littoraux arctiques, mais certains estiment aujourd'hui péjorative cette appellation, aussi lui substitue-t-on généralement au Canada le substantif « Inuit » qui signifie simplement « humains » dans la langue de ceux qui se désignent ainsi. Les Inuit groenlandais se définissent eux-mêmes indifféremment comme des Kaladlit, des Groenlandais ou des Inuit, alors que les peuples de l'Alaska et de la Sibérie usent communément du nom Esquimau. Dans les faits, nous disent les linguistes, le vocable algonquin signifie sans doute tout bonnement « le peuple qui vit sur la côte ». « Inuit » s'emploie ici pour désigner les Esquimaux qui vivent dans le nord de l'Alaska, l'Arctique canadien et le Groenland, et parlent tous une même langue appelée inuktitut.)

Lorsque les explorateurs européens pénètrent dans les mers truffées de glaces de l'Arctique nord-américain, ils découvrent un territoire occupé par un peuple remarquablement différent de tous ceux qu'ils connaissaient jusque-là. Ils sont fascinés par la capacité des Inuit à survivre confortablement dans une contrée que les Européens estiment épouvantablement aride. L'humanité foncière des Inuit entre en contradiction flagrante avec leur mode de vie que les Européens jugent totalement insolite. Après sa rencontre avec des Inuit dans l'Arctique oriental en 1830, l'explorateur maritime anglais John Ross écrit que les philosophes devraient cultiver les considérations

> [...] sur une horde si petite et si recluse, qui occupe une contrée si manifestement navrante, si aride, si sauvage et si rébarbative; et qui cependant jouit de la vigueur la plus parfaite, de la santé la mieux nourrie et de tout ce qui constitue en ce lieu, non pas simplement une richesse, mais un faste opulent.

Il y a peu de doute qu'explorateurs et auteurs de récits de voyage accentuent la simplicité, l'isolement et le caractère insolite de la vie inuit. La nature primitive de la culture inuit, vierge de tout contact avec les Européens, est un aspect tout spécialement séduisant des relations des XIXe et XXe siècles. Les explorateurs racontent à maintes reprises leurs rencontres avec des groupes d'Inuit qui n'ont encore jamais vu d'homme blanc. En 1818, John Ross croise des Inuit de l'extrême nord-ouest du Groenland qu'il appelle des « Highlanders arctiques » ; il soutient que les membres de ce petit groupe de quelques familles se considéraient comme les seuls humains sur terre avant son arrivée.

Les récits de cette nature agissent comme un aimant sur la science naissante de l'anthropologie. La perspective était excitante : une culture arctique, coupée du monde, fournirait l'occasion d'étudier un développement humain socioculturel à l'écart des développements parallèles en d'autres parties du monde. Explorateur qui se voit lui-même comme un anthropologue, Vilhjalmur Stefansson décrit dans *My Life with the Eskimo* sa rencontre avec des Inuit de l'Arctique central en 1910 :

> Leur existence sur le même continent que nos cités populeuses est un anachronisme de dix mille ans en matière de développement intellectuel et matériel. Ils récoltent leur nourriture avec les armes des hommes de l'âge de pierre; ils méditent de simples et primitives pensées et mènent une existence tendue et incertaine — une existence qui, selon moi, est à l'image de celle de nos lointains ancêtres dont nous découvrons de temps à autres des os et des artéfacts dans le lit des cours d'eau ou les cavernes préhistoriques.

Les Inuit deviennent bientôt le sujet d'audacieuses conjectures anthropologiques. L'une des hypothèses veut que les Inuit soient les derniers authentiques représentants de peuples anciens qui ont habité les cavernes paléolithiques de la glaciation européenne. D'autres, y compris les spécialistes les plus reconnus dans le domaine au début du XXe siècle, supposent que les Inuit sont les descendants d'anciens Amérindiens du Nord refoulés par des voisins belliqueux jusque dans des régions septentrionales où ils ont été contraints de développer un mode de vie qui leur permette de survivre dans le rigoureux environnement arctique. Les Inuit deviennent l'archétype exaltant d'un peuple autochtone authentiquement *ab origine*: ils seraient les seuls humains à avoir jamais occupé cette région du monde où ils vivraient depuis des temps immémoriaux et ils auraient développé un rapport exceptionnellement intime avec l'environnement arctique, s'y seraient adaptés aussi étroitement que le morse, le caribou et l'ours polaire.

Ce consensus sur la nature des Inuit et leur mode de vie incite les voyageurs et les écrivains à les dépeindre comme un type très singulier d'être humain, aux schèmes de pensée et de réaction fort différents de ceux des Européens. Dans son éclairant ouvrage *The Other Side of Eden*, qui décrit les rapports entre chasseurs autochtones et citoyens de sociétés plus mondialisées, Hugh Brody rapporte une conversation qu'il eut en 1973 avec son ami et mentor Anaviapik' dans la communauté de Pond Inlet, en Terre de Baffin. « Pourquoi, demande Anapiavik, les Qallunaat [Européens] ont-ils toujours cru autrefois que les Inuit ne pensent pas, que les Inuit sont sans intelligence ? Est-ce là ce qu'on t'a raconté ? » On trouve aisément des preuves que la question d'Anapiavik a des fondements dans la réalité, et pas seulement dans les journaux de bord des premiers explorateurs européens qui ont pénétré dans les régions arctiques. Voici un excellent exemple puisé dans l'œuvre de Jean Malaurie, géographe et anthropologue français qui a passé une année dans le nord-ouest du Groenland au milieu du XXe siècle. Dans son populaire ouvrage de 1955, *Les derniers rois de Thulé*, Malaurie se hasarde à des « Approches de la psychologie esquimaude ». On croirait, à le lire, qu'il traite d'une race insolite, non humaine:

> Il est difficile avec des mots justes, précis, de fixer sans les figer ces êtres aux visages expressifs et mobiles, si pleins d'« unpredictability ». Des acteurs jouant à l'Esquimau ! Tel est peut-être le souvenir principal que j'en garde. La nature de ces hommes en effet semble se dérober quand on a la prétention de vouloir l'expliquer. [...]

> Caméléonesque, l'Esquimau laisse à celui qui l'observe un souvenir complexe. Des impressions aussi multiples que contradictoires. En vérité, en le voyant vivre, on croit regarder un prestigieux kaléidoscope. Spontané, comédien, il cherche tout à la fois à camper un rôle, celui que son insertion dans un petit groupe lui assigne, et à satisfaire son désir du moment.
>
> Il est rare qu'une réflexion rationnelle vienne tempérer, tronquer ou faire avorter une de ses impulsions. Souvent c'est une nouvelle et irrésistible envie qui pourra, en s'imposant, s'y substituer. « Rien n'est plus spécifiquement réel qu'un désir » rappelle Valéry. Ne point le « contenter » diminue l'Esquimau et le rend parfois malade. [...]
>
> [...] Seule la vie concrète — et surtout celle qu'il connaît — le retient. [...]
>
> [...] Qu'il s'agisse des enfants ou des adultes, les instituteurs que j'ai interrogés sont unanimes : ces hommes sont doués d'une remarquable intelligence, s'exerçant essentiellement à partir de faits concrets observés dans leur vie quotidienne. [...]
>
> [...] Birket-Smith considère que ce peuple n'est pas capable d'abstraction : il rapporte que Knud Rasmussen [tous deux sont des anthropologues danois du début du XXe siècle] demanda un jour à un Netsilik (Canada arctique central) quel était de deux chemins le plus court... « Quoique l'homme les connût parfaitement l'un et l'autre et pût dire le temps qu'il fallait pour parcourir chacun d'eux, il lui était impossible de les avoir simultanément à l'esprit ». [...]
>
> Lorsque l'aventure ne vient pas à lui, l'Eskimo la suscite[1].

Et ainsi de suite. Les populations qu'étudie Malaurie dans ces pages sont les descendants des « Highlanders arctiques » rencontrés par John Ross cent trente ans plus tôt. Dans l'intervalle, ces populations ont été fréquemment — continuellement, ces dernières années — en contact avec le monde extérieur et ont servi de « sherpas », de guides qui ont rendu possibles maintes expéditions sur la banquise arctique à destination du pôle Nord. Pendant le séjour de Malaurie parmi ces gens, l'armée américaine entreprend de construire la monumentale base aérienne et la station radar de Thulé au cœur même de leur territoire. La réponse d'un des informateurs de Malaurie au test de Rorschach montre à quel point ils sont au fait de la situation sur la planète :

> Deux hommes en train de s'arracher un morceau de viande... Ou plutôt : ces deux hommes sont un Américain, à droite, et un Russe, à gauche ; ils

1. Jean Malaurie, *Les derniers rois de Thulé*, Plon, 1989, « Terre humaine/Poche », n° 3001, p. 518-534.

> sont furieux l'un contre l'autre et chacun d'eux tire à soi de toutes ses forces le monde qui est à leurs pieds. Sous la tension, le monde se brise[1].

Il y a quelque chose d'incongru, voire d'inquiétant dans l'incompatibilité entre cette intelligence du monde au milieu du XXe siècle et le portrait surréaliste que Malaurie et ses collègues, anthropologues ou voyageurs, tracent de « L'Esquimau ».

Les livres de Farley Mowat sur les Inuit de l'Arctique central canadien, si déterminants pour l'idée des Inuit que le public s'est forgée pendant les années 1950, procèdent du même climat intellectuel et de la même vision d'une société arctique isolée et primitive. À son grand mérite, toutefois, Mowat ne suit pas les savants et les missionnaires du temps lorsqu'ils affirment que « l'esprit esquimau » est différent de celui de « l'homme civilisé » ; il ne reconnaît les effets du séculaire isolement que sur les habitudes de vie profondément ancrées qui permettent de survivre dans les étendues les plus arides de l'Arctique.

Le milieu du XXe siècle voit aussi l'essor de l'industrie de l'art inuit qui devient un moteur économique capital pour les communautés canadiennes du Grand Nord. On commercialise cette entreprise de créativité artistique comme le soudain épanouissement d'un mode de vie archaïque, inchangé depuis l'âge de pierre, au contact des innombrables et déconcertantes technologies et sociétés du monde moderne. Cette caractérisation de l'art inuit dont le succès, comme trouvaille commerciale, ne se dément pas continue d'infléchir l'idée que le grand public se fait des Inuit. Peu de gens ont mis en doute les fondements historiques de telles prétentions.

On est davantage troublé en prenant conscience que le concept de peuple exceptionnellement adapté à son environnement est à l'origine de décisions gouvernementales qui ont eu de graves conséquences sur la vie de communautés inuit. En 1953, le gouvernement canadien commence à redouter que les intérêts militaires américains puissent faire obstacle à la revendication de souveraineté canadienne sur les îles inhabitées de l'archipel Arctique. Parce que le droit international interprète l'expression « occupation effective » comme une prétention suffisante de souveraineté, on voit dans l'implantation de communautés inuit canadiennes sur ces îles un moyen efficace de protéger l'intérêt

1. À defaut de trouver ce dans passage dans le texte français original de Malaurie, nous traduisons. (N.d.T.)

Des populations déplacées de la Terre de Baffin et des côtes subarctiques de la baie d'Hudson ont fondé dans les années 1950 le village moderne de Qausuittuq dans le haut Arctique canadien. (Robert McGhee, Musée canadien des civilisations)

national. Le procédé n'est pas sans précédents en d'autres régions arctiques. En 1925, le gouvernement danois transplante des Inuit de la communauté d'Ammassalik de l'Est groenlandais dans la région inhabitée de Scoresby Sund, à 500 kilomètres plus au nord, pour contrecarrer une revendication norvégienne sur des portions de la côte orientale du Groenland. L'année suivante, le gouvernement soviétique installe sur l'île Wrangel, au large de la côte septentrionale de Tchoukotka, une petite communauté esquimaude pour qu'elle prenne la place d'une colonie d'Esquimaux de l'Alaska implantée là par des intérêts américains. La tentative canadienne est la mieux documentée, mais aussi la plus draconienne en ce qu'elle implique le déplacement de petits groupes de familles à plus de 1 500 kilomètres au nord de leur riche territoire subarctique, dans l'environnement aride du haut Arctique où règnent, l'hiver, un froid intense et une longue nuit dont ils n'ont jamais fait l'expérience.

Depuis quelques années, les colons survivants et leurs descendants tentent d'obtenir réparation pour avoir été transplantés contre leur gré, et les études fouillées qui ont découlé de cette revendication font

L'existence de vestiges archéologiques d'un très ancien village inuit à Qausuittuq y a incité à la réinstallation de populations. On a récemment reconstitué les supports de toit en os de baleine de cette habitation vieille de 800 ans. (Robert McGhee, Musée canadien des civilisations)

la lumière sur les attitudes des bureaucrates qui ont planifié les réinstallations et y ont présidé. Pour justifier les décisions, on a généralement fait valoir que les Inuit en tireraient bénéfice : on les disait menacés de devenir trop familiers et dépendants des ressources des établissements européens créés par les trafiquants, missionnaires et administrateurs dans leur territoire ancestral subarctique ; cette intervention empêcherait que leur antique mode de vie soit contaminé, altéré et détruit au contact des étrangers. Plutôt que de reconnaître les Inuit comme des citoyens du monde moderne, le gouvernement estime alors nécessaire de les protéger contre ce monde. L'admiration universelle pour la société inuit « inaltérée » et le postulat que cette société est le produit d'une séculaire adaptation arctique fondent la conviction que les Inuit de la baie d'Hudson n'auront pas grand mal à s'adapter à l'environnement peu familier du haut Arctique. Dans l'isolement du haut Arctique, des villageois inuit nécessiteux se transformeraient en nobles chasseurs et concrétiseraient incidemment l'occupation canadienne effective d'une région reculée.

La présence de vestiges archéologiques d'anciens villages inuit à proximité des sites proposés de colonisation conforte manifestement les fonctionnaires dans leur conviction que les Inuit contemporains réussiront à vivre de la chasse dans leur nouvel environnement. Les fonctionnaires ignorent cependant que la dernière occupation de ces villages remonte à plusieurs siècles, à une époque où les populations de baleines n'étaient pas décimées par la chasse commerciale et où un climat plus chaud et une glace de mer moins envahissante favorisaient une plus grande abondance de cétacés et autres mammifères marins. Les premiers occupants de ces lieux étaient des chasseurs de baleine aux armes et aux techniques de chasse qu'avaient depuis longtemps délaissées, ou n'avaient jamais connues, les groupes inuit qui subsistaient grâce à d'autres méthodes de chasse. L'existence de ces villages n'était pas due à une longue et immuable occupation inuit des régions arctiques, mais à un bref épisode d'un passé bien plus complexe.

Ces dernières années, j'ai procédé à des fouilles dans l'un de ces anciens villages, à la frange de la communauté réinstallée de Resolute Bay (les exilés inuit ont donné à leur communauté le nom de Qausuittuq, « le lieu sans aurore », révélateur de leur point de vue sur leur nouvelle patrie). En travaillant avec les habitants de cette communauté et en les écoutant me raconter le désarroi et les tribulations de leurs parents et grands-parents, j'ai appris que les concepts romantiques et les savantes théories erronées peuvent avoir d'atterrantes conséquences sur les populations auxquelles elles s'appliquent. En tant qu'archéologue je suis consterné de ce qu'une mauvaise interprétation de la preuve archéologique et de bancales théories aient par le passé concouru à une entreprise aussi révoltante que le déplacement de communautés inuit dans le haut Arctique. Un demi-siècle plus tard, la science archéologique étaye une vision de l'histoire qui rapproche bien davantage les Inuit des autres peuples de la planète.

Avec la « Cinquième expédition de Thulé » de 1921 à 1924, les Danois entament le processus d'accumulation de pièces archéologiques reliées à l'histoire inuit. Sous la direction du savant groenlandais Knud Rasmussen, une équipe d'archéologues et d'anthropologues traverse l'Arctique en traîneaux à chiens, du Groenland jusqu'à l'Alaska, procède à des fouilles sur des sites archéologiques et consigne les traits physiques et culturels de diverses populations inuit. Où qu'ils creusent, les archéologues danois dénichent des restes d'une culture, très différente de la culture actuelle des Inuit, présente le long des côtes du Groenland et de l'Arctique canadien voilà plusieurs siècles. Ils donnent à ce mode de vie ancien le nom de « culture thuléenne » parce qu'ils en

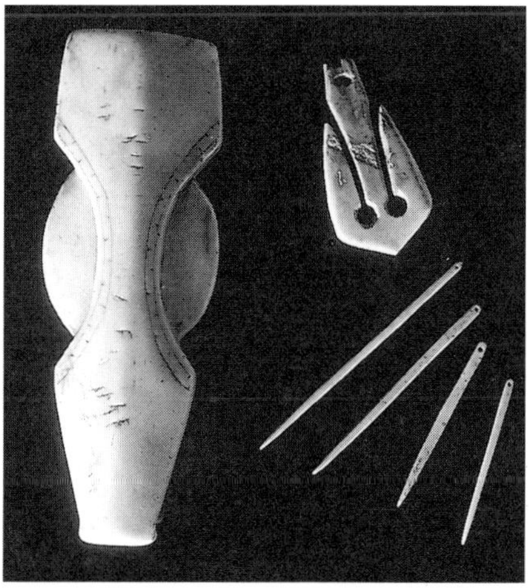

On associe généralement l'art des Inuit de culture thuléenne, qui ont migré vers l'est dans l'Arctique canadien il y a environ 800 ans, à l'ornementation d'accessoires féminins, comme cette cousette et cet étui de dé à coudre, ou à des objets reliés à la chasse aux mammifères marins, telles ces lunettes qui protègent du soleil pour la chasse sur la glace printanière. (Robert McGhee, Musée canadien des civilisations)

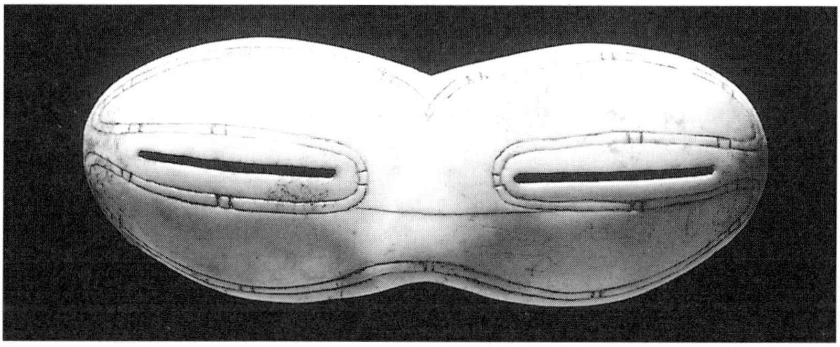

trouvent les premières traces dans de vieilles habitations exhumées près de l'établissement de Thulé, dans le Groenland nord-occidental. Les villages où je participe à des fouilles, près de la communauté de Resolute Bay, sont des établissements thuléens, construits et occupés par des peuples de cette culture il y a environ 800 ans.

Le mode de vie thuléen semble avoir été économiquement plus riche, plus raffiné artistiquement, et beaucoup plus homogène que celui des cultures inuit postérieures. Les Thuléens sont d'adroits chasseurs de mammifères marins, y compris des plus gros animaux que l'on trouve en eaux boréales : les baleines franches. Leur habileté à chasser pareille bête leur permet de s'établir en communautés permanentes d'hivernage composées de maisons de pierre et de tourbe dont les toits ont pour chevrons d'énormes mâchoires de baleine. Cette adaptation à la chasse maritime s'appuie sur des canots, des armes et des outils très semblables à ceux des Esquimaux d'Alaska qui occupent les littoraux des mers de Béring et de Tchoukotka.

Archéologue en chef de l'expédition Rasmussen, Therkel Mathiassen voit dans les peuples de culture thuléenne les ancêtres des Inuit canadiens et groenlandais. Ils ne prospèrent pas depuis bien longtemps dans l'arrière-pays septentrional, avance-t-il ; ce sont plutôt des chasseurs maritimes qui ont récemment migré vers l'est depuis leur terre d'origine sur la côte de l'Alaska, une migration qui daterait d'environ 1 000 ans. Mais les archéologues se mettent bientôt à découvrir les restes d'une occupation beaucoup plus ancienne de l'Arctique nord-américain et l'interprétation pénétrante de l'histoire inuit par Mathiassen est remise en cause. Lorsqu'on invente dans les années 1950 la technique de la datation au radiocarbone, il devient patent que l'occupation de certains de ces établissements plus anciens remonte jusqu'à une époque aussi lointaine que 5 000 ans. Sur la seule base que ces peuples primitifs étaient des chasseurs vivant dans le même environnement que les Esquimaux, on se met à les appeler des Paléo-Esquimaux (« Anciens Esquimaux ») et plusieurs les considérèrent comme les lointains ancêtres des Inuit dont on cherche depuis longtemps la trace.

L'assimilation des Paléo-Esquimaux aux ancêtres des Inuit revêt une dimension politique dans l'Arctique canadien à la fin du XXe siècle, puisque une occupation ancienne est dès lors jugée pertinente dans la négociation de revendications de droits territoriaux. Encore une fois, les archéologues sont placés dans une situation où l'on donne une signification politique à leurs interprétations savantes et il s'avère cette fois de plus en plus clair que les intérêts politiques soutiennent une version de l'histoire vraisemblablement inexacte. Plutôt qu'aux ancêtres des Inuit, il semblerait qu'on puisse assimiler les Paléo-Esquimaux aux peuples que la tradition inuit désigne comme les « Tuniit ». La chronique orale des Inuit raconte que, lorsqu'ils arrivent dans l'Arctique canadien, leurs ancêtres découvrent un territoire occupé par un peuple étrange, assez primitif et non agressif que les Inuit dépossèdent bientôt de leurs terres. Comme je l'ai écrit au chapitre 3, l'ADN récupéré récemment sur des squelettes de Paléo-Esquimaux indique que ces derniers n'étaient pas des Inuit ancestraux ; leur assimilation aux Tuniit de la chronique orale semble donc se confirmer.

Si les anciens occupants de l'Arctique nord-américain ne sont pas les ancêtres des Inuit, d'où sont venus les Inuit et quand sont-ils arrivés dans la région ? Avant même l'archéologie, l'étude de la langue peut nous fournir une bonne indication. On parle l'inuktitut sur toute la bordure septentrionale du continent, depuis le Groenland jusqu'au détroit de Béring ; d'ailleurs les membres de la Cinquième expédition de Thulé qui traversent l'Arctique dans les années 1920 constatent qu'on arrive à comprendre leur parler groenlandais même dans le nord-ouest de l'Alaska. Bien sûr, il existe des dialectes régionaux et locaux, mais ils ne diffèrent apparemment guère plus entre eux que l'anglais parlé à Glascow diffère de celui de Bombay ou de la Nouvelle-Orléans. Un tel degré d'homogénéité ne peut être que le résultat d'une dispersion récente à partir d'un foyer unique ; ce qui pour nous évoque l'archéologique culture thuléenne, elle aussi semble-t-il fruit de la diffusion vers l'est, voilà quelques siècles, d'un mode de vie relativement homogène fondé sur des modèles importés d'Alaska.

Les régions littorales de l'Alaska et la pointe orientale voisine de la presqu'île de Tchoukotka sont occupées par des peuples parlant trois langues esquimaudes différentes, apparentées à l'inuktitut, mais dont les locuteurs ne peuvent mutuellement se comprendre. On a comparé les écarts entre l'inuktitut, l'alaskien de l'Ouest, l'alaskien du Sud et l'esquimau sibérien, à ceux qui séparent l'anglais, le danois, le hollandais et l'allemand. Les langues esquimaudes sont pour leur part apparentées à la langue des Aléoutiens, occupants autochtones de la chaîne d'îles volcaniques qui s'étire de la péninsule de l'Alaska jusqu'au Kamchatka et traverse la limite méridionale de la mer de Béring. On a comparé dans ce cas-ci l'écart à celui qui différencie l'anglais et le russe, ce qui nous permet de déduire que la séparation du tronc linguistique commun s'est opérée il y a plusieurs milliers d'années. Cet élément de preuve linguistique nous porte à croire que l'emplacement le plus prometteur pour la recherche d'une ancienne patrie esquimaude est la région adjacente à celle occupée par leurs cousins linguistiques, les Aléoutiens, et c'est là, bien sûr, que le mode de vie esquimau s'est le plus vraisemblablement développé.

La côte méridionale de l'Alaska compte parmi les environnements marins les plus féconds sur terre. Baignée par le courant alaskien qui balaie l'océan en direction nord-est à partir d'Hawaï, cette côte est libre de glaces et les hivers y sont frais et pluvieux plutôt que glaciaux. Les eaux chaudes et salées du Pacifique se mêlent aux eaux froides de la mer de Béring, relativement fraîches et riches en oxygène, qui s'engouffrent vers le sud par les brèches du chapelet des îles aléoutiennes, créant ainsi aujourd'hui les conditions propices à la subsistance des plus riches réserves halieutiques des mers nord-américaines. Les rivières regorgent de saumon ; le poisson de mer, du maquereau jusqu'à l'énorme flétan, se presse autour des récifs peu profonds au large des côtes, pendant que phoques, loutres de mer, otaries et baleines se régalent. Il y a environ 10 000 ans, des cultures de chasseurs entreprennent d'exploiter les ressources marines de la côte du Pacifique Nord, et une kyrielle de cultures de ce type occupe bientôt les littoraux, du Japon jusqu'en Californie. Les ancêtres des Esquimaux et des Aléoutiens sont simplement les plus nordiques de ces groupes, voisins des peuples amérindiens fortunés et réputés pour leurs arts, sur la côte de la Colombie-Britannique à l'est, et des peuples également prospères de Kamchatka et d'Hokkaidō à l'ouest. Ce continuum de peuples, qui occupent les côtes au climat pluvieux des pays en bordure du Pacifique Nord, a sans nul doute partagé pour l'essentiel une même technologie de chasse maritime, mais aussi plusieurs éléments de culture et de mode de vie.

Il est difficile de recueillir des preuves archéologiques dans cet environnement où les distances sont énormes, la végétation dense, les bords de mer très changeants et la conservation des outils d'une matière autre que la pierre aléatoire. Les lointains ancêtres des Esquimaux et des Aléoutiens ont peut-être chassé le long de la côte méridionale du pont terrestre de Béring qui reliait la Sibérie à l'Alaska pendant les épisodes de bas niveau des océans à la fin de la dernière glaciation. On ne connaît pas de débris archéologiques datant de cette période archaïque et ils doivent pour la plupart avoir disparu quand le niveau des océans a commencé à s'élever pour envahir la mer de Béring voilà environ 10 000 ans. On a découvert des sites primitifs remontant à environ 8 000 ans dans l'île Kodiak, au large de l'Alaska méridional, et dans les Aléoutiennes orientales, mais les outils de pierre retrouvés nous apprennent peu de choses, sinon que des peuples y vivaient à l'époque et s'y employaient vraisemblablement à une économie foncièrement maritime. On connaît une plus grande variété de sites datant d'environ 5 000 ans, dans les Aléoutiennes et sur la côte méridionale de l'Alaska qui leur est limitrophe ; des similarités dans les formes d'outils laissent supposer que toute la région partageait la même culture et la même adaptation économique. Parmi les outils récupérés, mentionnons des hameçons de poisson, des têtes de harpon barbelées du type de celles qu'utilisaient les récents occupants de la région pour chasser les mammifères marins et des lampes de pierre pour en brûler l'huile — une invention essentielle à quiconque souhaite hiverner dans les régions non boisées. Bien que les séquences archéologiques soient encore lacunaires, il semble probable que les anciens Aléoutiens aient occupé sans interruption leur archipel depuis cette période, et à peine moins probable que la nombreuse population de langue esquimaude de la côte sud de l'Alaska puisse aussi établir la preuve d'une occupation locale ininterrompue depuis au moins 5 000 ans. Cependant le génie intrinsèque de la culture esquimaude s'enracine dans une démarche entamée, quelque part au milieu de cette période, lorsque certains groupes esquimaux adaptent aux eaux de la mer de Béring, gelées sur une base saisonnière, le mode de vie des chasseurs maritimes du Pacifique Nord.

Il est extrêmement difficile de comprendre l'archéologie ancienne, complexe et disparate, de la mer de Béring. L'arrivée du peuple que nous avons appelé les Tuniit intervient il y a environ 5 000 ans : ces Sibériens apportent avec eux l'arc et la flèche, le vêtement confectionné de peaux et la connaissance de la vie arctique qui leur permet de se déployer rapidement dans tout l'Arctique nord-américain, de l'Alaska jusqu'au Groenland. On trouve d'anciens sites tuniit un peu partout dans les régions littorales de l'Alaska occidental et septentrional, et des indices laissent penser qu'ils s'infiltrent parfois en zones esquimaudes et aléoutiennes, au sud. Mais alors que les Tuniit continuent d'être les principaux occupants de l'Arctique canadien et du Groenland jusqu'à voilà quelques siècles, leur occupation semble se borner, en Alaska, aux toundras de l'arrière-pays depuis un peu moins de 3 000 ans. On fait état d'une série de découvertes variées et déroutantes sur les côtes des mers de Béring et de Tchoukotka pour la même période. Certaines laissent croire à des raids, sur la côte, de gens venus des toundras et des forêts de l'intérieur ; d'autres, à la présence de voyageurs sibériens transportant dans leurs bagages de la poterie caractéristique et différents artéfacts du Nord asiatique ; d'autres encore, d'occasionnels groupes de chasseurs composés d'Esquimaux alaskiens du Sud ou d'Aléoutiens égarés loin au nord de leur patrie.

De la lumière commence à se faire dans ce fouillis aux environs du début de l'ère chrétienne. Un autre niveau d'occupation incontestablement esquimaude se développe sur les îles et les côtes du détroit de Béring. Peu à peu sont occupés en permanence d'importants villages qui se composent de maisons construites de billots flottants, profondément remblayées de tourbe, chauffées et éclairées au moyen de lampes alimentées avec de l'huile de mammifère marin. Tout l'attirail de la vie esquimaude plus tardive est représenté dans les vestiges de ces villages : kayaks et grands oumiaks, traîneaux, lances et harpons alambiqués, arcs et autres articles de chasse, accessoires de couture, poteries et lampes en céramique artistiques d'un raffinement exceptionnel. On a finalement qualifié ce premier épanouissement du mode de vie esquimau de culture Old Bering Sea.

À l'été 1995, j'ai le bonheur de participer à des fouilles dans l'un de ces anciens villages. Le site archéologique d'Ekven se trouve sur la côte de Tchoukotka baignée par la mer de Béring, à quelques kilomètres au sud du cap Dejnev (cap Est). Depuis la côte, on voit nettement les îles Diomède émerger des amas de glaces flottantes à mi-chemin entre l'Asie et l'Amérique et, par temps clair, sur les collines derrière Ekven, on peut entrevoir le cap Prince de Galles à la pointe occidentale de l'Alaska. Notre campement est érigé autour d'une cabane de bois dégradé par le temps, construite et habitée par les gardes-frontières qui, avant 1991, surveillaient cette portion de la côte interdite d'accès où l'Union soviétique était au plus près de l'Amérique. Les sentinelles ont disparu et leur cabane sert de cuisine, de salle à manger et de labo aux archéologues du Musée d'art oriental de Moscou avec lesquels je travaille. Autre particularité du campement : un phare pour la navigation côtière, vestige fascinant et quelque peu inquiétant de la technologie soviétique. Le projecteur est fixé, à cinq mètres au-dessus du sol, sur une structure bancale de troncs de bois flotté dégradé et, sous l'armature déjetée, un cube métallique jaune abrite une petite génératrice nucléaire. Un compteur Geiger montre que la génératrice fonctionne toujours, mais il n'y a plus d'ampoule dans le projecteur du phare.

À environ un kilomètre à l'ouest du campement, le terrain derrière la plage de graviers remonte doucement et surplombe un champ d'herbes luxuriantes parsemé de monticules circulaires, restes d'une vingtaine d'anciennes maisons. Les fouilles se concentrent sur une ligne parallèle à la plage et l'érosion littorale a gagné jusqu'au cœur du vieux village dont elle a retranché un nombre inconnu de ruines. Sur une distance de 500 mètres, le versant affouillé du flanc de coteau n'est plus qu'un amas de débris effondrés. Mêlés à des milliers d'os de morse et de phoque, de fragments de bois sculpté, d'armes et d'outils perdus ou jetés, des crânes de baleine et des billots de bois flotté qui ont servi à construire les anciennes demeures jonchent le versant abrupt. La crête du versant érodé révèle des dépôts qui s'étagent sur trois mètres de profondeur, vestiges d'habitations construites sur de plus anciennes, démolies au fil des siècles. Nulle part dans l'Arctique canadien me suis-je trouvé en présence d'un ancien établissement de peuplement arctique d'une telle envergure. Ekven représente ce qui reste d'une communauté dont la population s'élevait probablement à quelques centaines d'âmes et les débris étagés sont l'indice d'une occupation continue sur dix siècles ou davantage.

Les archéologues de Moscou, en plus de déchiffrer les restes érodés du village, concentrent leurs fouilles dans le cimetière sur le sommet d'une colline, à quelques centaines de mètres derrière l'établissement. Ils y récupèrent les vestiges de plus de trois cents sépultures, dont plusieurs s'accompagnent d'un vaste assortiment d'outils, d'armes et d'objets plus ésotériques. Le contraste entre sépultures rudimentaires et sépultures luxueuses indique clairement que les anciens habitants d'Ekven forment une société marquée par des distinctions de classes : des riches et des pauvres, des familles influentes et des courtisans, probablement aussi des propriétaires d'esclaves et des esclaves ravis par la force à des groupes voisins. Mon mentor attitré à Ekven, l'archéologue moscovite Mikhail Bronshtein, déploie des efforts considérables et des trésors d'ingéniosité à étudier les armes d'ivoire somptueusement décorées et les autres sculptures récupérées dans les sépultures. Les peuples de la culture Old Bering Sea sont doués pour sculpter et graver finement l'ivoire dans une variété de styles ; leur art transforme l'équipement du chasseur et tout autre attirail en un vaste assortiment de formes évocatrices de bêtes fantastiques. Les résultats de l'analyse scrupuleuse de Misha rendent obsolète la conjecture selon laquelle ces styles se seraient succédés dans le temps. Il allègue plutôt que ces styles élaborés sont la signature de communautés ethniques distinctes, mais contemporaines, et que des membres de certaines d'entre elles habitent Ekven — conjoints, marchands de passage, peut-être même prisonniers de guerre — ou y sont à tout le moins ensevelis aux côtés des indigènes. Cette interprétation suggère une complexité sociale qui transcende le niveau du village local et enveloppe l'entière région du détroit de Béring dans un tissu serré de sociétés ethniques qui participent toutes au même riche modèle économique.

Les défenses ciselées et sculptées des sépultures d'Ekven fournissent un indice susceptible d'expliquer pourquoi ce développement culturel majeur se produit dans les siècles avoisinant le début de notre ère, et ce qui lui sert de fondement pendant le millénaire suivant. Ces objets élégants ne sont pas façonnés avec des outils de pierre, mais avec des lames de fer à tailler et à graver. Il semble effectivement vraisemblable qu'on utilise des outils à lame de fer pour sculpter la plus grande partie de l'ivoire, des bois d'animal et des artéfacts sur bois de la première technologie esquimaude. Même si on ne peut dater avec certitude les débuts de la culture Old Bering Sea, ils semblent en gros contemporains de l'expansion de l'empire Han sous lequel la Chine étend son emprise politique et économique sur un territoire comparable à celui qui est aujourd'hui le sien. La période Han est aussi le témoin, au IIe siècle avant J.-C., de l'introduction d'armes et d'outils de fer en Asie centrale, en Corée et au Japon. Peu après, les outils de fer font leur apparition dans les villages esquimaux du détroit de Béring, probablement par l'entremise de réseaux de troc qui approvisionnent en ivoire, en fourrures et autres objets précieux de l'Arctique le marché naissant des produits de luxe prisés par les classes dirigeantes de Chine et de contrées limitrophes. Que ce négoce s'organise grâce à des foires commerciales nationales, comme celle qui prospère sur la haute Kolyma au XVIIIe siècle, ou qu'il se mette en place grâce à un réseau de peuples littoraux dont les produits finissent par se retrouver entre les mains des négociants ambulants coréens et japonais, il paraît vraisemblable que l'ancienne culture esquimaude se développe en gardant ses distances avec les centres économiques de l'Est asiatique. Une fusaïole de marbre trouvée dans une tombe d'Ekven, du type en usage à l'époque dans la région de Primorye, à la frontière de la Russie et de la Corée, laisse supposer que le commerce emprunte à cette époque une route côtière.

Si le négoce du métal tient une place importante dans l'économie de la culture Old Bering Sea, on s'explique alors pourquoi les populations les plus nombreuses et les plus riches du temps se regroupent dans une zone assez étroite : la côte orientale de Tchoukotka proche du cap Dejnev (ou cap de l'Est), les îles du détroit de Béring et la péninsule Seward de l'Alaska, voisine du cap Prince-de-Galles. Les communautés qui occupent ces emplacements stratégiques sont en mesure de contrôler en totalité le commerce du fer entre l'Asie et l'Amérique du Nord. Nous ignorons l'ampleur de ce commerce puisque le fer se conserve très mal dans la plupart des gisements archéologiques, mais une heureuse trouvaille récente nous apporte un indice en ce sens. Il y a quelques années, on découvrait la dépouille gelée d'un chasseur autochtone qui, sous l'effet du dégel, se dégageait d'un glacier dans les hautes montagnes du nord de la Colombie-Britannique : l'homme semble être décédé environ un siècle avant que Christophe Colomb n'atteigne le Nouveau Monde et, par conséquent, avant que la technologie métallurgique européenne ne se répande dans la plus grande partie de l'Amérique du Nord. L'homme du glacier avait entre autres choses en sa possession un petit couteau à lame de fer, une preuve en soi guère impressionnante, mais si on songe à la probabilité statistique qu'un quelconque chasseur d'une tribu subarctique relativement pauvre porte sur lui un couteau métallique, cette découverte laisse croire que le matériau devait être fort en usage, à l'époque, dans la partie nord-ouest de l'Amérique du Nord.

Compte tenu de la rapide et large dispersion du fer lorsque des sources européennes l'introduisent plus tard et compte tenu de la prospérité manifeste des premières communautés sur le détroit de Béring, on peut soupçonner que des quantités substantielles de ce précieux métal circulent déjà dans le Nouveau Monde il y a de cela peut-être 2 000 ans. Les peuples de la culture Old Bering Sea, le plus ancien groupe que nous puissions qualifier avec certitude d'esquimau, semblent forger non seulement une société de chasseurs étonnamment riche en exploitant les abondantes ressources de la mer de Béring, mais une société complexe d'entrepreneurs engagés dans ce qui est à coup sûr une entreprise commerciale extrêmement concurrentielle et lucrative.

Comme la plupart des autres grandes communautés autour du détroit de Béring, le village d'Ekven semble avoir été occupé sans interruption sur une période de 1 000 à 1 500 ans. La culture Old Bering Sea prospère pendant la première moitié de cette période et le passage à la forme culturelle postérieure est marqué par l'introduction — quelque part entre l'an 500 et l'an 1000 — de deux éléments importants. L'un est la mise au point de techniques efficaces de chasse à la baleine franche. Les baleines franches sont les plus gros animaux des mers arctiques, des nageurs relativement lents et placides comparés aux petites, mais dangereuses baleines grises chassées par les peuples de la culture Old Bering Sea. Une seule baleine franche procure cinquante tonnes ou plus de chair et de graisse, et la capacité de capturer et de dépecer pareil animal encourage le développement de villages baleiniers sur des pointes de terre à proximité des routes migratoires annuelles de cette baleine. Les villages les plus populeux, comptant quelques centaines d'habitants, s'établissent le long de la côte septentrionale de l'Alaska

Peint au XIXe siècle par l'artiste groenlandais Aron de Kangeq, ce tableau illustre une chronique inuit orale relatant l'une des premières rencontres, au moyen âge, entre Inuit et fermiers scandinaves du Groenland. (Extrait d'Eigil Knuth, *K'avdlunâtsianik, The Norsemen and the Skraelings*, Det Grønlandske Forlag, Godthab, 1965)

où on peut chasser les cétacés qui migrent vers le nord en empruntant d'étroits passages côtiers dans la glace de mer, en début d'été. La chasse à la baleine franche favorise probablement aussi l'expansion des Esquimaux dans l'ouest de l'Arctique canadien où les baleines passent l'été avant de revenir vers le sud, en mer de Béring.

L'autre important développement au cours de cette période est l'apparition de l'arc incurvé, inspiré du modèle mongol que des armées d'invasion venues d'Asie centrale introduisent alors dans l'ouest de l'Europe. Renforcée par une épaisse corde de tendons tordus à laquelle l'arc doit pour l'essentiel sa puissance, c'est une arme beaucoup plus efficace que les premiers arcs employés dans la région. Il semble qu'on s'en serve contre les humains autant que contre d'autres animaux, puisque un haubert de lamelles d'ivoire ou d'os, inspiré des modèles asiatiques d'armure métallique, fait son apparition dans les gisements archéologiques à la même époque que l'arc. L'arc et l'armure réunis signalent que les schèmes d'hostilités intercommunautaires observés plus tard, lorsque les Russes s'implantent graduellement dans la région, ont de profondes racines dans l'histoire. Les premières communautés esquimaudes sur le pourtour du détroit de Béring sont manifestement non seulement soucieuses et capables de se protéger et de protéger leurs précieuses activités commerciales, mais en mesure de coloniser des régions occupées par des peuples moins bien armés et moins belliqueux.

C'est sur cette toile de fond que survient un nouveau développement majeur dans l'histoire esquimaude : l'expansion des Inuit ancestraux vers l'est, de l'Alaska jusqu'à la plupart des régions de l'Arctique canadien et du Groenland. On en est venu à interpréter cet événement comme la « migration thuléenne » et à le voir comme l'expansion des chasseurs de baleine dans une nouvelle zone environnementale qui leur devient accessible lorsque le climat se réchauffe dans tout l'hémisphère Nord aux environs de l'an 1000. La thèse de doctorat que j'ai rédigée et soutenue il y a trente ans se fonde sur cette théorie à laquelle je ne souscris plus aujourd'hui. Le concept d'une migration thuléenne présuppose que les Inuit sont une espèce capable d'adaptation et que, comme le caribou ou le morse, ils mettent automatiquement à profit toute nouvelle situation environnementale. Il suffit de se pencher même brièvement sur la question pour se convaincre que les êtres humains ne se comportent absolument pas de manière aussi déterministe. Nous savons en outre que les réchauffements climatiques survenus voilà 1 000 ans n'ont pas affecté toutes les régions arctiques et que le climat avait commencé à se dérégler une nouvelle fois bien avant que le peuple thuléen n'apparaisse dans les régions orientales de l'Alaska. Même dans les périodes les plus clémentes, les conditions de glace de mer dans l'Arctique central n'en opposent pas moins une barrière de 1 000 kilomètres aux baleines franches et autres animaux tributaires des eaux libres et créent un large espace inhospitalier entre les riches ressources en gibier de l'Arctique occidental et les régions orientales limitrophes de la baie de Baffin, semblablement bien loties. Quel que soit le processus qui amène les Inuit ancestraux dans l'est de l'Arctique, il est improbable qu'il soit le fait de la lente expansion de groupes de chasse dans une zone environnementale d'une relative homogénéité.

Je soupçonne maintenant que l'origine des Inuit a partie liée avec un ressort beaucoup plus simple : la découverte de la disponibilité du fer et d'autres métaux dans l'est de l'Arctique. Les Tuniit, peuple indigène occupant alors l'essentiel de l'Arctique canadien et du Groenland, entrent presque certainement en relation avec des chasseurs de baleine esquimaux qui s'aventurent sur les côtes de la mer de Beaufort il y a environ 1 000 ans. À l'époque, les Tuniit cisèlent leurs célèbres petites sculptures à l'aide d'outils de fer façonnés avec le métal extrait de diverses météorites qu'ils ont récemment découvertes aux environs du cap York, dans le nord-ouest du Groenland. Les Tuniit exploitent aussi des filons de cuivre dans la région du fleuve Coppermine, au centre de l'Arctique, et le troc du fer météorique comme du cuivre indigène est très répandu. L'archéologue Pat Sutherland a récemment démontré que les Tuniit de la Terre de Baffin et du Labrador entretiennent alors des liens avec les Scandinaves du Groenland et, même si on a peu retrouvé de métal fondu dans des sites tuniit, ces rapports représentent une autre source potentielle des précieux fer, cuivre et bronze. De telles richesses aux mains d'une population relativement peu nombreuse, éparse et médiocrement armée, suffisent peut-être à attirer des aventuriers inuit et à les inciter à des voyages d'exploration dans les chenaux inhospitaliers de l'Arctique central. Grâce à ces périples, on apprend que l'est de l'Arctique dispose de ressources fauniques semblables à celles de l'Alaska, que les météorites de Cape York sont une source de fer disponible à volonté et que la région reçoit la visite de *qadlunaat*, des étrangers aux yeux bleus de qui on peut obtenir du métal fondu soit par troc soit par la force des armes. Cette connaissance est peut-être l'élément déclencheur de la migration inuit dans l'est de l'Arctique.

Ce présumé ressort de l'expansion inuit est étayé par le fait que les plus anciennes occupations thuléennes connues de l'Arctique oriental ont été repérées le long des côtes de l'extrême haut Arctique voisines de la région de Cape York et qu'on associe ces occupations non seulement au fer météorique, mais à quantités de métaux et autres matériaux obtenus des Scandinaves groenlandais. Étonnamment, les artéfacts utilisés par ces aventuriers inuit de la première heure sont de styles identiques à ceux dont se servent les peuples vivant en périphérie du détroit de Béring, plutôt que de ceux en usage dans les villages baleiniers d'Alaska du Nord qui semblerait pourtant la plus vraisemblable base d'opérations pour une exploration à l'est. La preuve recueillie par les archéologues Karen McCullough et Peter Schledermann, dont les fouilles sur ces sites du haut Arctique ont dégagé les collections les plus complètes de pièces anciennes, suggère de manière plutôt convaincante un déplacement subit de populations depuis le détroit de Béring vers les côtes de la baie de Baffin. Les datations au radiocarbone de ces sites inuit extrêmement anciens, et celles de vieux villages près de Resolute Bay à la limite de l'Arctique oriental, donnent à penser que ce déplacement vers l'est survient quelque part aux XIIe ou XIIIe siècles. À cette époque, les établissements scandinaves du Groenland nagent en pleine prospérité, la demande scandinave d'ivoire et de fourrures pour son commerce avec l'Europe est à son plus haut et les Scandinaves sont des plus intéressés à établir des relations commerciales avec ces nouveaux venus.

Une fois implantés dans l'Arctique de l'Est et assurés du contrôle sur les ressources métalliques nécessaires pour asseoir leur technologie, les Inuit se répandent petit à petit dans toute la région. Leurs chroniques orales spécifient qu'ils suppriment ou refoulent les Tuniit, occupants indigènes de la région ; ces récits concordent avec la réalité archéologique, à savoir que les traces d'occupation tuniit disparaissent à compter des XIIIe ou XIVe siècles. Dans toute la région, les Inuit créent des villages d'hivernage permanents, semblables à ceux occupés par leurs ancêtres en Alaska, et se dotent d'un mode de vie qui repose sur la chasse à la baleine franche, là où la ressource est disponible. Les restes de ces villages de culture thuléenne, de leurs maisons d'hivernage dont les robustes chevrons sont des mâchoires de baleine, sont disséminés le long des régions littorales de l'Arctique canadien et du nord-ouest du Groenland. Nous ignorons encore à quel moment les Inuit pénètrent dans les régions du sud du Groenland occupées par les Scandinaves, mais traditions orales et archéologie semblent indiquer que les deux populations coexistent un certain temps en ces lieux et que l'occupation inuit se prolonge après la disparition des Scandinaves. Les populations que rencontre Martin Frobisher au Groenland et dans la Terre de Baffin sont des Inuit de culture thuléenne et leur mode de vie — fondé sur la chasse à la baleine franche et autres mammifères marins, et sur l'occupation de villages d'hivernage permanents aux maisons chaudement isolées — n'est pas différent de celui que leurs proches ancêtres ont exporté à l'est, depuis l'Alaska.

Les Européens qui commencent à s'aventurer dans les bras de mer de l'Arctique canadien aux XVIIIe et XIXe siècle brossent un portrait fort différent du mode de vie inuit. Les côtes du haut Arctique le long du détroit de Lancaster — route par laquelle les peuples thuléens migrent à l'est depuis l'Alaska — sont déjà abandonnées. Un seul peuple reste dans le haut Arctique : les « Highlanders arctiques » de Ross, minuscule bande qui se donne elle-même le nom d'Inughuit et dont le mode de subsistance frugal repose sur les falaises de nidification du nord-ouest du Groenland. Ailleurs, les traces d'humanité se réduisent à peu : ruines inhabitées de villages d'hivernage ; toits faits d'os de baleine de maisons d'hiver qui s'effondrent sous le poids des neiges hivernales ; mousse luxuriante qui recouvre prestement les fosses remplies d'os d'animaux dont se sustentait jadis une population bien portante. De semblables villages désertés parsèment les côtes des îles les plus méridionales de l'Arctique et de la baie d'Hudson, mais des descendants des populations qui occupaient autrefois ces petites communautés continuent de vivre dans la région. Le mode de vie de ces gens a façonné le stéréotype même de la culture inuit : de petites bandes familiales éparses, chassant le phoque et le caribou, vivant au bord de la famine sous la tente et, l'hiver, dans des villages d'igloos construits sur la glace de mer.

Qu'est-il donc arrivé aux chasseurs de baleine de l'Alaska qui, quelques siècles plus tôt, migraient à l'est de l'Arctique nord-américain ? Comment se retrouvent-ils réduits à de petites sociétés économiquement marginales ? Le premier réflexe des historiens et des archéologues est une fois encore de se tourner vers une explication environnementale : un refroidissement climatique et une augmentation de la glace de mer rendent impossible le mode de vie thuléen dans la plupart des régions de l'Arctique canadien. Le climat s'altère dans la plus grande partie de l'Europe, entre le XVIe siècle et le milieu du XIXe, une période que l'on a depuis qualifiée de Petite Glaciation. Mais on sait désormais que les effets environnementaux d'un changement climatique varient grandement d'une région à l'autre, tant dans leur amplitude que dans leur durée. Dans certaines parties de l'Arctique canadien, des épisodes de refroidissement climatique surviennent dès les XIIe ou XIIIe siècles, à l'apogée de la culture thuléenne, alors que d'autres régions ne présentent des indices de changement environnemental que des siècles plus tard. Une autre tentative d'explication voudrait que la chasse intensive pratiquée par les Basques dans les eaux du Labrador au XVIe siècle épuise les stocks de baleines dont dépendent les Inuit thuléens pour leur subsistance. Mais lorsque les baleiniers européens s'engagent dans l'Arctique canadien au début du XIXe siècle, au plus fort de la Petite Glaciation, ils découvrent d'importantes populations de baleine franche dont les routes migratoires longent toujours des villages thuléens

Quand les Européens osent enfin s'aventurer dans l'Arctique canadien, ils découvrent les villages abandonnés de chasseurs de baleine thuléens. Dans la plus grande partie de l'Arctique central, de petits groupes d'Inuit connaissent alors un mode de vie plus nomade que celui de leurs ancêtres quelques siècles plus tôt. (Robert McGhee, Musée canadien des civilisations)

abandonnés: par conséquent, ni les conditions de glace extrêmes ni la pêche commerciale à la baleine ne semblent avoir causé la disparition de l'économie baleinière des premiers Inuit.

Cette fois encore, nos essais d'explication de ce changement crucial du mode de vie inuit pourraient être faussés par notre inclination à nous représenter les Inuit comme des populations isolées dont les conditions environnementales déterminent l'existence, et à ignorer l'influence de leurs rapports et de leurs engagements avec d'autres peuples. Ainsi la fin de l'occupation inuit du haut Arctique au XVIe siècle coïncide-t-elle à peu près avec la disparition des établissements scandinaves au Groenland qui constituent sans doute pour ces autochtones une source constante de commerce. L'apparition au même moment d'explorateurs, de baleiniers et de trafiquants européens le long des côtes de la Terre de Baffin, spécialement du Labrador, puis sur les côtes que baigne la baie d'Hudson, agit peut-être comme un aimant en attirant au sud les Inuit avides de métal. Les Inuit que croise Martin Frobisher

Cette photographie d'un village inuit d'igloos de neige, dans l'Arctique central canadien, date de 1915. On considère souvent comme typiquement inuit les villages de ce genre ; en réalité, ils n'étaient le fait que de petits groupes occupant l'Arctique central. Les plus importantes communautés inuit de l'Est et de l'Ouest construisaient pour la plupart de solides habitations de rondins, de pierres et de tourbe pour se mettre à l'abri pendant l'hiver. (Canadian Arctic Expedition / Expédition arctique canadienne, Archives du Musée canadien des civilisations)

au Groenland et sur la Terre de Baffin, en 1576-1578, sont manifestement déjà familiers avec les Européens et en possession de produits européens. On peut présumer que se concrétisent au moins occasionnellement d'officieux voyages en ces régions, peut-être dans le sillage des intenses efforts européens de chasse à la baleine ou de pêche, au XVIe siècle, dans les eaux méridionales du Labrador.

L'importance persistante du métal et d'autres matériaux européens dans la technologie inuit pourrait avoir exercé un effet certain sur la répartition géographique des populations et sur le calendrier annuel des activités économiques auxquelles elles se conformaient en vue d'accéder à cette ressource. Entre les XVIe et XVIIIe siècles, le contact avec des Européens le long des côtes du Groenland, du Labrador, de la Terre de Baffin et même de la baie d'Hudson, incite les Inuit à s'investir davantage dans des activités de troc, de chasse ou de trappe pour des échanges, et finalement à occuper des emplois dans les industries de trappe et de chasse à la baleine au XIXe siècle. La maladie serait-elle un autre facteur de disparition du mode de vie inuit thuléen ? Comme ce fut le cas pour les populations amérindiennes de l'est de l'Amérique du Nord, les vecteurs de maladie suivent certainement le commerce du métal dans des régions fort éloignées de celles où se produit le contact direct avec les Européens. Leurs petites populations et leurs établissements disséminés préservent probablement les Inuit contre l'éclosion de pandémies comme celle de variole qui décime les Dénés de l'ouest de la baie d'Hudson à la fin du XVIIIe siècle, ou celle de rougeole qui extermine quasiment les Inuvialuit du delta du Mackenzie au début du XXe siècle, mais une succession ininterrompue de petits foyers d'infection touche certainement la société inuit au fil des cinq derniers siècles.

Comme la disparition de la communauté scandinave du Groenland, la désintégration de la culture inuit thuléenne résulte sûrement de l'interaction de plusieurs causes. Les effets imprévisibles des changements climatiques s'additionnent peut-être aux choix des groupes locaux: par exemple, la décision de modifier leurs rituels de déplacement saisonnier ou leurs activités de chasse dans le but de se procurer des produits européens. S'abstenir en été de chasser la baleine a pour inévitable conséquence la désertion des villages permanents d'hivernage tributaires de la nourriture stockée pendant la chasse estivale. Les vicissitudes des pérégrinations et de la vie dans les campements temporaires ne peuvent qu'être exacerbées par des irruptions de maladies transmises par les trafiquants à leur retour au village, et probablement aussi par la malnutrition lorsque les populations, dont les chasseurs passent le plus clair de leur temps à poser des trappes à renard ou à chasser la baleine à des fins lucratives, se mettent à consommer des denrées étrangères.

L'image que le monde garde d'un peuple, et *a fortiori* celle que ce peuple se fait de lui-même, est étroitement liée à la compréhension de son histoire. La perception des Inuit comme une société simple, pure et imprévoyante de chasseurs nobles et adroits est intimement liée à la conception de l'histoire inuit comme une lointaine et solitaire adaptation à un environnement implacable. Il est maintenant clair que les Inuit ne sont pas les héritiers d'une aussi simple et improbable tradition culturelle. Au contraire, le mode de vie décrit par les explorateurs du XIXe siècle se forge pendant les quelques siècles précédents, en réponse aux conditions économiques rapidement changeantes. Je crois que les ancêtres des Inuit se révéleront à nous non comme la population la plus isolée sur la planète, mais comme un peuple entreprenant du Pacifique Nord que la perspective de commercer avec les Européens attire vers l'est de l'Arctique au XIIIe siècle et dont le mode de vie s'affine dès lors, en lien avec l'évolution de la culture et de l'économie mondiales. Le point de vue sur la culture inuit d'un John Ross ou d'un Jean Malaurie, dont s'est autorisé le gouvernement canadien pour procéder à des déplacements de population dans les années 1950 et que l'industrie de l'art inuit continue de promouvoir, est franchement obsolète.

J'ai été amené à prendre conscience que les Inuit ne sont pas un peuple marginal, un soir, sur la côte de la Tchoukotka, tandis que je grimpais seul sur les restes de l'ancienne communauté d'Ekven. À quelques kilomètres de là, le long de la côte, le soleil de minuit projetait presque à l'horizontale une lueur orangée sur les rochers du cap Dejnev, point le plus oriental de l'Asie, et sur l'île de la Grande Diomède à mi-chemin de l'Alaska, dans le détroit de Béring. Dans la nuit silencieuse et claire, j'ai eu soudain le sentiment irrépressible que je ne me tenais pas à la marge reculée d'un monde, au bout de la terre, à l'endroit le plus écarté que puisse atteindre le voyageur venu d'Europe. Je me tenais plutôt au cœur même d'un autre monde, à un carrefour qui pendant des millénaires a relié peuples et cultures d'Asie et d'Amérique. Un monde dans lequel ont prospéré maints peuples et cultures, dont les Inuit et leur mode de vie.

CHAPITRE 7

Glace et mort dans le passage du Nord-Est

On présente couramment les cinq derniers siècles de l'histoire de l'Arctique comme une chronique d'explorations. Une histoire qui se résume à la litanie des prouesses de ceux (généralement des hommes) qui se sont aventurés au-delà des limites du monde connu de leur temps et sont rentrés enrichis de récits d'épreuves, d'aventures et de découvertes stupéfiantes. La géographie arctique devient un « monde connu » en constante expansion, la frontière que repousse une meilleure connaissance européenne du tracé général des côtes et des fleuves, des itinéraires suivis dans les glaces ou les tempêtes, de la faune et des tribus primitives qui occupent la contrée. Les cartes de ces années d'exploration dépeignent les régions par delà cette frontière soit comme des déserts de neige soit comme des territoires au tracé encore provisoire, aux littoraux glacés, aux très hautes chaînes de montagnes, aux océans libres et aux peuples étranges.

L'expression « explorateur de l'Arctique » évoque la figure tragique d'un personnage à la barbe hirsute, couvert d'engelures, se frayant un chemin dans le blizzard perpétuel, que le pemmican, une volonté de fer et la soif de connaissances ou de renommée gardent en vie. Cette image d'Épinal provient des récits de voyage victoriens, genre inventé ou perfectionné par des voyageurs comme Charles Francis Hall, explorateur au sens classique du terme qui se présente lui-même tel le héros de quelques aventures admirablement bien narrées. Les siècles qui précèdent et celui qui suit le dix-neuvième voient défiler une étonnante variété d'explorateurs de l'Arctique dont plusieurs ne correspondent

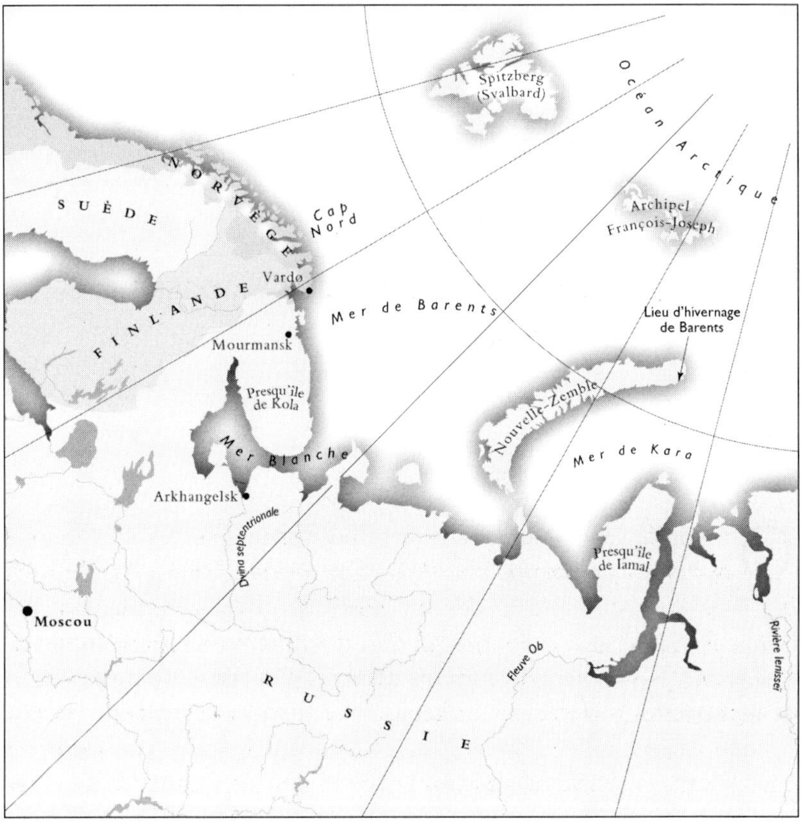

Le passage du Nord-Est.

aucunement à cet archétype et se retrouvent dans des régions arctiques pour des missions très diverses, et avec maints motifs différents. La faveur royale qui couronne la découverte d'un passage vers les marchés asiatiques, les fortunes instantanément tirées de la découverte d'or ou de baleines, l'avancement de la carrière par l'exécution scrupuleuse des ordres, la célébrité populaire obtenue par un exploit réalisé au loin animent ces hommes reconnus plus tard comme des explorateurs.

Le passage des ans couvre d'un voile l'esprit de compétition et l'ambition personnelle qui ont inspiré la plupart de ces projets et leur imprime plutôt l'aura romantique d'une intrépide aventure. De la même manière, le temps donne une apparence de cohérence à l'objectif, à l'organisation et à la réalisation concrète de ces entreprises. La plupart des comptes rendus d'exploration dépeignent des protagonistes qui se vouent sans réserve à des projets mûrement planifiés pour des motifs parfaitement réfléchis; des groupes d'hommes choisis pour leurs compétences et capacités essentielles au vu des circonstances anticipées; des équipements et des provisions logiquement choisies et adaptées aux besoins. Quelques expéditions arctiques répondent sans doute à toutes ces conditions, mais le nombre d'aventures qui se heurtent à d'évitables tribulations et s'achèvent en tragédie ou en farce laisse supposer que le manque de jugement et de planification est sans doute la règle plutôt que l'exception. Une hypothèse historique optimiste et des strates de comptes rendus vagues masquent les carences de ces épisodes. Même Charles Francis Hall, ce journaliste américain converti en explorateur victorien de l'Arctique, est mené à sa tombe arctique non par les rigueurs de l'exploration dans un cruel environnement, mais par l'administration d'arsenic comme solution à un conflit de personnalité l'opposant, lui, le fameux explorateur, à son patient médecin.

L'héroïsme inlassable, le pointilleux, l'aveugle dévouement au devoir si souvent prêtés aux explorateurs de l'Arctique sont inimaginables et souvent franchement incroyables. Il m'est plus facile de comprendre l'indécision fatale qui coûte la vie à Henry Hudson, tombé entre les mains de mutins; le manque flagrant de planification à l'origine de l'imparable catastrophe à laquelle court l'équipage d'Hugh Willoughby sur la côte déserte de la mer de Barents; ou l'arrogante conscience de classe d'un sir John Franklin, quelqu'un à éviter lorsqu'il vous invite à l'accompagner dans un voyage en des contrées lointaines et désolées. L'exploration de l'Arctique donne indubitablement lieu à des exemples d'héroïsme, de survie inespérée et de résistance à de terribles épreuves dans la poursuite du devoir ou d'un idéal. Mais l'histoire de l'exploration de l'Arctique, si souvent présentée comme la simple légende d'un exploit individuel, est bien plus encore. C'est une trame que tissent l'effroi de se retrouver coincé en plein cœur d'un environnement insolite et fatal, l'ennui mortifère à mesure que s'étirent les mois d'inactivité dans des quartiers exigus et inconfortables, le mal du pays qui pousserait à troquer sa vie contre le spectacle d'un jardin à la campagne, et la sombre déprime qui s'abat sur ceux dont l'existence semble réduite à une condamnation aux travaux forcés perpétuels dans un monde de glace et de vent. On mesure mieux les prouesses des explorateurs de l'Arctique lorsqu'on prend conscience qu'ils ne les réalisent pas dans un environnement de compétence surhumaine, mais plutôt dans le bouillon des fragilités, des ambitions et des échecs qui caractérise la plupart des autres sphères de l'activité humaine.

L'ère de l'exploration arctique commence avec la Renaissance des sciences et du commerce dont l'origine se situe au XVe siècle en Italie, mais qui prend un temps infini à atteindre les côtes du nord de l'Europe. Quand enfin Anglais et Hollandais se mettent à manifester un intérêt commercial pour les échanges outre-mer et des ambitions régaliennes pour un dominion à l'étranger, l'exploration et le négoce mondiaux sont pour l'essentiel solidement entre les mains des puissances d'Europe du Sud. Le début du XVIe siècle voit l'implantation de colonies et d'entreprises espagnoles dans le Nouveau Monde et la découverte du détroit de Magellan qui donne accès à l'or des Moluques et aux richesses de l'Inde. Les navires portugais assurent déjà le commerce africain de l'or, de l'ivoire et des esclaves, et doublent le cap Horn pour atteindre les vastes marchés de l'Inde. Même la région de l'Amérique du Nord, connue sous le nom de « Terre Neuve » et vers laquelle les Anglais dépêchent le pilote vénitien John Cabot en 1497, est presque entièrement exploitée par les chasseurs de baleines basques et par les morutiers français.

Privés de la compétence maritime et de la volonté politique pour défier les Méridionaux, mais alléchés par la possibilité de faire fortune dans des parties du monde reculées, Hollandais et Anglais entreprennent de chercher d'autres routes pour accéder à ces ressources. La connaissance de la géographie et des techniques de navigation devient un atout précieux dans le Nord et les hommes dotés d'un tel savoir se retrouvent rapidement à des postes d'influence et potentiellement riches. Deux hommes de cette étoffe arrivent en Angleterre vers 1550 et préparent le terrain pour les explorations qui conduisent à la reconnaissance européenne des régions arctiques.

Le premier, Sébastien Cabot, est fils du Vénitien qui prend la tête de l'expédition anglaise de 1497 en Terre Neuve. Alors encore très jeune homme, Sébastien accompagna peut-être son père dans ce périple et réclame parfois la paternité des découvertes qui en résultèrent. Son passé plutôt incertain comporterait, en 1498, un autre voyage pendant lequel il semblerait que disparaisse son père. Ce serait le fondement de sa prétention plus tardive d'avoir complété un périple arctique dans la même région et d'avoir atteint une haute latitude en mers libres de glaces avant d'être contraint, par un équipage terrifié, de rebrousser chemin. Il passe l'essentiel des décennies suivantes au service de l'Espagne et, lorsqu'il arrive en Angleterre en 1548, il y apporte un trésor de connaissances géographiques. Certains historiens ont écorché la réputation de Cabot et plusieurs estiment qu'il n'a été rien de moins qu'un jovial imposteur, mais l'histoire de l'exploration au début du XVIe siècle est si médiocrement documentée que notre homme pourrait s'être réellement acquitté de certaines des entreprises dont il se vante. En Angleterre, sa seule réputation suffit à convaincre des marchands clairvoyants et des marins pragmatiques qu'il existe un océan arctique libre de glaces et que cet océan pourrait donner accès aux richesses des contrées orientales.

Le deuxième de ces hommes à débarquer en Angleterre à l'époque, l'Anglais John Dee, rentre d'un séjour d'études sur le continent auprès de mathématiciens et cosmographes de Paris et de géographes des Pays-Bas. L'Europe du XVIe siècle finit par considérer Dee comme l'homme le mieux informé de son temps, un esprit encyclopédique qui se passionne autant pour la géographie et la géopolitique du monde séculier que pour les sphères spirituelles et les communications avec les anges. Astrologue de la jeune princesse Élisabeth, il imagine et promeut, une fois qu'elle accède au trône, le concept d'un empire britannique fondé sur les explorations anglaises, tant mythiques que contemporaines, des régions nordiques du globe. Dans les années 1550, Dee enrichit l'Angleterre de ses connaissances géographiques des régions polaires acquises auprès des grands géographes flamands Gerhard Mercator et Abraham Ortelius qui postulent tous deux l'existence d'un océan Arctique navigable. Il rapporte aussi du continent des instruments de navigation dont il enseigne assidûment l'emploi (souvent sans grands résultats) à une génération de marins anglais.

Les premières expéditions anglaises prennent la direction nord-ouest à la recherche d'un passage navigable au nord de l'Asie. Compte tenu des théories de l'époque sur la configuration géographique du monde, on estime alors sans doute très probable de trouver semblable route. Les récits de marins comme Sébastien Cabot étayent d'ailleurs d'antiques croyances sur l'existence d'eaux libres au pôle. En outre, les thèses de la divine symétrie dans la création du monde présupposent l'existence de canaux navigables tant au nord qu'au sud des continents terrestres. Lorsque Martin Frobisher confond plus tard l'étroite passe de la baie qui porte son nom, en Terre de Baffin, avec le passage du Nord-Ouest vers l'Asie, il songe manifestement à un équivalent nordique du détroit découvert cinquante ans plus tôt par Ferdinand Magellan, ce tortueux et dangereux chenal long de 300 kilomètres qui sépare le continent de la Terre de Feu, à la pointe Sud des Amériques.

De même considère-t-on alors le cap Nord, sur la côte de Norvège, comme un analogue nordique du cap africain de Bonne Espérance et escompte-t-on trouver un large passage libre vers les côtes de la Tartarie et du Cathay après avoir doublé le promontoire. Ce cap à l'extrémité Nord de l'Europe se trouve presque à la même latitude que la pointe Sud de l'Afrique et, à l'est des deux caps, les côtes obliquent vers la zone tempérée. Au lieu de trouver un analogue nordique de l'océan Indien, le voyageur qui contourne le cap Nord débouche dans la grise mer de Barents où les eaux du courant de l'Atlantique Nord aux prompts effets réfrigérants battent la frange déchiquetée de la banquise polaire qui avance constamment depuis le nord et l'est. Prolongement septentrional de l'Oural à peine détaché de la côte continentale, l'arête longue de 1 000 kilomètres de la Nouvelle-Zemble (ou Novaïa Zemlia) protège la mer de Barents des pires effets des glaces. À l'est de cette île monumentale s'étale la mer de Kara, large de plus de 1 000 kilomètres, que seuls protègent de la banquise polaire les vents du large et le chaud déversement de deux puissants fleuves de Sibérie qui coulent vers le nord : à l'ouest, l'Ob ; à l'est, l'Ienisseï. Ces forces créent des conditions d'eaux libres à la fin de l'été dans la quasi-totalité de la mer de Kara ; à l'est de l'Ienisseï, la banquise s'arrime toutefois directement à la côte de la presqu'île de Taïmyr qui déborde vers le nord. Par-delà ce promontoire dénudé, il faut encore à un navire affronter 4 000 kilomètres d'eaux entravées de glaces — mers des Laptev, de Sibérie orientale et de Tchoukotka — avant de pouvoir faire route vers le sud par le détroit de Béring et d'atteindre enfin les eaux tempérées de l'océan Pacifique. La traversée du passage du Nord-Est est beaucoup plus laborieuse que ce qu'imaginent au XVIe siècle les savants géographes.

Je ne connais pas d'expérience le passage du Nord-Est, mais j'en ai vu les abords à l'est et à l'ouest et je puis attester qu'ils n'annoncent ni confort ni facilité. Des deux côtés, les mers sont froides et brumeuses pendant la brève saison de navigation à la fin de l'été, et les vagues grises fouettées par les vents rampent sous un morne ciel bas. Sur le pont d'un petit navire, au large de la côte Est du Svalbard, j'ai vu le ciel tourner au blanc, à l'est, par la réflexion de la proche banquise contre le bas couvert nuageux de la mer de Barents. Des années plus

Conditions de glace de mer au cœur de l'été sur la banquise polaire. (Robert McGhee, Musée canadien des civilisations)

tard, depuis la côte Nord de la presqu'île du même nom, à quelques kilomètres à l'ouest du détroit de Béring, j'ai observé la même réverbération des glaces dans le ciel de la mer de Tchoukotka. Sur la plus grande partie des 5 000 kilomètres qui séparent ses deux extrémités, cet océan est le royaume des glaces, substance à la fois énigmatique et redoutable pour les premiers navigateurs européens à la découvrir.

La glace du bassin polaire existe sous une grande variété de formes. Elle commence à se composer chaque année en septembre et octobre, lorsque les températures tombent bien en deçà de zéro et que la mer s'enfume tandis que la chaleur résiduelle à sa surface s'en échappe et se dissipe dans l'air glacial. La mer prend une allure vaguement huileuse à mesure que de minuscules cristaux se constituent et s'étendent pour finalement se souder en une mince couche élastique qui ondule au rythme de la houle mais qui, malgré ses quelques centimètres d'épaisseur, peut supporter le poids d'un homme ou d'un phoque. Mon unique expérience d'une glace du genre a suffi à me convaincre qu'il me faudrait en connaître bien davantage à son sujet avant de m'y sentir en sécurité. Cette glace s'épaissit graduellement, se fracture et se reforme en plaques dentelées, incorpore la neige ou la pluie qui tombe et se transforme finalement en un amas de glace blanche d'un à trois mètres d'épaisseur. La banquise qui se forme en régions côtières, relativement stable et immobile, se fixe au littoral; on la qualifie de glace côtière ou amarrée à terre. Le printemps suivant, cette glace qui a été lessivée de l'essentiel de son sel brille d'une blancheur éblouissante et se diapre de flaques azurées d'eau de fonte. C'est un ravissement de voyager, de chasser ou de jouer sur cette glace stable, uniforme et lisse. Au fil du printemps, elle se veine d'étroites saignées d'eaux libres qui accueillent des phoques et d'autres mammifères; en juin ou en juillet, elle se décompose en blocs de banquise d'un blanc bleuté qui dérivent au gré du vent dans les nappes d'eaux libres de plus en plus étendues.

Par delà le domaine de la glace amarrée à terre, règne la banquise polaire qui flotte librement, mélange de nouvelle glace et de glace regelée sur plusieurs années, de trois à cinq mètres d'épaisseur et constamment en mouvement: les vents en surface et les courants sous-marins lui font lentement et inlassablement décrire une boucle autour du bassin arctique. La banquise polaire assimile parfois des icebergs vêlés par les glaciers d'îles arctiques ou des îles de glace épaisses de centaines de mètres qui se détachent des plateaux glacés dont la formation le long des côtes arctiques remonte à la dernière Glaciation. Le mouvement constant de la banquise y ouvre de longs canaux; des lacs et des mers transitoires se forment au hasard et se referment soudainement lorsque leurs littoraux limitrophes entrent en collision et se chevauchent pour créer de gigantesques arêtes de pression. La banquise polaire se renouvelle chaque année tandis que ses franges s'écoulent au sud par des dégorgeoirs en des eaux plus chaudes ou se broient contre des côtes qui lui bloquent le passage. Depuis une falaise sur une île du Grand Nord, j'ai un jour été témoin de la collision de ce manteau permanent de glace flottante et d'une côte rocheuse. Mue par la force des vents et des courants qui balaient le pôle, cette glace aussi résistante que le béton et aussi haute qu'une maison se fracasse, se renverse, s'empile et regèle en un chaos infranchissable, en mugissant et en gémissant comme si elle vivait et souffrait. Les navires de bois de l'époque des explorations n'ont aucune chance contre pareilles forces, et seuls les explorateurs bardés des connaissances suffisantes pour échapper aux glaces peuvent envisager de s'y frayer un passage. L'acquisition de ces connaissances coûtera des centaines d'années d'efforts et au moins autant de vies humaines.

Premier Européen reconnu pour avoir doublé le cap Nord, Ottar est un chef de clan scandinave qui, en visite chez le roi Alfred d'Angleterre aux environs de 890, se glorifie de son aventure. Il se décrit lui-même comme le Scandinave le plus nordique, et séjourne probablement bien au-delà du cercle Arctique où il s'adonne au troc avec des chasseurs et des pêcheurs saames, qui vivent encore plus au nord, ou leur soutire un tribut. Ottar prétend avoir navigué vers le nord jusqu'au point où la côte norvégienne oblique à l'est, puis avoir fait voile neuf jours en direction sud-est, longeant une côte qui est sans nul doute celle de la mer Blanche. Il y croise, dit-il, de nombreux morses qu'il abat pour leurs défenses et leurs peaux, et un grand fleuve (peut-être la Dvina, à l'embouchure de laquelle se dressera plus tard la ville d'Arkhangelsk) occupé par un peuple sédentarisé qu'on appelle les Permiens. Les expéditions de cette nature, destinées à chasser ou à commercer avec les peuples de la Russie du Nord, semblent se répéter au fil des siècles. Venu de Novgorod, un aventurier et négociant nommé Uleb affirme s'être engagé en 1032 dans le détroit au sud de la Nouvelle-Zemble et avoir reconnu le littoral de la mer de Kara.

Dans les siècles ultérieurs, les côtes de la mer Blanche sont le théâtre de l'épanouissement d'un peuple : hommes de mer, chasseurs et pêcheurs russes, les Pomors y sont les pionniers du troc des fourrures et d'autres produits de la chasse. Leurs bateaux et leurs compétences nautiques se raffinent probablement au contact de marins scandinaves comme Ottar, mais semblent surtout s'être développés grâce à leurs activités commerciales dans l'énorme bassin lacustre et fluvial de Carélie qui relie la Baltique à la mer Blanche. Les connaissances et compétences navales arctiques acquises par les Pomors sont inestimables pour les explorateurs qui se risquent à la recherche d'un passage dans le Nord eurasien, et leurs liens commerciaux suffisamment importants pour que le roi Haakon de Norvège érige un fort sur l'île Vardø et que l'archevêque de Trondheim y consacre une église en 1307. Situé à 200 kilomètres à l'est du cap Nord, où la côte s'infléchit vers le sud dans le fjord de Varanger, Vardø semble avoir marqué la frontière entre les territoires russe et norvégien. L'établissement qui grandit autour du fort (Vardøhus, devenu Wardhouse pour les premiers navigateurs anglais) reste longtemps une destination pour les aventuriers du Nord. Des siècles durant, Wardhouse est le dernier port de relâche pour les chasseurs pomors de Russie qui, de la côte de la mer Blanche, se rendent au Spitzberg ; ils y dilapident traditionnellement en alcool leurs avances de salaire et en repartent malades et endettés pour un hiver d'abominable labeur dans l'obscurité du haut Arctique.

Au milieu du XVIe siècle, tandis que l'Espagne et le Portugal récoltent d'époustouflants bénéfices de leurs entreprises dans les régions reculées du globe, les marchands anglais prennent conscience qu'ils pourraient eux aussi, s'ils acceptent de s'exposer aux considérables risques inhérents à ce genre d'expédition, trouver des marchés pour leurs étoffes et autres produits, et tirer des profits inespérés de l'importation de marchandise étrangère. Privés du soutien royal accordé aux marchands en d'autres pays, ils créent un nouveau type d'organisation : la société par actions. La première association du genre, la « Mysterie and Companie of the Merchants Adventurers for the Discoverie of Regions, Dominions, Islands and Places Unknowen », sera plus tard connue sous le nom de Muscovy Company. Sébastien Cabot est nommé gouverneur de la société, et plus de deux cents marchands londoniens et nobles spéculateurs mettent en commun leurs capitaux pour financer une flotte de trois vaisseaux qui prend la mer en 1553 avec mission de doubler le cap Nord et d'explorer la route vers la Chine par la côte septentrionale de l'Eurasie.

Dans l'optimisme, on baptise les trois navires *Bona Esperanza*, *Bona Confidentia* et *Edward Bonaventure* et on revêt de plomb leurs coques pour les protéger contre les vers de mer des eaux tropicales qu'on projette d'atteindre. Homme de bonne naissance et militaire de renom, sir Hugh Willoughby qui commande l'expédition n'a aucune expérience de la mer. Une lacune que devraient pallier les compétences du pilote de la flotte, Richard Chancellor, et du capitaine de l'*Edward Bonaventure*, Stephen Borough. Avec à son bord Borough et Chancellor, l'*Edward Bonaventure* est séparé du reste de la flotte pendant une tempête au large de la Norvège septentrionale ; cet incident malheureux scelle probablement le sort des autres vaisseaux. Willoughby, le moins qualifié des responsables de l'expédition, pilote témérairement les deux navires restants dans les eaux libres de glaces de la mer de Barents jusqu'à la côte de la Nouvelle-Zemble. Comme la voie vers l'est lui est bloquée, il vire de bord et regagne la côte de la presqu'île de Kola où, un peu à l'est du lieu où se dresse aujourd'hui Mourmansk, il s'attarde trop longuement à réparer un navire qui fait eau et se trouve prisonnier des glaces d'un automne inopinément précoce. Les équipages, qui avaient escompté voguer en eaux tempérées avant la venue du temps froid, n'ont ni nourriture ni vêtements adéquats, ni abri chauffé pour affronter l'hiver arctique sur ces côtes sans arbres. Piégé dans un environnement plus obscur et plus froid qu'il ne l'aurait jamais cru possible, tout l'effectif composé de soixante-dix hommes meurt de froid, de faim et peut-être d'intoxication à l'oxyde de carbone en tentant de réchauffer ses quartiers. L'été suivant, des pêcheurs pomors découvrent les navires et les corps gelés de leurs d'équipages.

Entre temps, l'*Edward Bonaventure* longe la côte en direction sud-est, emprunte la même route qu'Ottar quelques siècles plus tôt et rallie l'établissement pomor de Kholmagori à l'embouchure de la Dvina au moment où la glace se reforme. De là, Chancellor se rend en traîneau, par voie de terre, jusqu'à la Moscou d'Ivan le Terrible où on lui fait royalement fête et lui octroie un droit de traite. Le printemps suivant, il retourne à son navire et rentre en Angleterre, après avoir ouvert une profitable route commerciale par les ports de la Baltique qui court-circuite le monopole hanséatique sur les échanges commerciaux avec la Russie. Chancellor reprend l'année d'après le même itinéraire jusqu'à Moscou mais, en rentrant en Angleterre avec le premier ambassadeur russe, il fait naufrage et sombre au large de la côte d'Écosse.

L'ouverture de la route de la mer Blanche jusqu'à Moscou reporte l'essentiel des efforts de la Muscovy Company vers l'établissement d'un lucratif commerce des fourrures, du bois d'œuvre et d'autres produits russes. Successeur de Richard Chancellor, Anthony Jenkinson se concentre sur l'exploration des routes terrestres entre la Russie et l'Orient et se rend aussi loin que Boukhara, en Asie centrale, et Qazvīn en Perse. La compagnie ne consacre alors qu'accessoirement ses efforts à la recherche d'un passage maritime du Nord-Est. Stephen Borough, qui a navigué avec Chancellor en 1553, prend la mer en 1556 à bord d'une minuscule péniche, le *Searchthrift*, pour poursuivre le travail d'exploration. Avec pour guides des Pomors de la région, il chemine le long de la côte et dans l'étroit bras de mer au sud de la Nouvelle-Zemble, mais les eaux tumultueuses et engorgées de glaces de la mer Kara vers l'est le forcent à rebrousser chemin. Le compte rendu de Borough est si pessimiste qu'un quart de siècle s'écoule avant qu'un autre navire anglais ne fasse voile dans cette direction. En 1580, la Moscovy envoie Arthur Pet, à bord du *George*, et Charles Jackman (qui a récemment navigué avec Frobisher jusqu'en Terre de Baffin), à bord du *Williams*, compléter les reconnaissances de Borough. Devant la lugubre perspective de s'engager dans la mer de Kara, eux aussi rebroussent chemin; on perd en outre toute trace de Jackman et de son équipage pendant le voyage de retour. Cette disparition met un point final à la recherche, par les Anglais, d'un passage du Nord-Est.

Tandis que ces derniers se concentrent sur les régions septentrionales de l'Amérique, les marchands hollandais s'adonnent à la recherche de nouvelles routes vers les richesses de l'Extrême-Orient. On associe inévitablement cette aventure au nom de Willem Barents qui entreprend trois voyages entre 1594 et 1596 et meurt au cours du dernier. S'il découvre Spitzberg, Barents ne pousse guère plus loin à l'est que ses prédécesseurs anglais. Son ultime voyage se solde néanmoins par une exceptionnelle et durable contribution à la connaissance du Nord : le premier hivernage arctique réussi par un équipage européen et la publication de la description de cet atroce épisode dans une relation qui envoûtera des générations de lecteurs.

Barents effectue son premier voyage arctique comme capitaine du *Mercury*, petit vaisseau d'une flotte de trois navires armés par des marchands d'Amsterdam pour pénétrer dans les mers à l'est de la Nouvelle-Zemble. Commandés par les capitaines Nai et Tetgales, les autres bâtiments traversent le détroit au sud de l'île et explorent la portion occidentale de la mer de Kara, reconnaissent la presqu'île de Iamal et concluent erronément avoir dépassé l'embouchure du fleuve Ob. Barents emprunte un itinéraire plus nordique et tente de doubler la pointe septentrionale de la Nouvelle-Zemble, mais fait demi-tour en raison des glaces. L'année suivante, sept navires prennent le départ pour poursuivre la reconnaissance de la route plus au sud, avec Barents comme chef pilote de l'expédition. Ils se heurtent à une glace considérablement plus compacte que l'année précédente et ne parviennent pas à pénétrer dans le détroit menant à la mer de Kara. Cet écueil persuade Barents que la route côtière est impraticable, mais il reste convaincu de la possibilité de trouver une route vers l'Est, plus septentrionale, en passant par un océan polaire libre de glaces. Fort de cette conviction, Barents pilote en 1596 deux navires franc nord à partir de la côte de Norvège et, à environ 500 kilomètres au large, tombe par hasard sur une minuscule île escarpée. Comme des hommes y abattent un ours polaire, il donne à cette nouvelle terre le nom d'île aux Ours. Continuant vers le nord par gros temps, il croise un archipel aux montagnes pointues qu'il nomme de ce fait Spitzberg. À l'extrémité Nord de cette terre, il fait le point qu'il évalue à environ 80° de latitude. Ces équipages sont presque certainement les premiers Européens à atteindre une aussi haute latitude et, cette fois, la lèvre de la banquise polaire les contraint à rebrousser chemin. Ils se replient sur l'île aux Ours où l'un des navires prend le chemin du retour. Avec Jacob van Heemskerck comme commandant, Barents comme pilote et un dénommé Gerrit de Veer comme lieutenant, l'autre se dirige vers l'est dans le dessein de passer au nord de la Nouvelle-Zemble, ce dont il s'acquitte parfaitement, mais la saison est avancée et le navire est assiégé par l'épaisse banquise de la mer de Kara. Vu l'impossibilité de s'échapper, ils s'abritent à la fin août dans une baie peu profonde qu'ils nomment Ice Haven (Havre de Glace). Ils y passent l'hiver dans des tourments scrupuleusement dépeints par de Veer dont le journal, universellement traduit et publié, devient un monument durable à la mémoire de Barents et de son équipage.

Leur mouillage les protège bien peu contre une tempête de neige qui pousse, à la fin d'août, la glace épaisse contre le navire au point que ses poutres en craquent, « ce qui est des plus effrayants à voir aussi bien qu'à entendre et fait de peur se dresser bien raides tous nos cheveux sur la tête ». Dès le 1er septembre la glace se soude en un bloc et les explorateurs commencent à saisir qu'ils sont condamnés à un inimaginable hiver sur cette morne côte. Pressentant que le bateau coulera dès que la glace relâchera son étau, ils récupèrent ce qu'ils peuvent et s'installent sur la côte. Avec du bois flotté, ils construisent un refuge de fortune, long d'environ huit mètres et large de six, pourvu d'une cheminée centrale et d'un porche sur une façade où l'on range bois de chauffage et équipement. Ils nomment leur abri « het Behouden Huys », c'est-à-dire le gîte sûr. En 1992, secondé par une équipe d'archéologues hollandais et russes, l'archéologue Louwrens Hacquebord découvre les vestiges de l'habitation, réduits à peu de choses par les pillages de chasseurs de souvenirs, mais il est en mesure de confirmer de précédents rapports selon lesquels la partie inférieure des murs a été construite, suivant la technique de la cabane en rondins, à l'aide de billots de bois flotté halés depuis une plage à six kilomètres de là. La partie supérieure des murs et le toit ont été construits avec des planches récupérées du navire et couverts de bardeaux de bois. Les photographies de Haquebord témoignent avec éloquence du site de ce premier hivernage dans le haut Arctique : une plaine de graviers grisâtres, sans relief ni caractère.

Tandis que s'installe l'hiver, l'équipage s'emploie à parfaire son abri, à ramasser du bois flotté pour alimenter le feu et à meubler ses quartiers de couchettes, d'une horloge hollandaise à carillon, d'une

Dessin du bâtiment dans lequel Willem Barents et son équipage passent l'hiver 1596 sur la côte de Nouvelle-Zemble assiégée par les glaces. Depuis la porte de « het Behouden Huys », un homme fait feu sur un ours polaire pendant que d'autres dépècent à la hache une carcasse d'ours. Les nombreuses rampes qui entourent le camp sont des chausse-trappes à renard, ou plutôt à ours — à en juger par leur taille. (Extrait de S. P. l'Honoré Naber, *Reizen van Willem Barents 1594-1597*, Gravenhage, Martinus Nijhoff, 1917)

lampe qui brûle de la graisse d'ours et d'un tonneau de vin qui tient lieu de baignoire. Pendant la construction, respectant les usages traditionnels des ouvriers, les hommes se mettent des clous dans la bouche et apprennent ainsi très vite la leçon douloureuse dont fait l'expérience tout écolier canadien et russe : le métal froid écorche et brûle la peau humide. La ration de bouche est limitée à une demi-livre de pain par jour (environ la moitié de la ration dans la marine anglaise, à l'époque) et on en est réduit, lorsque la bière gèle dans les barriques et les fait éclater, à boire de l'eau qu'il n'est pas nécessaire de rafraîchir avec de la glace ou de la neige, note sarcastiquement de Veer. Dans le demi-jour et la poudrerie, des ours sans expérience des humains les suivent fréquemment à pas furtifs ; certains se montrent suffisamment audacieux et curieux pour monter à bord du navire ou chercher à entrer dans la maison. Beaucoup sont tués et leur graisse alimente en combustible la lampe qui dispense de la lumière dans la nuit hivernale. On érige un macabre ours de glace qui disparaît graduellement sous les chutes de neige. Les renards pullulent autour de la maison, grappillant tout ce qu'ils peuvent; sur une gravure ancienne, des chausse-trappes encerclent la maison et les quantités d'os de renard exhumés par Hacquebord sur le site des fouilles indiquent que les petites bêtes constituent un apport alimentaire important pour ces hommes abandonnés à leur sort. En novembre, le froid du plein hiver s'abat sur eux et ils apprennent à leurs dépens que leur abri non isolé leur assure bien peu de protection. Il neige sans désemparer et d'énormes congères bloquent les portes. Le gel s'incruste dans les murs très minces et glace tout ce qui n'est pas à proximité de la flamme du foyer central. Les hommes mettent le feu à leurs vêtements en cherchant à se réchauffer pendant que le côté opposé de leur corps se glace. Leurs habits de laine ne sont pas adaptés au froid arctique: une fois trempés, ils raidissent comme du fer. Les renards leur viennent en aide car seuls des vêtements grossiers confectionnés de peaux de renard préservent du froid. Dans la nuit du 7 décembre, ils s'offrent un bon feu en employant le noir minéral rapporté du navire et, tandis que la flamme se meurt, ils obturent la partie supérieure de la cheminée et toute autre ouverture pour conserver la chaleur. Tous se mettent au lit « bien réconfortés par la chaleur et restent étendus un long moment à causer entre eux ». Graduellement, ils sont pris d'étourdissements et presque tous frôlent l'évanouissement avant d'avoir la bonne idée d'ouvrir la porte pour que l'air froid envahisse la maison et sauve l'équipage entier d'une mort certaine par empoisonnement à l'oxyde de carbone.

Le jour de Noël s'écoule par gros temps, dans le bruit infernal des renards qui courent sur le toit de la maison; les dix-sept hommes d'équipage, à l'exception d'un seul, sont néanmoins toujours vivants. On célèbre les Rois avec des crêpes et un unique biscuit trempé dans ce qui reste de vin: « Prétendre de la sorte que nous sommes dans notre chère patrie et parmi nos amis nous réconforte autant que si nous faisions bonne chère dans nos propres maisons. » Le scorbut se déclare, mais la présence en grande quantité de viande fraîche de renard et d'ours dans leur régime alimentaire le tient peut-être en échec. Ils s'intoxiquent en consommant du foie d'ours, un organe qui contient des doses létales de vitamine A, et certains en meurent quasiment. Avec le retour du soleil à la fin janvier, leur santé s'améliore; dès lors, les officiers veillent à ce que chacun s'active en plein air en transportant du bois flotté depuis la lointaine plage, voire en improvisant une partie de golf parmi les ours errants sur la plaine glacée. Comme leur navire est trop endommagé pour être réparé, ils rehaussent les plats-bords de deux canots à l'aide de planches inutilisées et y chargent des provisions en vue d'un éventuel départ. Le 13 juin, la glace s'entrouvre suffisamment pour mettre à la mer les canots; les rescapés se frayent un chemin dans la banquise autour de la pointe Nord de la Nouvelle-Zemble et atteignent la mer de Barents. Une semaine plus tard, tandis qu'ils se débattent dans la tempête au milieu des glaces, Barents est emporté par le scorbut que l'épuisement a sans doute aggravé. On descend son corps à terre et l'y enterre avec celui d'un compagnon de bord décédé le même jour. Le reste de l'équipage progresse à la voile et à la rame vers le sud, le long de la côte de la Nouvelle-Zemble, enfile le détroit jusqu'à l'île Vaygach, puis jusqu'au continent. Ils virent à l'ouest en direction de la côte de la presqu'île de Kola où Jan Ryp les recueille à bord du navire qu'ils avaient laissé l'été précédent, au Spitzberg. Presque tout l'équipage survit miraculeusement à l'éprouvant hiver et à la remarquable traversée maritime subséquente. Willem Barents est l'un des rares hommes laissés derrière sur la côte de ce qu'on nommera plus tard la mer de Barents en souvenir du plus grand explorateur arctique du temps. Dans les années 1990, les archéologues qui entreprennent des fouilles dans la région concluent de leur incapacité à retrouver sa tombe qu'on l'a enseveli tout simplement dans la neige ou que les tempêtes ont érodé la plage de graviers sur laquelle on a creusé à la hâte sa tombe.

La très populaire description par de Veer de cet hiver en Nouvelle-Zemble refroidit l'ardeur des Européens pour la recherche d'une route maritime au nord de l'Eurasie. La phase ultérieure d'exploration appartient aux Pomors dont le mode de vie maritime s'est développé le long de la côte de la mer Blanche. On associe leur effort à l'expansion russe de la fin du XVIe siècle et du début du XVIIe siècle dans l'arrière-pays sibérien, expansion qui s'explique par la vaillance des Cosaques au service de la traite extrêmement profitable de la zibeline et d'autres fourrures. En progressant vers l'est, les Cosaques prennent conscience de ce que les voies naturelles de communication en Sibérie s'étirent du sud au nord, le long d'une multitude de grands fleuves qui prennent leur source dans les montagnes d'Asie centrale et coulent vers le nord sur des milliers de kilomètres de steppe et de forêts avant de se jeter dans l'océan Glacial Arctique. Navigables sur de grandes distances, ces fleuves sont les routes toutes indiquées pour le transport des hommes, des marchandises et du courrier sur la totalité du vaste territoire sibérien. Les Cosaques adaptent aux fleuves sibériens la technique du chaland qu'ils ont apprise dans les vertes vallées du Don et de la Volga, mais ils ont besoin des connaissances et des compétences des Pomors pour établir des points de jonction sur les côtes arctiques entre les embouchures de ces fleuves et la Russie européenne. Vers la fin du XVIe siècle, après que les Russes se sont emparés des régions du cours supérieur de l'Ob, les Pomors imaginent une combinaison de routes côtières et fluviales pour relier les comptoirs anglais et hollandais sur la mer Blanche aux cours inférieurs de l'Ob et du Ienisseï. Aux environs de 1620, ils tentent de s'aventurer plus loin encore comme le prouve la découverte surprenante, au milieu du XXe siècle, de l'épave d'une petite expédition côtière sur l'aride littoral oriental de la presqu'île de Taïmyr. Ces aventuriers, qui doublent manifestement l'extrémité septentrionale cerclée de glaces de la Sibérie à la hauteur du cap Tchéliouskine, parviennent presque à l'embouchure de la Lena. D'autres expéditions plus heureuses complètent peut-être la traversée sans laisser de traces dans les archives historiques et archéologiques.

Vers les années 1640, les Cosaques basés à Iakoutsk, sur le cours moyen de la Lena, font voile sur de petits vaisseaux jusqu'à l'embouchure du fleuve et, le long de la côte, jusqu'à la lointaine presqu'île de Kolyma. Ces navires connus sous le nom de *kochi*, vocable désignant de petits vaisseaux pomors à un ou deux mâts et bordés à clins, sont probablement faits de planches de pin sciées à la main et attachées à l'aide de racines d'épinette à des charpentes de mélèze ou de bouleau abattu dans les forêts sibériennes. À l'été 1648, l'un de ces Cosaques d'Iakoutsk, nommé Simon Dejnev, entreprend un périple qui reste l'une des réussites les plus remarquables et les moins reconnues de l'histoire de l'exploration arctique. En juin, sa flotte de six minuscules canots quitte l'embouchure de la Kolyma et met le cap vers l'est. Ils se frayent un chemin dans les canaux côtiers estivaux et les occasionnelles nappes d'eaux libres entre la côte et la banquise permanente de la mer de Sibérie orientale. Trois mois durant, ils manœuvrent péniblement le long de la côte cerclée de glace de la presqu'île de Tchoukotka et, dans les eaux tumultueuses mais libres de glaces de ce début d'automne, ils doublent un grand promontoire où la côte oblique au sud et à l'ouest. Sur une île au large (probablement l'une des îles Diomède dans le détroit de Béring, ou peut-être l'île Saint-Laurent dans la mer de

Béring), ils ont maille à partir avec des Esquimaux portant aux joues des labrets d'ivoire. Les tempêtes talonnent la petite flotte et tous les canots, sauf celui de Dejnev, font naufrage ou disparaissent et sont présumés perdus. Quand les tempêtes se calment, une nouvelle glace se forme autour du canot et, par un temps glacial d'hiver précoce, Dejnev et son équipage s'échouent sur la côte aride de la mer de Béring, quelque part entre l'Anadyr et le Kamchatka. Pendant plus de deux mois, ils errent sur la côte et dans l'arrière-pays jusqu'à ce qu'ils atteignent enfin leur destination projetée dans la vallée boisée et riche en gibier à fourrure du fleuve Anadyr.

Dejnev et son équipage sont les premiers Européens à doubler la pointe orientale de l'Asie, mais comme ce sont des trafiquants de fourrures et non pas des explorateurs, ils ne présentent pas de revendication officielle de découverte et personne ne prend note de leur exploit. Presque quatre-vingts ans plus tard, en étudiant les archives du gouverneur d'Iakoutsk, l'historien Friedrich Müller tombe par hasard sur le compte rendu de Dejnev à son supérieur. Sans cette trouvaille fortuite, le mérite de la découverte du détroit séparant l'Asie de l'Amérique serait allé un siècle plus tard à Vitus Béring en l'honneur duquel est nommé ce passage. Le nom de Dejnev n'est attaché qu'au plus oriental promontoire d'Asie, près du lieu où se déroule la première rencontre entre Russes et Esquimaux. Mais le cap Dejnev est plus communément connu, chez les anglophones, sous le nom d'East Cape (cap Est) que lui attribue le capitaine James Cook lorsqu'il passe par là cent trente ans après Dejnev et seulement quelques mois avant de mourir sous les coups de guerriers hawaïens. Quasi tombé dans l'oubli, le périple de Simon Dejnev est probablement représentatif de plusieurs explorations menées de manière impromptue, dans le cadre de leurs occupations quotidiennes, par des hommes dont le nom est absent des livres d'histoire. Plus souvent qu'autrement les périples de ces hommes, que la rumeur ébruite, montrent la voie aux explorateurs dont l'histoire reconnaîtra les importantes découvertes et les remarquables odyssées.

La fascination de Pierre le Grand pour la navigation et les connaissances géographiques se traduit par un généreux soutien aux entreprises d'exploration russe, au début du XVIIIe siècle, qui culminent dans l'ordre donné à Vitus Béring, officier danois à l'emploi de la marine russe, de se rendre par voie de terre sur la presqu'île de Kamchatka pour y construire deux vaisseaux et déterminer si la Sibérie est soudée à l'Amérique. Dans l'ignorance que Dejnev a navigué entre les deux continents au milieu du siècle précédent et que le tsar décédera dans les mois à venir, Béring part pour Iakoutsk en janvier 1725. Composé de constructeurs de navires, de marins et de soldats, pourvu de tous les équipements et provisions nécessaires pour assembler des navires à partir d'arbres des forêts sibériennes, le groupe déploie deux années d'efforts surhumains pour atteindre Okhotsk sur la côte Pacifique. Sur place, comme ils en ont reçu l'ordre, ils construisent le *Fortune* et le *St. Gabriel* et, à l'été 1728, ils font voile vers le nord le long de la côte des presqu'îles de Kamchatka et de Tchoukotka. Un Tchouktche en visite sur le navire dans la baie d'Anadyr leur affirme que le Tchoukotka est une presqu'île et que sa côte septentrionale s'étend jusqu'à l'embouchure de la Kolyma. Ce renseignement laisse entendre que la Sibérie est séparée de l'Amérique ; une fois que Béring a doublé le cap Dejnev et constaté que la côte oblique à l'ouest, il considère son devoir accompli. Plutôt que de risquer d'être surpris par l'hiver dans une mer de Tchoukotka en voie de se glacer, il décide de ne pas pousser davantage vers l'ouest jusqu'à la Kolyma pour confirmer l'hypothèse et se retranche plutôt à Okhotsk. Lorsque Béring franchit le détroit qui porte maintenant son nom, il se trouve sans nul doute à moins de 50 kilomètres du cap Prince-de-Galles sur la côte de l'Alaska ; le temps est malheureusement si couvert qu'il ne voit pas le continent à l'est. L'été suivant, quittant le Kamtchatka à bord du *St. Gabriel*, Béring fait voile vers l'est où, l'ont assuré des informateurs autochtones, se trouve une grande île, mais il rentre au pays avant d'atteindre la côte de l'Amérique.

De retour à Saint-Pétersbourg en 1730, Béring comprend que son exploration incomplète n'a pas convaincu l'amirauté que la Sibérie et l'Amérique sont deux continents séparés et continue donc à les croire peut-être rattachés quelque part au nord du détroit de Béring. Il concocte un projet beaucoup plus ambitieux, plus tard connu sous le nom de Grande Expédition Nordique, dont le programme étalé sur plusieurs années fait appel à d'énormes effectifs d'explorateurs et de géomètres dépêchés dans cinq zones distinctes de la côte arctique. Béring lui-même part une fois de plus pour Okhotsk en 1733, mais constate que les difficultés d'organisation d'une lointaine expédition navale sont beaucoup plus grandes sans le soutien implicite du puissant tsar. Cette fois, il met sept années à construire deux vaisseaux : le *St. Peter* et le *St. Paul*. À l'été 1740, les navires quittent en direction de l'est le port de Kamchatka, nommé Petropavlovsk en leur honneur ; un épais brouillard les isole l'un de l'autre et ils atteignent séparément les montagneuses côtes boisées du sud de l'Alaska. Sous le commandement d'Alexeï Tchirikov, le *St. Paul* perd ses embarcations de bord et leurs équipages, probablement capturés par des autochtones de la région, mais découvre les îles Aléoutiennes sur le chemin du retour. À bord du *St. Peter*, Béring s'efforce de rentrer par la même route, mais passe des semaines dans la tempête et le brouillard avant de s'échouer sur une des petites îles du Commandeur. Béring et plusieurs membres de son équipage meurent de scorbut dans l'hiver qui suit et les survivants repartent l'été d'après dans un canot construit avec les restes du navire.

S'achève ainsi la carrière de l'un des grands explorateurs de Russie qui n'en est cependant pas encore à son dernier voyage. En 1991, une équipe d'archéologues danois et russes procède à des fouilles sur le site de la tragédie hivernale et exhument ainsi les os de Béring et de cinq hommes qu'ils rapatrient à Moscou. Des experts légistes les étudient et reconstruisent le visage de Béring à partir des restes de son crâne avant de retourner les squelettes à ce qui est désormais l'île de Béring où les Russes les inhument avec tous les honneurs militaires.

Plusieurs des grands noms de l'exploration russe de l'Arctique sont associés à la Grande Expédition Nordique : Vassili Prontchishtchev, les frères Chariton et Dimitri Laptev, Dimitri Ovtsine, et Simon Tchéliouskine qui atteint finalement en 1742 le cap portant aujourd'hui son nom sur la pointe la plus septentrionale de la presqu'île de Taïmyr. Au terme de cette gigantesque entreprise, la plus grande partie de la côte septentrionale de la Sibérie est cartographiée. Les explorateurs recueillent aussi une masse de renseignements sur la haute mer et sa lourde cargaison de glaces ; il est en outre devenu manifeste qu'il n'existe aucun passage du Nord-Est susceptible d'être une route maritime praticable pour les navires de l'époque. On ne pourra se remettre à rêver d'un tel passage qu'à l'âge du métal et de la vapeur.

Premier à relever ce défi, le Suédois Nils Adolph Erik Nordenskiold, né en Finlande russe, cumule deux décennies d'expérience dans l'exploration des eaux et des inlandsis du Svalbard et du Groenland. Financé par des marchands tant suédois que russes et par le roi de Suède, Nordenskiold équipe le *Vega*, un trois cents tonnes, pour la navigation arctique. Mu à la vapeur et lourdement renforcé pour supporter la pression des glaces, le *Vega* quitte Tromsø au printemps 1878 escorté de navires de charge en partance pour l'Ienisseï et la Lena. Grâce à une heureuse combinaison de compétence, d'équipement de qualité et d'excellentes conditions de glace de mer, la petite flottille atteint Dickson (du nom d'un des commanditaires de Nordenskiold) à l'embouchure de l'Ienisseï au début d'août. Sans trop de difficulté, elle progresse vers l'est, double le cap Tchéliouskine en eaux libres et, à la fin d'août, laisse en sécurité le dernier bâtiment d'escorte à l'embouchure de la Lena. En septembre, mois où culminent les eaux libres, le vapeur longe la côte Nord de Tchoukotka quand, à seulement 200 kilomètres du détroit de Béring, la glace envahissante lui bloque le chemin. Le passage projeté n'aura pas lieu; le *Vega* se cale néanmoins confortablement dans la banquise jusqu'à l'été suivant et, deux jours après que la glace se soit fracturée, il passe triomphalement le détroit de Béring. La traversée du *Vega*, complétée avec une aisance manifeste, sans perte de vie ni de matériel, est remarquablement banale après les siècles d'efforts et d'échecs qui ont concouru à son exploit.

L'heureux franchissement de ce détroit ne marque pas la fin des entreprises tragiques et héroïques, et la région continue de générer des légendes qui figurent comme des classiques de la documentation arctique. Dans l'une de ces histoires, Valerian Ivanovitch Albanov relate son évasion de l'infortunée *Santa Anna* piégée dans la banquise arctique au nord de l'archipel François-Joseph. Albanov est le navigateur d'une expédition, commandée par Georgiy Brusilov, partie en août 1912 à la recherche de nouveaux territoires de chasse dans l'océan Polaire. Avec un équipage de vingt-trois membres, dont une femme, recrutés à la hâte, avec des provisions pour seulement dix-huit mois, sans médecin ni antiscorbutique, cette aventure qui se solde par la mort de tous, à l'exception d'Albanov et d'un seul de ses compagnons, n'aurait jamais dû être tentée. Un mois après son départ, la *Santa Anna* s'immobilise dans la banquise de la mer de Kara. Dix-huit mois plus tard, son équipage ravagé par le scorbut et presque à court de vivres, le navire toujours prisonnier des glaces a dérivé de plus de 1 000 kilomètres vers le nord, loin de toute terre ou eau libre. Devant l'inéluctabilité de mourir du scorbut ou de famine et le risque que la pression des glaces ne coule le navire, Albanov et dix de ses hommes construisent, au printemps 1914, des traîneaux et des kayaks de fortune et prennent la direction du Sud. Pendant trois mois, ils affrontent tous les périls de la banquise polaire et neuf d'entre eux meurent ou disparaissent. Grâce à une incroyable endurance et à leur bonne étoile, Albanov et Alexander Konrad atteignent l'archipel François-Joseph et repèrent les cabanes bien garnies, construites plus tôt par un explorateur anglais. La chance continue de leur sourire et, en moins de deux semaines, un navire russe qui rentre à son port d'attache après une autre expédition ratée s'arrête au camp et prend à son bord les naufragés.

Pendant que la glace déroute la *Santa Anna* au nord jusqu'en mer de Barents, à l'autre extrémité du passage du Nord-Est se déroule une tragédie comparable caractérisée elle aussi par une semblable conjugaison de malchance et d'inconséquence. La moitié des effectifs de l'Expédition arctique canadienne de l'explorateur Vilhjalmur Stefansson se trouve à bord du *Karluk*, son navire expéditionnaire, lorsque les glaces le paralysent au large de la côte de l'Alaska septentrional en août 1913. Six semaines plus tard, Stefansson juge manifestement la situation périlleuse, mais ne se montre pas disposé à compromettre l'entreprise en abandonnant le *Karluk* et en faisant descendre à terre, en sûreté, tout l'équipage. Il quitte plutôt le navire accompagné de cinq des explorateurs les plus aguerris et s'adonne de son propre chef à des reconnaissances en traîneaux. Le navire et l'équipage de vingt-deux membres laissés derrière, dont une Inuit et ses deux jeunes filles, dérivent lentement vers le nord-ouest, loin de la côte de l'Alaska. Ils ont la chance d'avoir pour capitaine le commandant terre-neuvien Bob Bartlett qui a accompagné Peary au pôle Nord quelques années plus tôt. Lorsqu'en janvier 1914 la glace broie le *Karluk* dans la nuit polaire, loin au nord de la côte sibérienne, Bartlett organise le sauvetage des provisions dans un campement sur la banquise et conduit ensuite tout le groupe sur l'île Wrangel inhabitée, à 250 kilomètres plus au sud. En compagnie d'un Inuit, Bartlett traverse ensuite sur le continent sibérien et, avec l'aide d'habitants de Tchoukotka, franchit encore 600 kilomètres vers l'est jusqu'au détroit de Béring dans l'espoir d'organiser le sauvetage de son équipage. Avant d'y parvenir, un autre navire récupère les douze survivants du *Karluk* qui achève ainsi un séjour de huit mois sur les glaces et les rochers arides de l'île Wrangel.

Tandis que s'industrialise la Russie à la fin du XIXe siècle et au début du XXe siècle, que la Sibérie commence à produire du minerai, du bois d'œuvre et des céréales en quantités exportables, les besoins en transport maritime grandissent rapidement. Les navires à destination des ports de l'Ob et du Ienisseï partent chaque année de Mourmansk et d'Arkhangelsk sur la mer Blanche, pendant que les navires à destination de la Lena, de l'Indiguirka et de la Kolyma franchissent le détroit de Béring en provenance de Magadan ou Vladivostok, siège de la gare terminus orientale du Transsibérien. Une route maritime commerciale couvrant en totalité la côte arctique sibérienne ne se concrétise que dans les années 1930 lorsque la volonté politique soviétique, conjuguée à la mise au point de brise-glaces suffisamment résistants et puissants pour composer avec la banquise polaire, permet sa réalisation. La route maritime du Nord, qui réduit de moitié la distance entre les ports russes des côtes Atlantique et Pacifique, devient bientôt une artère vitale pour l'approvisionnement des entreprises de presque toute la Sibérie et pour l'exportation de leurs produits. L'Union soviétique s'impose comme le chef de file mondial de la technologie du brise-glace et, dès les années 1980, plusieurs centaines de cargos sillonnent chaque année un segment de la route maritime du Nord. Alors que l'industrie sibérienne redémarre après le marasme administratif et économique des débuts de l'ère post-soviétique, et que la glace de mer arctique semble reculer face au réchauffement climatique, cette route promet de regagner vite son importance encore toute récente.

Parmi les écueils technologiques et administratifs qui ont déterminé le développement de la route maritime du Nord, un accident — le naufrage du *Tchéliouskine* — se détache nettement. Cargo brise-glace de construction danoise spécialement conçu pour les eaux arctiques, le *Tchéliouskine* quitte Mourmansk en 1933 pour son premier voyage, sous le commandement de l'explorateur et savant Otto Schmidt, avec à son bord cent onze scientifiques et marins. En février 1934, tandis qu'il assure le transport d'équipement destiné à une station scientifique sur l'île Wrangel, une épaisse glace le prend en étau et il coule au large de la côte septentrionale de Tchoukotka. Le personnel à bord — des hommes, des femmes et un nourrisson né pendant le voyage — se retrouve isolé sur la banquise, loin de toute terre, dans l'affreuse obscurité de la nuit polaire. Deux mois durant ils survivent ainsi pendant qu'on apprête une mission de secours et que leurs rapports radio font les manchettes autour du monde. Une petite équipe de pilotes d'avion, qui décollent d'une piste de glace, construite et entretenue au prix de formidables efforts, sauve finalement l'équipage au grand complet. Pour souligner leur bravoure, le gouvernement crée une nouvelle distinction : Héros de l'Union soviétique. La technologie triomphe peut-être du passage du Nord-Est, mais il n'en réclame pas moins toujours son écot de sacrifice, d'endurance et d'héroïsme.

CHAPITRE 8

Les mines d'or de Martin Frobisher

L'HÉLICOPTÈRE ÉMERGE d'un rideau de neige. Le pilote fonce droit devant, puis ramène doucement la manette des gaz et amorce sa longue descente en oblique. Dans la dernière heure, nous avons survolé bruyamment en direction sud-est, sur toute sa longueur, la baie de Frobisher où les collines de la toundra de la Terre de Baffin défilent avant de se transformer graduellement en îles gibbeuses et en hauts-fonds rocheux dans les eaux agitées du bras de mer. Maintenant la côte Sud s'estompe en une lointaine ligne d'horizon de cimes glacées tandis que la baie s'ouvre sur l'immensité du détroit de Davis et de l'Atlantique Nord. Devant nous se détache une petite masse quasi circulaire de terre et de roc qui semble à peine sortir des vagues: l'île Qallunaat dont le nom signifie « île de l'Homme blanc » en langue inuit. Il y a plus de quatre siècles, l'équipage de quatre cents hommes de Martin Frobisher y a exploité une mine d'or et projeté d'y établir une colonie. Je suis sur le point de poser le pied sur une île qui porte encore des traces de l'un des épisodes les plus surprenants de l'histoire arctique, une île d'une grande importance dans la destinée de l'Amérique du Nord.

Martin Frobisher est un explorateur peu commun de l'Arctique. Au milieu des navigateurs galants et mondains qui rehaussent la cour de la reine Élisabeth – Hawkins et Raleigh, Gilbert et Drake – Frobisher détonne comme une irascible canaille effrontée. Un temps pirate, peut-être même négrier sur la côte africaine de Guinée, soupçonné de frayer avec des espions espagnols et des rebelles irlandais, on ne se serait

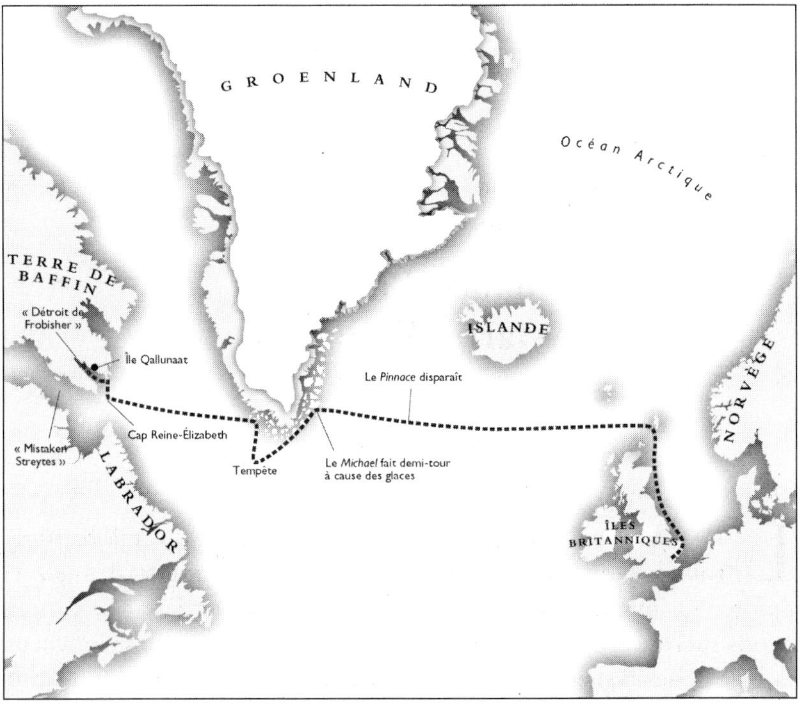

Explorations de Martin Frobisher.

jamais attendu à le voir entreprendre la première tentative anglaise pour découvrir un passage du Nord-Ouest vers l'Asie. En trois années de navigation, ce marin mal dégrossi rétablit pourtant le contact européen avec l'Arctique nord-américain, contact perdu depuis la disparition des colonies du Groenland, un siècle plus tôt. Il formule aussi la première revendication anglaise de possession dans la région, préside au premier essai d'établissement d'une colonie anglaise dans le Nouveau Monde et s'associe à la première grande arnaque d'exploitation aurifère dans l'histoire de l'Amérique du Nord. Sa revendication de possession marque l'intérêt que l'Angleterre porte à l'Amérique du Nord septentrionale et la première étape dans l'affirmation de souveraineté britannique sur la moitié Nord des Amériques.

L'aventure de Frobisher est le fruit de l'expérience arctique de la Muscovy Company. Après que Stephen Borough s'est heurté aux glaces de la mer de Kara en 1556, la Muscovy perd tout intérêt pour une route commerciale au nord de l'Eurasie et concentre ses efforts sur le commerce lucratif avec la Russie, en mer Blanche. Dans les années 1570, la Muscovy acquiert du savoir-faire non seulement dans les périples arctiques, mais dans le financement et l'organisation d'entreprises du genre. Riche négociant, agent londonien attitré de la Compagnie en 1571, Michael Lok est l'homme à rencontrer pour s'entretenir d'une aventure dans l'Arctique; la rencontre a lieu en 1574 à l'initiative de Martin Frobisher, marin que Lok connaît probablement de longue date, depuis une histoire familiale qui remonte à vingt ans.

Né dans une famille localement influente des basses terres du Yorkshire — invraisemblables origines pour un navigateur —, orphelin dès l'enfance, Martin Frobisher est envoyé à Londres et confié à la garde d'un marchand, parent de sa mère. On sait peu de choses de son éducation, mais ceux qui ont tenté de déchiffrer son écriture manuscrite et son orthographe soutiennent qu'elle a été à coup sûr minimale. Son biographe William McFee rapporte qu'« on l'envoya en mer parce qu'il n'y avait rien à en tirer sur la terre ferme », puis résume ainsi le cours de son existence: « Il resta en mer pendant quarante ans, presque sans répit, et mourut à la tâche. » Dès ses débuts, il flirte avec les épreuves et les dangers. En 1553, âgé d'environ 17 ans, il est l'un des rares à survivre à la chaleur et à la fièvre qui déciment la première expédition anglaise en Afrique de l'Ouest. L'année suivante, il reprend la mer vers cette même destination dans le cadre d'une expédition financée par Thomas Lok et commandée par John Lok, frères aînés de Michael. Frobisher se porte volontaire pour aller à terre et y servir d'otage pendant des négociations commerciales sur la côte guinéenne; lorsque les parties en viennent aux coups, on l'abandonne entre les mains d'hostiles Africains. Trois ou quatre ans plus tard, il réapparaît à Londres après avoir été manifestement présenté ou vendu à des négociants portugais et rapatrié en passant par Lisbonne. Dans sa prison de Lisbonne, racontera-t-il par la suite, il fait la connaissance d'un matelot âgé qui prétend avoir navigué du Pacifique à l'Atlantique en passant au-dessus de l'Amérique du Nord.

Pendant les quinze années suivantes, le nom de Frobisher ne figure qu'à l'occasion dans les archives historiques et toujours en association avec quelque ennui: comme corsaire florissant qui, à plusieurs reprises, s'adonne au pillage des navires de nations alliées à l'Angleterre; comme présumé conspirateur avec des espions espagnols, voire avec un rebelle irlandais emprisonné à Londres. En 1574 il aborde finalement Michael

Lok avec une proposition d'expédition dans l'Arctique. Lok accepte l'offre avec enthousiasme, peut-être parce qu'on lui a remémoré la dette depuis longtemps contractée par sa famille à l'endroit de Frobisher. Ils obtiennent ensemble une licence de la Muscovy Company et se mettent en quête de bâilleurs de fonds pour entamer la recherche d'une route vers l'Orient par les mers au nord du Nouveau Monde. Au printemps 1576, les questions de financement et d'armement sont réglées et ils achètent ou construisent trois minuscules navires : le *Gabriel*, le *Michael* et une pinasse sans nom. La Muscovy embauche le savant et mystique John Dee pour qu'il la conseille, dans l'achat d'ouvrages et d'instruments de navigation, et qu'il enseigne — sans succès — les arcanes de la navigation astronomique à Frobisher et à son navigateur, Christopher Hall.

De l'avis de Vilhjalmur Stefansson, explorateur arctique du XXe siècle, Dee fournit peut-être aussi des renseignements plus utiles et d'un genre que Frobisher est en mesure de comprendre : les instructions de navigation des Scandinaves pour rallier leurs établissements groenlandais que Dee tient de ses savantes relations sur le Continent. Lorsque la petite flotte de Frobisher quitte la Tamise en juin 1576 — après un aimable au revoir que leur adresse de la main la reine Élisabeth de la fenêtre de son palais de Greenwich — ils font voile vers le nord en direction des Shetland. Là, ils virent à l'ouest pour rejoindre l'ancienne route scandinave entre les glaces au sud de l'Islande où disparaissent la petite pinasse et ses quatre membres d'équipage dans la tempête. Trois jours plus tard, ils touchent une côte dont Hall dit des montagnes qu'elles « se dressent comme des couronnements de flèches totalement couverts de neige ». Il relève une latitude de 61° : position, sur la montagneuse côte sud-est du Groenland, du glacier connu sous le nom d'Hvitserk (Blanche Chemise) que mentionne Ivar Bardarson, représentant officiel de l'Église au XIVe siècle, comme lieu de débarquement en terre groenlandaise des colons scandinaves. Au milieu des icebergs et des banquises chassés vers le sud par le courant groenlandais oriental, les deux navires restants sont séparés et le *Michael* en profite pour rentrer au pays. Sans autre bâtiment que le minuscule *Gabriel*, Frobisher se dégage des glaces, survit de justesse à une tempête soudaine dans la mer du Labrador et avise finalement un cap balayé par le vent qu'il nomme Reine-Élisabeth.

Avant de retracer l'itinéraire de leurs explorations dans l'Arctique canadien, il convient de se demander comment ce nouveau monde se présente aux yeux de Frobisher et de son équipage. Dans l'esprit des élisabéthains, les régions arctiques conservent une certaine aura magique, héritée des mondes antiques et médiévaux : c'est une île de Prospéro, immense et désolée, susceptible de receler des merveilles inattendues et d'horribles dangers. À partir de ses analyses d'ouvrages abscons — l'*Inventio Fortunatæ* et la *Gestæ Arthuri* depuis perdus — John Dee échafaude une histoire et une géographie fantastiques de la région à la manière de l'inauthentique carte de Zénon qui parsème l'Arctique de noms de contrées habitées par des races étranges. Tous ces détails sont incorporés dans la carte produite par Mercator en 1569 qu'on trouve à bord du *Gabriel* avec le *Travels* de sir John Mandeville, œuvre fantaisiste qui peuple ces contrées lointaines de géants, d'Amazones, de cannibales, de races unijambistes et d'autres populations extravagantes et imaginaires. Le jour estival sans nuit est un prodige qu'on comprend mal, tout comme le fait que les régions arctiques agissent sur l'aiguille aimantée de la boussole. La carte de Mercator explique l'attraction exercée sur la boussole par une immense montagne conique de fer qui jaillit de l'océan Arctique tandis qu'au pôle Nord même se dresse une autre montagne, si haute qu'à son sommet le soleil reste visible tout l'hiver.

Dans les carnets de bord et journaux de voyage publiés par plusieurs participants à l'aventure de Frobisher, on lit par moments des descriptions colorées de lieux et d'événements qui donnent de brefs et intenses aperçus du monde bizarre dans lequel évoluent ces marins et aventuriers. Lorsqu'ils découvrent la dépouille d'un narval sur la côte de la Terre de Baffin, ils en vérifient les vertus magiques comme antidote à un poison et décrètent qu'il s'agit d'une licorne :

> Sur cette côte ouest, nous avons trouvé un poisson mort qui flottait et portait au museau une corne droite et torsadée, longue de deux verges moins deux pouces, cassée à son extrémité supérieure, d'où nous pouvions voir qu'elle était creuse et dans laquelle quelques-uns de nos matelots ont inséré des araignées qui y sont mortes. Je n'ai pas été témoin de l'expérience, mais on me l'a rapportée comme véridique : à cause de ses vertus, nous avons présumé que c'était une licorne de mer. (Compte rendu du voyage de 1577 par Dionyse Settle)

On considère alors depuis longtemps les cornes de licornes en ivoire vrillé comme de précieux objets aux puissantes propriétés magiques ; leurs origines dans le commerce groenlandais sont brouillées par les fables d'animaux mythiques issus de lointaines contrées orientales.

Leur présence sur la Terre de Baffin confirme le caractère enchanté de ce pays de glaces.

Les glaces elles-mêmes sont une source d'épouvante et d'émerveillement pour qui ne s'y est jamais mesuré. Le compte rendu que donne Michael Lok de sa première observation du Groenland est exemplaire de l'angoisse qu'inspire la glace en mouvement :

> [...] ils avisèrent une terre qui leur resta inconnue parce qu'ils ne parvinrent pas à y mettre pied en raison de la prodigieuse abondance d'énormes îles monstrueuses de glace qui circulaient tout le long de sa côte [...]. Et se rapprochant pour la découvrir, ils la trouvèrent prodigieusement haute et encombrée de hauts rochers ébréchés tout le long de sa côte ; et certaines des îles de glace près d'elle étaient d'une hauteur telle que les nuages s'accrochaient à leurs cimes et qu'on perdait de vue les oiseaux qui volaient autour d'elles.

Les marins réagissent très différemment aux stables plateaux glacés, amarrés à terre en début d'été. Ces plaines étincelantes, veinées de canaux et d'étangs azurés d'eau fraîche, ravissent autant l'équipage de Frobisher que nos contemporains.

> Mais je me rappelle maintenant avoir vu de très étranges merveilles, des hommes qui marchaient, couraient, bondissaient et flottaient sur la grande mer à 40 milles de toute terre, sans navire ni quelque autre vaisseau sous leurs pieds. J'ai vu aussi des rivières d'eau douce couler au milieu de la mer salée à cent milles de toute terre, et si jamais un homme ne le croit pas qu'il sache que plusieurs de notre groupe sautèrent du bateau sur les îles de glace et y coururent en tous sens, y tirèrent sur des cibles et avec leurs arquebuses abattirent de grands phoques qui avaient coutume de se coucher et de dormir sur la glace ; et cette glace que la réflexion du soleil faisait fondre en surface s'écoulait en maintes rigoles qui en s'unissant formaient un joli ruisseau capable d'actionner un moulin. (Compte rendu du voyage de 1578 par George Best)

L'éclat du soleil réfléchi par les glaces estivales contribue peut-être à l'impression que le climat arctique laisse aux marins car leurs journaux personnels font souvent état de la chaleur oppressante. Même s'ils savent que les mois d'hiver seront glaciaux et sombres, ils semblent de fait n'avoir aucune idée de l'absolue férocité du climat arctique en hiver. La colonie composée de cent hommes qu'on projette de laisser sur place pour l'hiver devra loger dans un grand baraquement de bois, préfabriqué, vraisemblablement sans isolation et avec pour seul chauffage un poêle en faïence. Cette sorte d'abri suffirait peut-être dans les Orcades ou les Shetland, mais il protège bien peu de l'hiver en Terre de

Baffin. Avant de prendre la route du retour en 1578, ils sondent même le potentiel agricole du pays : « Nous y avons aussi semés des pois, du maïs et d'autres céréales, pour vérifier l'année prochaine la fertilité du sol » (George Best). On voit à leurs gestes que ces hommes n'ont aucune réelle notion de l'environnement arctique. Pour l'équipage de Frobisher, ce paysage sans arbres ressemble aux arides régions de leurs patries : les montagnes déboisées du Yorkshire, de l'Écosse et des Hébrides. Leur réaction aux conditions arctiques est celle de gens qui recherchent du familier dans l'inhabituel, réaction à laquelle se mêle l'espoir de faire l'expérience de fabuleux prodiges en cette partie du monde lointaine et insolite.

En juillet 1576, lorsque Frobisher arrive en vue du haut promontoire qu'il nomme cap Reine-Élisabeth, il commence tout juste à découvrir les merveilles de l'Arctique. Le promontoire est une partie de l'île Resolution, le plus oriental massif détaché de l'Arctique nord-américain ; les glaces serrent de si près la terre qu'il s'écoule plusieurs jours avant qu'on puisse accoster en canot sur un îlot. Frobisher ordonne alors aux membres d'équipage de recueillir des échantillons de tout ce qu'ils y trouvent, « en signe de prise de possession chrétienne » de la terre ; l'un des marins en rapporte une petite pierre noire qui sera d'une grande importance pour la suite de l'entreprise.

Les glaces finissent par se retirer et Frobisher engage le *Gabriel* dans un goulet qu'il présume être un passage vers l'ouest. Dans sa relation, George Best laisse entendre que les navigateurs se croient en présence de l'équivalent nordique du dangereux, mais relativement court détroit de Magellan qui relie l'Atlantique Sud au Pacifique :

> Et cette terre sur sa droite, tandis qu'il voguait vers l'ouest, il estima qu'elle était le continent d'Asie et qu'elle était séparée de la terre ferme d'Amérique qui s'étendait sur sa gauche, tout contre la première. À l'endroit il donna son nom, l'appelant détroit de Frobisher, comme a fait Magellan dans la partie sud-ouest du monde quand il découvrit le passage vers les mers du Sud (là où l'Amérique est séparée de la terre continentale qui s'étend sous le pôle Sud) et appela ladite passe détroit de Magellan.

Ce « détroit » de Frobisher, nous le connaissons désormais comme la baie de Frobisher, une échancrure de 200 km qui s'enfonce jusque dans l'arrière-pays accidenté de la Terre de Baffin. Frobisher n'atteindra jamais l'extrémité ouest de la baie. Après plusieurs jours de navigation vers l'ouest, Christopher Hall et lui-même mettent pied à terre et gravissent une colline dans l'espoir de se sortir de ce dédale d'îles et de hauts-fonds qui obstruent pratiquement la baie. Mais avant qu'ils ne puissent discerner l'extrémité ouest en cul-de-sac à trente kilomètres à peine de là, un autre phénomène détourne leur attention : l'arrivée d'Inuit de la Terre de Baffin disposés à commercer avec les nouveaux venus.

Dans les jours qui suivent, Anglais et Inuit s'adonnent au troc, mangent ensemble et rivalisent en prouesses physiques dans le gréement du *Gabriel*. Les Anglais croient comprendre des discours de leurs nouvelles connaissances que la haute mer se trouve à l'ouest et que deux jours de pagaie en kayak suffisent pour la rejoindre ; ce malentendu naît probablement quand les Inuit tentent d'expliquer que la baie se meurt à cette distance à l'ouest. Un homme consent à piloter le *Gabriel* entre les îles jusqu'à sa destination occidentale et on le conduit à terre dans le canot de sauvetage pour qu'il en rapporte son kayak. Cet arrangement aboutit à l'épisode qui met fin à l'exploration estivale et entrave deux années durant les projets de Frobisher.

Le seul canot du *Gabriel* disparaît au détour d'unc pointe de terre et — en dépit d'ordres stricts — les cinq matelots qui en composent l'équipage semblent être descendu à terre avec leur passager. On ne les reverra plus, ni eux ni leur canot. Présumant que des Inuit hostiles et probablement cannibales les ont capturés, mais impuissant à se lancer à leur poursuite, Frobisher croise au large, fait sonner de la trompette et tirer du canon. Il finit par attirer assez près du navire un Inuit sur son kayak pour le capturer et en faire un otage, mais il ne s'ensuit pas d'échange. Enfin, comme tombe la neige et approche l'hiver, Frobisher abandonne tout espoir de retrouver ses hommes et fait demi-tour.

Trois siècles plus tard, les chroniques inuit de la baie de Frobisher font état de cinq marins européens accidentellement ou délibérément abandonnés dans la région, il y a très longtemps. Grâce à la générosité du chef local, les hommes survivent à l'hiver, mais périssent l'été suivant en tentant de s'éloigner à bord d'un canot de leur conception. Nous ne connaîtrons jamais le vrai destin des cinq marins perdus, mais nous pouvons imaginer que la vérité réside quelque part entre la légende orale inuit et les soupçons des Anglais. Les jeunes hommes qui ont passé les mois précédents dans les quartiers exigus et glacés d'un navire ballotté ne peuvent refuser une invitation amicale à descendre à terre pour marcher au soleil, manger de la viande fraîche, troquer des colifichets contre des fourrures précieuses et faire la connaissance des timides filles et épouses tatouées de leurs hôtes. L'hospitalité inuit,

En 1576, Frobisher met fin à sa quête d'un passage du Nord-Ouest dans ce dédale d'îles, près du fond de ce qu'on nomme aujourd'hui la baie de Frobisher. (Robert McGhee, Musée canadien des civilisations)

combinée à l'appréhension d'un châtiment à leur retour sur le navire, les retient peut-être à terre plus longtemps que prévu. S'il est en mesure d'assurer la sécurité et le bien-être de ses invités, le chef du camp ne réussit peut-être pas à empêcher certains hommes de s'emparer du canot de bois immensément précieux pour ces chasseurs maritimes. L'enlèvement par Frobisher d'un membre de la bande interdit toute possibilité de compromis et scelle le sort des marins. L'otage inuit ne s'en tirera pas mieux : peu après son arrivée en Angleterre, il mourra « d'un coup de froid attrapé en mer ».

Le *Gabriel* parvient sain et sauf en Angleterre où Frobisher affirme avoir presque franchi le passage du Nord-Ouest et exhibe l'otage inuit comme preuve qu'il a atteint une terre orientale. Lok et Frobisher planifient une autre expédition pour l'année suivante qui, ils n'en doutent pas, atteindra le Pacifique et comblera leurs rêves de richesse. Il est plus difficile de convaincre de nouveaux bâilleurs de fonds, mais subitement pendant l'hiver l'intérêt pour le voyage s'aiguise, non sans un changement radical d'objectif. On ne sait trop pourquoi, quelqu'un songe à faire analyser la pierre noire ramassée sur une plage de l'Arctique au

La petite île sans relief au centre de la photo, qui émerge d'une rafale de neige sur la baie de Frobisher en Terre de Baffin, a été le site de la première tentative d'établissement dans le Nouveau Monde et de la première arnaque minière d'importance en Amérique du Nord. (Robert McGhee, Musée canadien des civilisations)

printemps précédent; d'après un compte rendu, on en offre un fragment à l'épouse d'un investisseur qui, le jetant dans le feu, remarque qu'il « scintille comme une éclatante marquise d'or ». Quoi qu'il en soit, on remet des échantillons de la pierre à plusieurs affineurs d'or et essayeurs de métaux précieux qui tous, à l'exception d'un seul, la décrètent sans valeur. Ce dernier essayeur, un alchimiste de formation et de compétence douteuses, clame qu'il s'agit d'or d'une grande pureté dont tirera une inestimable fortune quiconque pourra l'extraire en quantité.

Grâce à la curiosité qui se répand quand la rumeur d'or gagne la rue, on trouve rapidement des bâilleurs de fonds pour une deuxième traversée et la reine Élisabeth investit elle-même 1 000 £. Au printemps 1577, Frobisher vogue vers le nord-ouest dans l'Atlantique avec cent vingt marins et mineurs, à bord de trois navires: les minuscules *Gabriel* et *Michael* de l'année précédente et l'*Aid*, un bâtiment bien plus imposant. Si l'exploration fait toujours partie de sa mission, Frobisher ne s'y consacrera qu'après avoir extrait une cargaison de minerai pour en charger les navires. Les premières semaines du voyage sont décevantes. On réussit à repérer l'île d'où provient la première pierre noire, mais sans trouver d'autre échantillon et moins encore de filon digne d'exploitation. On capture de nouveaux otages inuit et on fouille le campement d'une bande avec laquelle on a eu de violents échanges, mais on reste sans nouvelles des cinq marins perdus l'été précédent. La lettre que leur écrit et leur envoie Frobisher, par l'entremise de messagers inuit, est touchante dans sa sincérité, révélatrice du climat religieux dans lequel baigne toute l'entreprise, malhabile dans son amalgame de pieuses invocations et de menaces génocidaires :

> Au nom de Dieu, en qui nous croyons tous, et qui j'espère a préservé vos corps et vos âmes au milieu de ces Infidèles, je me recommande à vous. Je m'emploie avec joie par tous les moyens que vous pouvez imaginer d'obtenir votre délivrance, soit par la force soit par quelque bien à bord de mes navires, que je ne ménagerai pas pour votre salut, soit par quelque autre action que je puisse entreprendre pour vous. J'ai à bord un homme, une femme et un enfant qui sont des leurs et que je suis disposé à relâcher en échange de vous, mais l'homme d'ici que j'ai amené au loin l'année dernière est mort en Angleterre. En outre, vous pouvez leur déclarer que, s'ils ne vous libèrent pas, je ne laisserai pas un homme vivant dans leur pays. Mais, si on permet à l'un de vous de venir me parler, ils pourront récupérer soit l'homme soit la femme soit l'enfant en gage pour vous. Sur ce je vous confie promptement à Dieu, que vous servez j'en suis sûr et que nous prierons pour vous chaque jour. Fait ce mardi matin, 7 août de l'an 1577.
>
> Vôtre de toutes mes forces,
> Martin Frobisher

En explorant les côtes externes de la baie de Frobisher en quête d'otages ou d'or, les navires tombent finalement sur une petite île qui regorge de pierres noires semblables à l'échantillon essayé pour sa teneur en or. Le nom de la comtesse de Warwick, épouse d'un important bâilleur de fonds de l'expédition, échoit à l'île où le groupe entreprend d'extraire du minerai et de le charger à bord.

Quatre siècles plus tard, quand notre hélicoptère amorce sa descente au-dessus de l'île Qallunaat, nous distinguons nettement la mine exploitée par les hommes de Frobisher : l'énorme et profonde entaille qui en échancre les falaises désigne indéniablement Qallunaat comme l'île que Frobisher dédie à la comtesse de Warwick. Les rochers qui forment l'une des parois de la mine portent encore les marques laissées par les outils des mineurs voilà plus de quatre cents ans et on se représente aisément le travail éreintant abattu en ce lieu. Avec des pics et de lourdes masses, des coins et des pieds-de-biche, les hommes détachent des blocs de roc et les culbutent jusqu'à la plage, en contrebas. À marée haute, ils les chargent à bord des canots, les transportent aux navires sur lesquels ils les hissent dans d'énormes paniers d'osier suspendus à des mâts de charge, puis les arriment dans la cale. En vingt jours, ils chargent presque 200 tonnes de minerai et vers la fin d'août, les hommes sont épuisés, l'équipement est détérioré et l'hiver approche à grands pas.

> Le jeudi 22 août, écrit George Best, nous avons démonté nos tentes et chaque homme avait hâte de rentrer; allumant des feux de joie sur le sommet du plus haut mont de l'île et défilant au pas cadencé autour de l'île, nous avons tiré une salve d'adieu en l'honneur de la très noble Lady Anne, comtesse de Warwick, dont [l'île] porte le nom; sur quoi nous sommes montés à bord.

Debout, sur le point culminant de l'île, sous la neige qui tombe en cette fin d'août, je ne vois rien d'autre que d'arides rochers, de l'eau glacée et de lointains champs de glaces qui dominent la côte sud de la baie. J'imagine facilement la petite cérémonie qui se déroule ici en 1577: le flamboiement du feu de joie, les hommes harassés et clopinants en vêtements dépenaillés qui paradent derrière le drapeau sur le pourtour d'une île rocheuse, les imprécations et les prières de remerciements qui se mêlent aux salves des fusils. Je devine aisément avec quel soulagement les Anglais tournent le dos à cet inquiétant lieu d'inconfort et de constant épuisement, se réjouissent de regagner les quartiers exigus des navires qui bientôt font voile au sud vers de plus chaudes latitudes et leurs lointains foyers. Leur soulagement n'est surpassé que par la terreur des otages inuit — un homme, une femme et son nourrisson — quand ils voient disparaître à l'horizon le seul monde qu'ils connaissent.

Les trois captifs inuit s'éteignent avant l'hiver suivant et des essayeurs rivaux sont à l'œuvre pour évaluer la teneur en or du minerai rapporté au pays par Frobisher. À plusieurs reprises, on réclame des investisseurs ou qu'ils engagent des capitaux additionnels — pour régler leurs gages aux équipages des navires, pour construire des fours de fusion, pour financer une nouvelle expédition — ou qu'ils laissent périmer leurs actions. Au début du printemps de 1578, l'incapacité de l'essayeur Jonas Schutz à présenter des résultats propices à des investissements contrarie à ce point Frobisher, si l'on en croit le récit de Michael Lok,

Les marques d'outils dont se servaient les mineurs de Frobisher restent nettement visibles sur la paroi rocheuse d'une des mines de l'île Qallunaat. (Robert McGhee, Musée canadien des civilisations)

qu'« [i]l dégaine sa dague et furieux se précipite chez Jonas, en plein travail sur la colline de la Tour, qu'il menace de poignarder à mort si n'est pas achevée sur-le-champ la besogne pour qu'il puisse entreprendre une troisième traversée ». L'essai que Schultz complète enfin indique une valeur négligeable, mais la fièvre de l'or fait déjà son œuvre et ce simple essai passe facilement inaperçu.

En juin 1578, la plus imposante flotte jamais rassemblée pour une expédition arctique part à destination des soi-disant mines d'or de la Terre de Baffin. Avec à leur bord quatre cents marins, soldats et mineurs, quinze navires font la traversée non seulement pour récolter les ressources de cette contrée par l'exploitation minière et le commerce, mais aussi pour implanter une colonie qui marque une prise de possession anglaise dans cette région du monde.

La flotte accoste dans le sud-ouest du Groenland où Frobisher descend à terre et fouille les habitations qu'ont fuies leurs occupants inuit. Y notant des similarités avec celles du peuple qui habite les côtes du détroit de Frobisher, il en conclut que ces terres sont reliées et il revendique la possession du Groenland sous le nom de West England. Quand les navires s'apprêtent à franchir le détroit de Davis, fondent bientôt sur eux non seulement le brouillard et la tempête, mais un vaste troupeau de baleines : heurté par un navire toutes voiles dehors

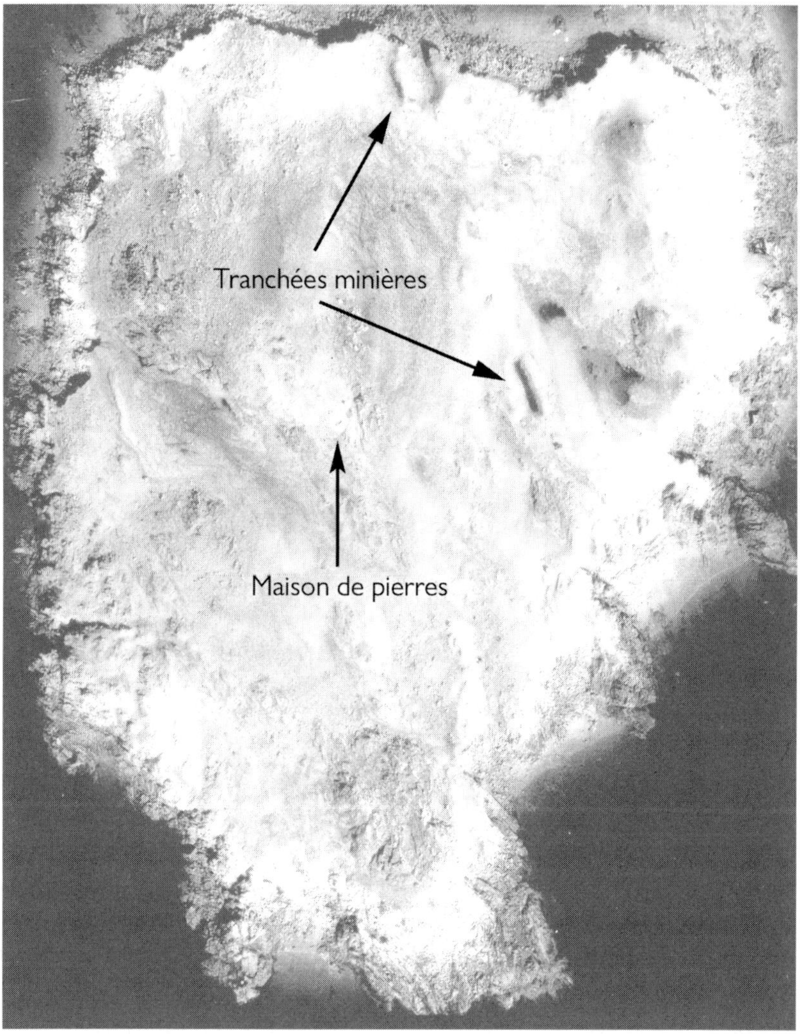

Photographie aérienne de l'île Qallunaat. Les traces de deux grandes tranchées minières se détachent nettement, tout comme les ruines de la petite maison de pierres construite sur la hauteur de l'île. (National Air Photo Library, Ottawa, Canada)

qui s'immobilise brusquement sous le choc, l'un des cétacés « émet un grand bruit hideux et projette son corps et sa queue hors de l'eau avant de plonger ». Lorsqu'ils atteignent le côté ouest du détroit de Davis, les navires font face à une épaisse glace à laquelle ils échappent pour la plupart, malgré le grand péril, quand se lève la tempête. Dispersée, la flotte ne sera pas réunie avant plusieurs semaines. Frobisher guide un petit convoi vers l'ouest dans ce qu'il maintient fermement être le détroit de Frobisher, mais qui s'avère être plutôt celui d'Hudson, large et houleux bras de mer entre la Terre de Baffin et le continent nord-américain donnant accès à la mer intérieure qu'est la baie d'Hudson. Frobisher le nommera finalement Mistaken Strait (détroit de la Méprise) après avoir viré de bord et rebroussé chemin, mais son erreur sera lourde de conséquences en ce que les explorateurs ultérieurs l'emprunteront et se rendront ainsi au cœur du continent.

Au début d'août, après deux mois de tribulations et de périls, les navires se rassemblent presque tous au large de l'île de la comtesse de Warwick. Les Anglais y célèbrent leur premier office religieux de l'Action de grâces dans le Nouveau Monde, office au cours duquel le pasteur Robert Wolfall

> [...] leur fait un pieux sermon, les exhorte spécialement d'être reconnaissants à Dieu de leur étrange et miraculeuse délivrance en ces lieux si dangereux, et leur rappelle la précarité de la vie humaine, les enjoint d'être toujours prêts, en hommes résolus, à apprécier et à accueillir avec gratitude toute aventure que sa divine Providence pourra prescrire.

Puis on envoie les mineurs travailler à l'excavation d'une nouvelle mine sur l'île de la comtesse de Warwick, et en d'autres emplacements présomptueusement qualifiés de mines où l'on avait trouvé quelque pierre noire semblable : Fenton's Fortune, Best's Blessing, Winter's Furnace, Countess of Sussex Mine. On monte un atelier d'essais sur l'île de la Comtesse de Warwick, qui continue à servir de quartier général à l'expédition, où est analysé le minerai provenant d'autres endroits pour en déterminer la valeur. On tient une assemblée pour débattre du projet d'hivernage d'une centaine d'hommes puisque, fort heureusement pour ceux qu'on aurait laissés derrière, la moitié des baraquements préfabriqués se trouvaient à bord du navire qui a sombré dans les glaces à la première tempête. Les provisions ont aussi alors été en grande partie perdues ou avariées, y compris presque toute la bière, véritable denrée de base. Il est donc décidé de ne pas implanter de colonie cette année-là et on peut imaginer le soulagement avec lequel les colons pressentis accueillent la nouvelle. Il s'écoulera presque une décennie avant que les Anglais ne tentent de nouveau d'établir une colonie dans le Nouveau Monde, à Roanoke, dans ce qui est aujourd'hui la Caroline du Nord.

Vers la fin d'août, on a extrait des diverses mines plus de mille deux cents tonnes de roc qu'on a arrimées dans les navires. L'expédition remplit une dernière tâche : construire une petite maison de pierres pour expérimenter comment les constructions anglaises survivent aux hivers arctiques et pour inciter les Inuit à s'adonner pacifiquement au troc. Cette maison, la première construite par des Anglais dans le Nouveau Monde, est prestement érigée sur le sommet de l'île de la Comtesse de Warwick ; on suspend aux murs des miroirs, des ceintures, des sifflets, des poupées et d'autres objets. Le travail achevé, les équipages écoutent un sermon, célèbrent le saint office et prennent sans tarder le chemin du retour par gros temps. Malgré la quasi-panique dans l'effort pour s'écarter de la dangereuse terre sous le vent avant que n'éclate la tempête, on rapatrie à bord tous les mineurs et les navires traversent sans encombres l'Atlantique, encore que l'un des quinze disparaisse sur la côte d'Irlande. L'expédition fait quarante victimes qui meurent pour la plupart de blessures, de malnutrition, de scorbut et de froid pendant le trajet de retour.

Aujourd'hui, l'île Qallunaat a sans doute en grande partie le même aspect que quelques semaines après le départ de Frobisher et la démolition par les Inuit locaux, qui observaient de près les visiteurs, des structures érigées pour en récupérer le bois et les clous. Les mines ont laissé deux énormes cicatrices sur la surface de l'île ; près de l'une d'elles se trouve un monticule de pierres noires abandonnées avant qu'on ait pu les transporter. Deux rectangles de blocs erratiques, ceinturés d'éclats de charbon, de scories et de fragments de coupelles, délimitent les fondations de petits ateliers d'essais. De vagues débris de blocs erratiques marquent probablement les endroits où se dressaient les campements de tentes dans lesquelles dormaient les mineurs sur des lits de gravier froid. Deux gros blocs dressés dans un champ de gravier pourraient être des pierres tumulaires de fortune signalant les tombes de mineurs. Dans l'une des mines, des fouilles ont permis d'exhumer des morceaux de carreaux de faïence d'un four et des barils de pois séchés, de biscuits et d'autres provisions destinés à la colonie mort-née

Sur la hauteur de l'île Qallunaat gisent les ruines éparses de la première maison de pierres construite par les Anglais dans le Nouveau Monde. (James Tuck)

qu'on y a ensevelis pour usage ultérieur. Un fatras de pierres et de fragments de plâtre sur la hauteur de l'île marque l'emplacement de la maison de pierres. On reconnaît encore indubitablement en ce lieu l'île de la Comtesse de Warwick de Frobisher et les vestiges de l'établissement élisabéthain s'inscrivent toujours nettement dans sa topographie. La sensation d'un paysage chargé d'histoire, d'un lieu où affleure le passé imprègne l'atmosphère. Le marcheur qui erre dans l'île a le sentiment de découvrir, inchangées, les mêmes perspectives que contemplèrent Frobisher et ses hommes, de sentir les mêmes rochers, les mêmes carrés de gravier sous le pied, et de se mesurer aussi au même vent perpétuellement cinglant. Bref, son imagination peuple aisément la petite île de centaines d'hommes besogneux, aux conditions de vie misérables et désespérément optimistes.

Les derniers épisodes de l'aventure de Frobisher ne se déroulent pas sur l'île Qallunaat mais plutôt en Angleterre dans les années qui suivent. Michael Lok et d'autres commanditaires de l'entreprise construisent le plus important complexe de fonderie du pays pour extraire l'or du minerai dont on transporte des centaines de tonnes sur place, à Dartford, petite ville de la vallée de la Tamise. Des convois de charrettes tirées par des chevaux transportent plus de mille cinq cents chargements de minerai à Dartford où, au cours de l'hiver suivant, il devient graduellement évident que tous les efforts et toute l'ingéniosité du monde ne réussiront pas à en extraire une once d'or. Les commanditaires perdent pour la plupart leur investissement, la compagnie est dissoute dans un imbroglio de poursuites légales et Michael Lok finit sa longue et honorable carrière en prison pour dettes. Martin Frobisher reprend parfois la mer sur ordre de la reine, mais probablement plus souvent sous son vieil habit de flibustier. Il ne lave sa réputation que par ses gestes héroïques dans la bataille contre l'Armada espagnole et, quelques années plus tard, il meurt en menant l'assaut contre un fort espagnol en Bretagne. Ce dernier service rendu à sa reine l'absout de tout blâme pour son rôle dans la désastreuse aventure du passage du Nord-Ouest et de ses fictives mines d'or.

On n'a toujours pas reconstitué intégralement le récit de cette escroquerie qui a marqué la première exploitation aurifère frauduleuse d'importance dans l'histoire canadienne. La pierre noire si laborieusement extraite et transportée outre-Atlantique n'était pas de la pyrite de fer comme on le croit communément, mais se composait de plusieurs variétés de roches métamorphiques foncées, à haute teneur en mica qui chatoie au soleil. Tandis que nous procédons à nos fouilles archéologiques dans les vestiges des activités de Frobisher sur l'île Qallunaat, nous chauffons un soir un petit morceau de cette pierre au-dessus de la flamme de notre réchaud. Sous la chaleur intense, le mica s'oxyde en une couleur mordorée que seul un esprit impatient et favorablement disposé peut à tort prendre pour de l'or. Tout essayeur compétent démontrera vite que la roche est sans valeur, mais à l'époque d'Élisabeth l'essai est un art assez proche de l'alchimie dont les résultats sont souvent imprévisibles et difficiles à interpréter.

Le jugement final porté sur les réalisations de Martin Frobisher comme explorateur de l'Arctique doit reconnaître que l'homme n'a pas découvert un passage du Nord-Ouest vers l'Asie, que ses prétendues mines d'or se sont révélées sans valeur et que sa tentative d'implanter une première colonie anglaise dans le Nouveau Monde s'est soldée par un échec. On a vite oublié les mines et l'histoire n'en a même pas retenu l'emplacement — si l'on excepte la chronique orale des Inuit de la Terre de Baffin, dépositaires des récits d'anciens événements associés

Les blocs de pierre noire du mur d'enceinte de Queen's Manor House à Dartford, ville de la vallée de la Tamise, ont été extraits en Terre de Baffin et transportés ici pour qu'on en exprime l'or par fusion. (Robert McGhee, Musée canadien des civilisations)

au lieu qu'ils appellent l'île de l'Homme blanc. L'aventure de Frobisher aura néanmoins une conséquence majeure, quoique largement involontaire : elle est le premier pas hésitant d'une succession d'événements qui assureront un jour la souveraineté anglaise sur les parties septentrionales du Nouveau Monde.

Pour étayer cette affirmation, il nous faut retourner à John Dee, cosmographe et mystique instigateur des entreprises anglaises dans l'Arctique, qui tenta aussi d'enseigner la navigation à Martin Frobisher. On reconnaît à Dee la paternité du concept d'Empire britannique, et la prise de possession de terres dans l'Arctique canadien par Frobisher devient instantanément le fer de lance de ce concept. Une fois Frobisher rentré de son dernier voyage en 1578, la reine Élisabeth demande à Dee de concocter une argumentation qui affirme son droit de propriété sur les contrées arctiques, découvertes et revendiquées par Frobisher. La réponse de Dee est probablement le grand parchemin présenté à la reine en 1580, et aujourd'hui conservé à la British Library. Sur un côté figure la carte du monde ; sur l'autre, la justification détaillée, fondée sur les précédents historiques — depuis les mythiques explorations arctiques du roi Arthur jusqu'à celles de Martin Frobisher — qui accréditent la souveraineté d'Élisabeth sur les parties septentrionales de l'Amérique et sur les îles au nord de cette dernière.

C'est sans doute à l'intervention de Dee qu'Humphrey Gilbert doit un privilège d'exploration de l'Amérique du Nord, privilège en vertu duquel Adrian, frère de Gilbert, concède à Dee en 1580 des droits sur toutes les terres du Nouveau Monde au nord de 50° de latitude, à savoir la plus grande partie de ce qui est aujourd'hui le Canada. S'associant à Adrian Gilbert et John Davies sous le nom de « The colleagues of the fellowship of the New Navigations Atlantical and Septentrional », Dee dépose une demande de charte pour explorer ces régions et y exercer un monopole commercial. En outre, il initie à la navigation Davis qui se montre bien meilleur élève que Frobisher et qui entreprend, entre 1585 et 1587, trois expéditions menées de main de maître dont résulte un relevé cartographique rudimentaire des côtes entre le Groenland et le Labrador. Détail plus important encore pour l'exploration future, Davis décrit et détermine l'exacte latitude du détroit Mistaken de Frobisher, ce « très énorme golfe » qui se trouve au large de la pointe nordique du Labrador et ouvre sur la grande mer intérieure au cœur du Canada central. Dès 1610, Henry Hudson explore cette étendue et, moins d'un siècle après les voyages de Frobisher, l'Angleterre crée des établissements dans la partie inférieure de la baie d'Hudson. Le commerce des fourrures implanté à partir de ces comptoirs étend ses ramifications loin dans l'arrière-pays fluvial des prairies canadiennes, court-circuitant l'empire commercial des Français dans les vallées du Saint-Laurent et du Mississipi. Le caractère politique, social et linguistique de l'Amérique du Nord septentrionale est en grande partie le résultat fortuit de l'insuccès de Martin Frobisher dans sa quête d'or et d'un accès, par l'Arctique, aux richesses de l'Asie.

CHAPITRE 9

Le viol du Spitzberg

L'OCÉAN ARCTIQUE est le moins fertile des océans. Glacial, profond et recouvert de glaces qui bloquent les rayons du soleil de six à douze mois par an, il ne nourrit qu'une activité biologique minimale. Dans des milieux exceptionnels, les conditions permettent toutefois que se développent des poches fertiles et ces denses fourmillements de vie n'en sont que plus notables par contraste avec le vide environnant. On trouve pareil fourmillement dans le Grand Nord européen, à mi-chemin entre la côte septentrionale de la Norvège et le Pôle.

Cette floraison de vie arctique prend son origine, loin au sud, dans les eaux tropicales qui alimentent le courant que l'on connaît sous le nom de dérive Nord Atlantique. Mue par les alizés et par la force de rotation de la terre, une énorme veine d'eau, chaude comme le sang, déferle vers l'ouest, de l'Afrique aux Caraïbes, contourne la mer des Sargasses et vire au nord en longeant la côte de l'Amérique du Nord. Dans cette partie, on l'appelle Gulf Stream; avec ses 100 kilomètres de largeur et sa profondeur d'un kilomètre, il se déplace de plus de 100 kilomètres par jour. Lorsqu'il s'infléchit vers l'est à la hauteur de la Nouvelle-Angleterre et traverse les Grands Bancs au sud de Terre-Neuve, sa ligne de démarcation avec les eaux subarctiques de la mer du Labrador se caractérise par un écart de température de 10 °C à 15 °C et une muraille de brouillard. Les icebergs venus du Groenland, dérivants vers le sud, y fondent comme des glaçons dans un bain chaud. Reprenant son nom de dérive Nord Atlantique, ce courant serpente ensuite vers le nord-est entre l'Écosse et l'Islande où il réchauffe à tel point les couches d'air supérieures qu'il favorise la croissance de palmiers dans la première et de bouleaux dans la seconde. Une ramification de ce courant baigne la côte norvégienne tandis qu'une autre dévie au large et file vers le nord à travers la mer de Norvège. Ses eaux tropicales salées et encore chaudes entrent en collision avec la glace de la banquise polaire qui dérive vers le sud dans le voisinage d'un chapelet d'îles jadis connues sous le nom de Spitzberg, mais plus communément appelées aujourd'hui Svalbard, du nom de l'archipel plus vaste dont elles font partie. En refroidissant, ses eaux tropicales salées deviennent plus denses que les eaux glacées de l'Arctique. Près du Svalbard, elles plongent et obliquent au sud pour se couler dans les profondeurs océaniques et finalement prendre la place des eaux chassées vers le nord par les courants de surface de la dérive.

Les courants océaniques ne se frôlent pas sagement l'un l'autre comme le représentent les cartes ni ne s'insinuent en douceur dans les profondeurs lorsque s'en échappe ce qui leur reste de chaleur. Ils tournoient, tourbillonnent confusément, s'agitent sous la force des vents de surface et font remonter par à-coups des gerbes d'eau des profondeurs pour remplacer les eaux qui plongent vers les grands fonds. Le chaos qui en résulte engendre un milieu qui combine les ingrédients nécessaires à un foisonnement de vie. L'eau chaude et salée du Sud disperse sa chaleur dans l'eau froide, riche en oxygène et relativement douce de l'Arctique ; des lames d'eau des profondeurs riche en nutriments sont propulsées vers la surface tandis que s'enfonce l'eau salée ; la banquise recule en fondant, libérant ainsi de riches efflorescences d'algues estivales précoces et laissant la lumière diurne permanente des mois d'été pénétrer les couches supérieures de l'océan. Le plancton prospère et meurt; les crevettes, le krill, le calmar et la petite morue de l'Arctique pullulent en gigantesques bancs. Le haut-fond de mer qui recouvre le plateau continental s'incruste de mollusques et d'une multitude d'autres créatures, copieusement rassasiés des détritus d'animaux qui vivent et meurent dans les eaux de surface.

Les mammifères marins occupent le sommet de la chaîne alimentaire. D'immenses troupeaux de morses se prélassent nonchalamment sur les côtes rocheuses et sur les glaces flottantes après s'être régalés du buffet que leur offre le lit marin. Des colonies de phoques à capuchon et de phoques du Groenland se mêlent à des phoques barbus et annelés moins grégaires, à de petits groupes de bélugas et de narvals. Partout fusent les jets d'énormes cétacés — rorqual sei, petit rorqual, baleine bleue, baleine à bosse, baleine franche et baleine boréale — qui sillonnent calmement et résolument les couches supérieures de l'océan, filtrent une riche soupe de minuscules formes vivantes avec leurs rideaux de fanons qui pendent à leur mâchoire supérieure. Au-dessus d'elles tangue le dais tournoyant des oiseaux de mer qui soit sont à l'affût des restes des ripailles soit chassent eux-mêmes de petites créatures des eaux de surface. Élégants tueurs qui patrouillent les glaces et les eaux noires à l'affût des mammifères marins qui les côtoient, ours blancs et orques complètent la scène.

Ce qui précède ne décrit pas le Svalbard d'aujourd'hui, mais ce qu'il était voilà quatre siècles. La vie dans l'archipel et à sa périphérie est alors tributaire non seulement de la confluence fortuite des glaces et des courants qui approvisionnent en nutriments le plancton et autres minuscules créatures, mais d'une autre heureuse particularité: son isolement de toute terre habitée par des humains. Presque à mi-chemin entre la Norvège et le Groenland, ces îles sont parmi les dernières que l'homme découvre. Dans leur exploration des champs de glaces au nord de la côte eurasienne, les chasseurs du néolithique ont depuis longtemps atteint les très proches îles en suivant les rennes dans leur migration en Nouvelle-Zemble, en Terre du Nord et dans les îles de Nouvelle-Sibérie, toutes à quelques heures ou quelques jours de marche du continent. Il y a environ 4 000 ans, ils parviennent jusqu'à l'île Wrangel, à plus de 100 kilomètres au large de la côte septentrionale de Tchoukotka, et ils exterminent les mammouths qui ont survécu jusque-là en cette terre reculée. À peu près au même moment, leurs cousins connus sous le nom de Tuniit se disséminent à l'est dans l'Arctique nord-américain et sur les côtes du Groenland. Seuls le Svalbard, son proche voisin à l'est, l'archipel François-Joseph, et quelques-unes des îles les plus isolées de l'archipel arctique canadien ne sont pas découverts ni exploités par ces anciens explorateurs et chasseurs de l'Arctique.

Le Svalbard se trouve loin au nord de la route d'exploration viking à travers l'Atlantique Nord. Les annales islandaises rapportent qu'un navire, dérouté par la tempête, découvre à la fin du XIIe siècle une terre appelée Svalbard (nom qui signifie « côte froide »), mais il semble plus probable que ce nom s'applique à la côte nord-est du Groenland ou peut-être à la minuscule île Jan Mayen, à 400 kilomètres au nord de l'Islande. Les premiers humains à relever l'existence de l'archipel sont presque à coup sûr les membres d'équipage de l'expédition hollandaise, pilotée par Willem Barents, partie à la recherche d'une route maritime vers l'Asie en 1596. Faisant voile au nord avec l'espoir d'accéder à une mer polaire libre de glaces, les navires de Barents croisent d'abord l'île aux Ours, petit massif méridional en retrait de l'archipel. Poursuivant leur route vers le nord par temps de brume, ils parviennent à une côte adossée à des montagnes anguleuses, raison pour laquelle ils donnent à cette terre le nom de Spitzberg. Les hommes d'équipage descendent à terre, ramassent des milliers d'œufs d'oiseau, y compris de bernache nonette, et sont probablement les premiers Européens à voir les aires de nidification de ces petites oies qui migrent chaque printemps vers le nord en survolant l'Europe. Lieutenant de Barents, Gerrit de Veer évoque la légende médiévale populaire voulant que la bernache nonette croisse dans les arbres, « mais on sait maintenant, ajoute-t-il, que c'est le contraire et il n'est pas étonnant qu'aucun homme n'ait pu dire où elles couvent leurs œufs puisque aucun homme, à ce que nous sachions, n'était jamais venu sous 80 degrés ». Empêchés par les glaces de doubler la pointe nord de l'île, Barents file vers le sud-est jusqu'en Nouvelle-Zemble où, après la toute première et héroïque tentative européenne de passer l'hiver sur une île arctique, il meurt.

L'archipel découvert par Barents s'étire entre 74° et 81° de latitude Nord et entre 10° et 35° de longitude Est, au confluent de la mer de Norvège, de celle de Barents et de l'océan Arctique. Grappe ramassée de cinq îles principales et de quelques petits massifs détachés, le Svalbard occupe une superficie légèrement inférieure à celle de l'Irlande ou d'Hokkaïdo. Contrairement à celui de ces îles luxuriantes, son paysage est fait de montagnes escarpées et dénudées, enneigées pendant la plus grande partie de l'année, qui se dressent abruptement sur la côte et dont la végétation se limite dans le meilleur des cas à des saules rabougris à hauteur de cheville. La grande île du Nord-Est, Nordaustlandet, est presque entièrement ensevelie sous un manteau de glace permanent et des glaciers recouvrent des portions considérables d'autres îles. La glace de mer hivernale emprisonne l'archipel pendant six mois ou davantage et se retire rarement loin des côtes nord et est pendant la fonte estivale. Seul le groupe d'îles les plus grandes et les plus occidentales, connu aujourd'hui sous le nom d'archipel du Spitzberg et baigné par la chaude dérive Nord Atlantique, est relativement exempt de neige et de glace pendant les mois d'été.

Huit ans après la découverte du Spitzberg par Barents, un navire anglais de la Muscovy Company appelé *Speed* accoste à son tour à l'île

Spitzberg doit son nom à ces montagnes aux cimes acérées. (Robert McGhee, Musée canadien des civilisations)

aux Ours où l'équipage tombe sur d'immenses troupeaux de « vaches marines » — des morses — qui se reposent sur les plages. Même si les populations autochtones du monde circumpolaire chassent depuis longtemps le morse dont les défenses d'ivoire occupent une place importante dans le commerce scandinave du Groenland avec l'Europe médiévale, ces animaux sont inconnus de la plupart des marins européens. Le morse de l'Atlantique est une bête énorme ; blindés dans une massive couche de graisse isolante et une peau épaisse, résistante, les mâles pèsent en moyenne trois-quarts de tonne et les femelles, plus d'une demi-tonne. À terre, ces créatures balourdes se déplacent pesamment et d'évidence laborieusement ; attaquées, elles se jettent à l'eau où elles sont capables de se mouvoir rapidement et de rester longuement immergées. Elles se nourrissent de mollusques et d'autres créatures vivant sur le lit de la mer, et se servent manifestement des soies très sensibles de leur mufle pour déceler leurs proies. Cela semble un moyen de subsistance efficace puisqu'elles consacrent relativement peu de temps à se nourrir par comparaison aux heures et aux journées qu'elles passent en énormes troupeaux sociables, soit à terre soit sur la glace. Le veau, qui naît sur la glace printanière, va bientôt à l'eau, mais reste aux côtés de sa mère pendant deux années au cours desquelles elle l'allaite et le protège. Des femelles adoptent souvent les veaux orphelins et la harde entière protège âprement ses veaux et même ses membres adultes. La proximité de la glace et de côtes rocheuses où les morses sont totalement à l'abri de prédateurs, conjuguée à la faible profondeur du riche fond marin avoisinant le Svalbard, fait de l'archipel le foyer idéal pour ce mammifère. Les biologistes estiment que quelque 25 000 bêtes vivent sur les côtes du Spitzberg lorsque les premiers chasseurs humains y débarquent.

Capitaine du *Speed* de la Muscovy Company en 1604, Stephen Bennet décrit la manière dont son équipage s'essaie à chasser cette singulière proie, potentiellement dangereuse:

> Il nous est apparu très étrange de voir une pareille multitude de monstres marins couchés en tas comme des porcs: à la fin, nous avons fait feu sur eux, sans savoir s'ils pouvaient courir rapidement et s'en prendre ou non à nous [...]. Certains, dont la chair saignait, relevaient à peine la tête et se recouchaient. Quelques-uns étaient abattus du premier coup; d'autres se jetaient à la mer, atteints de cinq ou six projectiles; ils sont dotés d'une force proprement incroyable. Une fois tous nos projectiles et notre poudre épuisés, nous leur avons crevé les yeux avec une petite sarbacane, puis nous nous sommes approchés d'eux du côté où ils ne voyaient plus et leur avons fendu le crâne avec la hache de notre charpentier. Mais malgré tous nos efforts, nous n'en avons tué qu'une quinzaine sur plus de mille.

L'année suivante, les hommes de Bennet apprennent à tuer le morse à la lance et en tirent onze tonnes d'huile. En 1606, ils sont devenus de tels experts qu'ils abattent entre six cents et sept cents morses en six heures, en tirent vingt-deux tonnes d'huile et remplissent de défenses trois barriques.

Une inscription en date du 5 juin 1610 dans le journal de Jonas Poole, patron de l'*Amitie* de la Muscovy Company, rend compte de la routine de ces équipes de chasseurs à l'île aux Ours. Dès le début de la journée, on rapporte la présence de deux cents morses sur un rocher:

> J'ai pris à la fois le canot et l'esquif, et avec tout mon équipage je suis allé au rocher et, en route, j'ai tué un ours; mais à mon arrivée au rocher, les bêtes se sont dirigées vers la mer, alors j'ai sur-le-champ mis pied à terre avec tout mon équipage et nous avons tué 80 bêtes, dont j'ai arraché les dents, et en revenant au navire j'ai tué un autre ours.

La récupération d'une défense de narval et de quantité de fanons sur une plage voisine arrondit les recettes de la journée. Pendant son bref séjour, l'équipage de l'*Amitie* abat cent vingt morses, cinquante et un rennes, trente ours, et capture en outre deux oursons vivants.

Malgré le prix de l'ivoire, des fanons, de la fourrure d'ours et des peaux de morse, l'huile est le produit dont on dégage le plus de profits dans ces traversées. Les sociétés européennes ont besoin de très grandes quantités d'huile comme ingrédient pour les savons et les médicaments, comme matériau pour la confection de drap et de maroquinerie, comme lubrifiant pour l'outillage en bois et comme combustible pour les lampes. L'huile d'olive satisfait traditionnellement aux besoins des pays du Sud, mais les huiles végétales et celles extraites d'animaux domestiques ne suffisent plus à la demande des sociétés de plus en plus populeuses d'Europe de l'Ouest et du Nord. Excellent substitut, l'huile de mammifère marin est depuis la fin de l'époque médiévale une source de prospérité pour les communautés basques qui ont développé les habiletés et les techniques requises pour chasser les grosses baleines de la baie de Biscaye. Cette source d'approvisionnement épuisée, les chasseurs de baleines basques se tournent au début du XVIe siècle vers les aires de chasse à la baleine récemment découvertes dans les eaux du Labrador et de Terre-Neuve. Dans les années 1580, ces populations de baleines déclinent elles aussi rapidement et, au tout début du XVIIe siècle, l'huile de mammifère marin est un produit dispendieux dans une Europe qui ne peut plus s'en passer.

En 1610, l'équipage de l'*Amitie* fait fondre les morses, même les ours abattus, pour en exprimer l'huile, et Jonas Poole note « une grande réserve de baleines » dans les eaux au large de l'île aux Ours. Trois années plus tôt, Henry Hudson relève lui aussi ce détail quand, cherchant une route en eaux libres vers l'Asie, il atteint la côte ouest du Spitzberg et entre dans un fjord qu'il nomme Whales Bay (aujourd'hui devenu Kongsfjord). La Muscovy Company monte en 1611 une expédition expérimentale de chasse à la baleine à laquelle prend part un équipage de six chasseurs basques qui tuent la première baleine prise dans les eaux du Spitzberg. Les Anglais assimilent bientôt la technique basque de chasse qui se pratique avec un harpon de fer barbelé relié à un filin. On lance l'arme depuis un petit canot à rames; on l'attache ensuite à l'étrave qui agit comme un frein pour ralentir la baleine blessée jusqu'à ce qu'on puisse l'achever à la lance. Cette technique de chasse est particulièrement efficace contre la baleine franche (*Balaena mysticetus*) des mers arctiques, proche parente de la baleine que les Basques chassaient dans les eaux de leur pays et au

Les débris de trois fourneaux au-dessus desquels on posait jadis d'énormes chaudrons pour produire de l'huile de baleine sur la côte d'Edgeøya, au Svalbard. (Robert McGhee, Musée canadien des civilisations)

large du Labrador. Les hommes peuvent s'approcher dans un petit canot de cet animal placide, nageur lent, isolé par tant de graisse qu'il flotte, une fois mort, et qu'on peut de ce fait le remorquer à terre. On évalue que plus de 40 000 baleines boréales sillonnent les eaux avoisinantes du Spitzberg au début du XVIIe siècle.

En 1612, deux navires prennent dix-sept baleines, en plus de nombreux morses, et fondent 180 tonnes d'huile. De ce voyage, Jonas Poole rapporte que « les baleines foisonnent à ce point autour du navire que certaines donnent contre [les] câbles, certaines contre le navire et l'une d'elles contre le gouvernail. Une autre s'installe sous notre éperon et y dort un long moment ». Les recettes fructueuses de l'expédition provoquent une ruée qui extermine la presque totalité de la population de baleines franches du Spitzberg en quelques décennies. À l'été 1613, sept navires anglais, sept navires hollandais avec à leur bord des chasseurs basques et douze navires du pays Basque croisent dans ces eaux. Et en 1614, une flotte hollandaise de quatorze navires y est escortée par trois ou quatre grands bâtiments de guerre, tandis que treize vaisseaux anglais contestent aux Hollandais des ports naturels et des emplacements qui se prêtent à l'établissement de stations côtières où produire l'huile de baleine. Le processus nécessite le remorquage des cétacés jusqu'à un rivage plat où l'on dépèce la graisse et la découpe en petits morceaux qu'on fait bouillir dans d'immenses chaudrons métalliques, posés sur des assises de pierres ou de briques au-dessus de feux alimentés par les fritures de la précédente fonte. On refroidit l'huile obtenue dans un baquet de bois ou dans une petite baleinière partiellement remplie d'eau, avant de la couler dans des barils de bois pour procéder à son transport.

Les relents de graisse calcinée saturent bientôt l'air du Spitzberg et de noires colonnes de fumée grasse s'élèvent continuellement de la plupart des ports accessibles pendant les mois d'été. Les chasseurs de baleines hollandais et britanniques se disputent parfois à la pointe du fusil les meilleurs emplacements et, en 1617, la Dutch Noordsche Compagnie entreprend la construction d'une base permanente sur la minuscule île Amsterdam, juste au large de la côte nord-ouest du Spitzberg. Ainsi naît Smeerenburg (« Cité-de-la-Graisse-de-Baleine »), un agrégat de fourneaux à fondre la graisse, de magasins, d'ateliers et de baraquements, à l'origine de l'un des mythes les plus accrocheurs de l'histoire de l'Arctique : celui d'une petite ville hollandaise parmi les champs de glaces, aux limites du monde connu. La légende commence à prendre forme peu après la désertion de Smeerenburg quand l'écrivain hollandais C. G. Zorgdrager rapporte que

> [t]ous ces fourneaux et entrepôts le long de la plaine de Smeerenburg font penser à la moitié d'une ville ou d'un village de petite taille et par conséquent il n'était pas mal à propos de l'appeler Blubbertown, du nom de son industrie [...]. Vu que les navires, comme on l'a déjà mentionné, y amenaient double équipage, on s'y ennuyait ferme, non seulement à bord des navires et des canots, mais aussi à terre. Comme dans un camp, y sont venus par conséquent quelques vivandiers qui vendaient leurs marchandises — brandy, tabac et autres articles du genre — dans leurs propres cabanes ou dans les entrepôts. Des boulangers y sont aussi venus pour cuire le pain. Le matin, lorsque les petits pains chauds et le pain blanc sortaient du four, on sonnait du cor pour divertir un brin les gens à Smeerenburg.

Au début du XXe siècle, l'explorateur norvégien Fridtjof Nansen y rajoute la couleur tapageuse d'une ville du Klondike :

> Il y avait ici une ville complète, avec ses boutiques, ses rues [...]. Quelque dix mille personnes en été, dans le brouhaha des écuries, des usines d'huile

de baleine, des maisons de jeu, des forges et des ateliers, des marchands ambulants et des salles de danse. Le long de la plage défilaient les canots chargés de marins rentrant tout juste d'une excitante chasse à la baleine et les femmes vêtues de couleurs gaies pour aguicher les hommes.

Des lectures plus attentives de comptes rendus historiques et des fouilles archéologiques menées dans les années 1980 par le savant hollandais Louwrens Hacquebord ont écorché ce tableau idyllique. Les plages de gravier de l'île Amsterdam n'ont révélé des traces que de huit fourneaux de briques capables de supporter le poids des chaudrons dans lesquels on fondait la graisse, dont chacun a pu être associé avec un ou deux ateliers et dortoirs de bois de charpente et de briques. On a aussi repéré un atelier de forgeron et les vestiges probables d'un fortin aux murs de pierres. On estime maintenant que la population de Smeerenburg s'établissait l'été à environ deux cents hommes seulement, bien inférieure en nombre à celle des reconstitutions fantaisistes de la colonie, et les preuves de réjouissances et de commodités bourgeoises décrites par les auteurs d'antan se font rares. L'huile produite par les chasseurs et dépeceurs de baleines, charpentiers et tonneliers de Smeerenburg aura fait la fortune de plusieurs ; mais pour ces hommes, la colonie fut certainement un lieu de travail machinal et éreintant, de fumée nauséabonde et de frayeur persistante face à l'environnement insolite dans lequel ils étaient exilés. En six lieux de sépulture sur l'île Amsterdam, les archéologues ont trouvé les tombes de cent un hommes qui eurent l'infortune d'être rattrapés par la mort pendant qu'ils trimaient dans cet avant-poste austère.

Les baleines, qui alimentent les fourneaux de Smeerenburg et d'autres établissements sur les côtes du Spitzberg, sont bientôt exterminées. Dès les années 1640, elles ne fréquentent plus les baies et les eaux côtières où on pouvait les chasser à partir de petits canots mis à l'eau depuis la terre et les baleinières se mettent à leur donner la chasse en haute mer. De plus en plus, on fond la graisse à bord des navires ou on la stocke dans la cale et la transporte jusqu'aux usines de transformation côtières de Hollande. Vers 1650, on déserte Smeerenburg, mais la flotte de baleiniers continue à grossir pendant encore un demi-siècle. En 1697, une année exceptionnellement bien documentée dans les archives historiques, deux cent un navires baleiniers quittent des ports néerlandais et hanséatiques, capturent 1 968 baleines et remplissent de graisse 63 883 barriques. Les troupeaux de baleines dans la mer de Norvège ne survivent pas à une chasse aussi intensive et les chasseurs se tournent donc bientôt vers les populations non encore exploitées du détroit de Davis.

Les annales de 1697 sont les premières à mentionner une fait nouveau dans l'histoire du Spitzberg: la visite de plusieurs navires russes dans les îles. Cet été-là, le tsar Pierre le Grand est aux Pays-Bas où on l'invite à la reconstitution d'une chasse à la baleine dans l'archipel du Spitzberg. Pourtant, la baleine ne semble pas être le point de mire des Russes qui fréquentent en nombre grandissant la région. Ces Russes sont des Pomors, des marins originaires des côtes de la mer Blanche; comme les Cosaques du Sud, ils ont sauvegardé leur liberté et échappé au servage. Longtemps avant le XVIIIe siècle, les marchands d'Arkhangelsk se livrent au commerce maritime avec la Scandinavie septentrionale de même qu'avec les Anglais et les Hollandais dont les navires fréquentent les routes nordiques jusqu'en Russie. Fourrures et ivoire sont la pierre angulaire de ce commerce et sont donc les ressources convoitées par les chasseurs pomors dans l'archipel du Spitzberg qu'ils appellent *Grumont*, nom vraisemblablement dérivé de « Groenland ».

Anglais et Hollandais présents au Spitzberg tournent en ridicule les compétences nautiques des Pomors, décrivent leurs *lodjas* comme de piètres navires rudimentaires, leurs capitaines comme des rustres sans autres instruments de navigation qu'un compas et une carte tracée à la main. Cependant, ces navires semblent davantage en état de naviguer et ces marins plus aguerris qu'ils ne paraissent aux Européens de l'Ouest puisque, pendant un siècle et demi, des équipages pomors font presque annuellement la rude traversée de cinquante jours, depuis la mer Blanche, pour atteindre, la chance aidant, le minuscule archipel dans les glaces arctiques. La *lodja* est probablement un navire de planches à l'avant renflé, semblable à ceux utilisés dans les ports hanséatiques, de quinze à vingt mètres de long, munis de deux ou trois mâts et d'un rang d'avirons; elle a sans doute un faible tirant d'eau puisqu'on hale les navires à terre pour l'hiver. Les Européens de l'Ouest sont impressionnés par les manières de ces hommes singuliers, aux grosses barbes, aux chapeaux de fourrure et aux manteaux en peaux de mouton. Chirurgien à bord d'une baleinier anglais en 1806, John Laing a ces mots à propos de visiteurs pomors: « pendant le temps qu'ils furent à bord, et particulièrement à table, ils se sont comportés avec une courtoisie et une politesse auxquelles on ne se serait guère attendu vu leur allure grotesque ».

En débarquant au Spitzberg, tout équipage pomor construit une maison simple en billots de bois flotté pourvue d'un poêle d'argile et consacre l'été à chasser le renne et d'autres bêtes pour survivre à l'hiver qui approche. Même si des chasseurs de baleines européens ont parfois passé l'hiver au Spitzberg, cela a généralement été accidentel et s'est presque toujours terminé tragiquement; les Pomors sont donc les premiers à se faire une règle d'y hiverner. Ils passent presque toute la période de nuit polaire dans de minuscules baraques d'avant-poste d'à peine deux mètres sur trois de côté, chauffées par un faible feu et une petite lampe à l'huile. De ces cabanes, ils vérifient leurs rangées de chausse-trappe à renards arctiques et se battent avec acharnement contre les symptômes du scorbut. Parce qu'on interprète alors l'excès de sommeil comme le symptôme avant-coureur, voire la cause d'un mal, il semblerait que les trappeurs russes passent l'hiver à faire et défaire des nœuds dans une corde, s'efforçant ainsi opiniâtrement de se limiter à cinq heures de sommeil par jour pour échapper aux ravages de la maladie.

De ce mode de vie naît le premier folklore indigène du Spitzberg. La tradition pomor dépeint le scorbut sous les traits d'une vieille sorcière dont les onze très belles sœurs incitent les trappeurs à dormir ou à s'aventurer dans le dangereux arrière-pays des îles où ils tombent endormis et meurent de froid. Le Chien Spitzberg, créature colossale et malveillante qui vit dans les terres avec une des jolies sœurs, est une autre légende des trappeurs russes. On lui impute gros temps et mauvaise chasse; cependant, si les chasseurs gagnent sa faveur en lui sacrifiant des animaux, le Chien les conduit aux rennes et attire les renards dans leurs pièges. On raconte aussi que le Chien aime boire et il a la réputation de provoquer des tempêtes pour couler délibérément un navire jusqu'auquel il nage et dont il hale les barriques d'alcools flottantes dans sa chaude caverne au fin fond du pays. Ce confortable refuge, approvisionné en brandy et partagé avec une des jolies sœurs, hante sûrement les cauchemars de plusieurs trappeurs pomors tandis qu'ils affrontent l'interminable nuit hivernale dans une cabane exiguë où règnent le froid, la faim et la tentation du sommeil. Car le scorbut, le froid et la famine emportent plusieurs équipes entières d'hivernage, mais les survivants semblent souvent se prendre d'un fatal attachement pour cette terre. Un vieux chef d'équipe pomor nommé Starashchin passe plus de trente hivers dans l'archipel où il réside en permanence les quinze dernières années de sa vie. Il y meurt en 1826.

Les Pomors russes n'ont pas de rivaux au Spitzberg pendant la plus grande partie du XVIIIe siècle, mais des chasseurs norvégiens commencent à se manifester dans la région aux environs de 1820. Prenant d'abord la mer à Hammerfest, puis en d'autres ports plus au sud, les chasseurs remplissent leurs petits sloops de peaux de renne, de duvet d'eider et d'ivoire de morse. La concurrence grandissante sur les marchés européens et le déclin des populations de rennes et de renards, provoqué par l'intensification de la chasse, mettent fin aux expéditions pomors. Le dernier hivernage dont il soit fait mention date de 1851-1852.

L'ivoire de morse est la ressource la plus prisée par les chasseurs norvégiens du XIXe siècle. Les populations de morses survivent à la période des baleiniers parce que la baleine franche détourne l'attention de toute source moins importante d'huile de mammifère marin. Les morses semblent toutefois modifier leur comportement, passer le plus clair de leur temps dans l'eau ou se laisser dériver sur les amas de glaces flottantes plutôt que sur les rochers ou les plages où ils ont été des proies faciles pour les premiers chasseurs. Lorsque des groupes isolés vont à terre, ils survivent rarement. Dans *Seasons with the Sea Horses, or Sporting Adventures in the Northern Seas*, où il relate un voyage de chasse sportive en 1858 au Spitzberg, sir James Lamont décrit ainsi une chasse au morse par des Norvégiens sur l'île High Rock :

> En août 1852, deux petits sloops s'approchent de l'île et les marins avisent une harde de morses, évaluée à plusieurs milliers de têtes, qui s'y repose. Quatre équipages de canots (16 hommes) passent à l'attaque. La masse impressionnante de morses se prélasse dans une baie sablonneuse, encadrée de rochers, et sur une petite plateforme moussue en surplomb de la baie, à laquelle seule la baie fournit un accès adapté à ces animaux si gauches. Les canots touchent terre à petite distance de là, puis les 16 hommes, rampant le long de la côte, se glissent entre la mer et la baie bondée de morses et se mettent immédiatement à transpercer les bêtes à leur portée. Très agile et impétueux dans l'eau, le morse est gauche, sans défense à terre, et ceux des premiers rangs succombent aux coups de lances. Bientôt le passage jusqu'à la mer est obstrué par des morses morts ou mourants. Trempés de sang et exténués, leurs lances émoussées, inutiles à force d'usage répété, les hommes reviennent au vaisseau, dînent, affûtent leurs lances et retournent tuer 900 morses. Incapables de rapporter toutes leurs prises en Norvège dans leurs sloops, les chasseurs rentrent en hâte au pays avec une partie de leur butin et reviennent plus tard dans la saison, mais l'île est alors inaccessible à cause des glaces et ils sont donc contraints d'abandonner des centaines de carcasses.

Les plus vivantes descriptions de Lamont ont trait à la chasse au morse en eaux libres à l'aide de harpons, de fusils et de lances, à partir de canots. « Dans toute ma vie de chasseur sportif, raconte-t-il, je n'ai jamais rien vu de comparable à la furieuse frénésie de ces chasses. » La technique la plus efficace consiste à capturer ou à blesser un très jeune morse et à le torturer aussi longtemps que possible ; ses « glapissements » de douleur attirent à sa rescousse les autres membres de la harde en un lieu où on peut les abattre au corps à corps. Lamont est très impressionné par le comportement d'une mère qui, harponnée et remorquant un canot, s'efforce de protéger son veau en le gardant sous sa nageoire, s'interposant ainsi entre le petit et les lances fureteuses. « Jamais de ma vie je n'ai été témoin de spectacle plus fascinant et plus attendrissant que la prodigieuse tendresse maternelle dont a fait montre cette pauvre femelle. »

L'intérêt et l'affection que leur porte Lamont ne le retiennent pas de participer à une chasse sportive au morse, même s'il note « la rapide diminution de leur nombre » imputable à la chasse commerciale. De fait, la disparition du morse signe bientôt la fin de cette activité et les Norvégiens se tournent alors vers les hardes de rennes qui sillonnent encore la toundra de l'arrière-pays. Les Pomors ne tuaient les rennes que pour se nourrir, les Norvégiens les chassent pour en exporter la viande en Norvège et, en moins de quelques décennies, le renne du Spitzberg est presque exterminé. Les œufs des oiseaux migrateurs deviennent à leur tour un produit d'exportation, en plus du duvet ramassé dans les nids d'eiders. À l'été 1921, Gordon Seton fait la connaissance d'un duo de chasseurs norvégiens qui ont récolté 15 000 œufs d'eider à duvet et qui en recueillent encore quotidiennement des centaines ; ils emballent dans des barils de sciure les œufs qu'ils commercialisent en Norvège où ils vendent aussi le duvet pour la literie. Comme l'oasis arctique est déjà dépouillée de ses baleines et de ses morses, de ses ours, de ses rennes et de ses renards, ceux qui suivent après cette grande chasse doivent se rabattre sur les dernières et plus petites espèces susceptibles d'être anéanties à des fins lucratives. Assis sur le rivage d'Isfjord, Seton qualifie la contrée de « féerique, sublime et pourtant, aussi loin que l'œil peut porter, entièrement dénuée de vie [...]. Et partout règne ce silence qui sans cesse pèse sur les terres avoisinant le Pôle. » Un silence imposé par l'homme, qui a nécessité plus de trois siècles d'efforts entêtés.

Quatre années après le passage de Seton prend effet le Traité du Spitzberg. Ce traité reconnaît la souveraineté norvégienne sur l'archipel, désormais de plus en plus connu sous son nom norvégien de Svalbard, et clôt la « tragédie des communs » qui a encouragé la destruction arbitraire de sa faune. La chasse à l'ours et au morse est prohibée et une législation réglemente la prise des autres espèces. Le charbon devient la nouvelle industrie et on se met à exploiter en quantités commerciales les gisements facilement exploitables qui ont parfois alimenté en combustible les fourneaux à fondre la graisse des Hollandais et les fours des Pomors. En 1916, la compagnie norvégienne Store Norske ouvre des mines à Longyearbyen, dans l'île Isfjord ; cette ville d'environ 1 500 habitants est aujourd'hui le centre administratif et des communications de l'archipel. En 1931, le gouvernement soviétique achète une concession minière néerlandaise à Barentsburg, à 40 kilomètres à l'ouest de Longyearbyen ; Barentsburg reste aujourd'hui une ville russe d'environ 1 000 habitants, dotée de la ferme et de la laiterie les plus nordiques qui soient au monde. Probablement plus que les profits de l'exploitation houillère, la position stratégique de l'archipel explique le soutien apporté à ces communautés pendant toute la période de la guerre froide. Depuis 1990, les contacts se multiplient entre les communautés norvégiennes et russes qui toutes deux survivent en dépit de déconvenues financières et de commotions — tel l'écrasement d'un avion qui, en 1996, entraîne dans la mort, à Barentsburg, plusieurs épouses et enfants de mineurs russes.

Le tourisme est l'activité économique la plus visible dans le Svalbard contemporain. En vêtements de couleurs vives, les voyageurs s'adonnent de nos jours à la randonnée pédestre dans les vallées de l'intérieur, longent le littoral en kayak de mer ou débarquent de navires de plaisance pour savourer ce petit coin d'Europe arctique. Ils sont à l'affût d'ours, de morses, de baleines et d'oiseaux, et s'estiment chanceux de tomber par hasard sur un survivant des populations jadis innombrables de ces créatures.

À la fin de l'été 1986, tout juste trois cent quatre-vingt-dix ans après que Willem Barents l'eut aperçu pour la première fois, je visite le Svalbard. Je me trouve moi aussi à bord d'un navire néerlandais, nommé *Plancius* en l'honneur du grand géographe de la Renaissance. Le Centre arctique de l'Université de Groningue a converti un petit bateau-pilote de Rotterdam en navire de recherches scientifiques qui offre également à des groupes de touristes néerlandais des croisières arctiques (le genre de croisière où les passagers font à tour de rôle la popote et la vaisselle). Je suis à bord à l'invitation de Louwrens

Des os de morse tapissent la plage d'un ancien lieu d'abattage sur la côte du Svalbard. (Robert McGhee, Musée canadien des civilisations)

Hacquebord, l'archéologue dont le travail à Smeerenburg a ouvert une fenêtre sur l'histoire de la chasse à la baleine hollandaise au Svalbard. Nous nous employons à la problématique recherche de preuves que des chasseurs du néolithique puissent s'être aventurés aussi loin dans l'Arctique, comme ils y sont parvenus dans la plupart des autres régions circumpolaires voilà environ 5 000 ans.

Nous ne relevons aucune trace de chasseurs aussi primitifs, mais l'histoire des quatre derniers siècles est présente tout autour de nous. Le capitaine nous conduit à trois batteries de fourneaux à fondre la graisse qu'il a découvertes sur de petites îles au large de la côte d'Edgeøya, structures remarquablement bien conservées, probablement érigées et utilisées par des chasseurs de baleines anglais au XVIIe siècle. Nous découvrons fréquemment les restes malmenés par le temps de petites constructions en bois, parfois réduites à quelques planches ou perches grises éparses qui signalent des sites d'hivernage pomors. Partout à l'intérieur des terres on trouve des débris de chausse-trappes en bois, installées voilà des siècles, pour capturer des renards arctiques. À Hornsund, un Polonais et un Tchèque qui revivent une expédition pomor ont retapé une cabane décrépite. Six renards arctiques, aussi domestiqués que des chats, folâtrent autour de la cabane et quémandent des restes de table ; difficile de savoir quel sort les attend l'hiver prochain, lorsqu'ils auront revêtu leur précieuse fourrure hivernale.

Les vestiges les plus communs et les plus poignants du passé sont les ossements des animaux auxquels on doit l'activité humaine dans ces îles reculées. D'énormes os de baleine émergent des plages de boue où l'on dépeçait jadis ces bêtes. En toute vallée, les fragiles os de renne se revêtent lentement de fleurs et de lichens de la toundra. Et l'on croise inopinément çà et là sur la côte des lieux d'abattage de morses. Sur des centaines de mètres, la surface est tapissée d'épais ossements lourds ; les crânes massifs dégarnis de leurs défenses restent aussi insensibles à la décomposition qu'aux balles du XVIIe siècle. Les amoncellements d'os se font plus épais à proximité de la plage, là où les chasseurs créaient un andain de bêtes mortes et mourantes pour empêcher leurs congénères de fuir vers la mer. En un site d'abattage juste au nord de Kap Lee, j'erre vers l'intérieur des terres dans un enchevêtrement d'ossements de morses qui composent un immense triangle dont la base s'étale sur la plage et dont le sommet s'accroche à l'abrupt versant de montagne. En cet endroit, à deux cents mètres de la mer, les derniers survivants des troupeaux tentaient vainement de devancer dans leur ascension les hommes armés de lances de fer. Je grimpe au milieu des os, dans une accablante tristesse, assiégé par des siècles de peur et de souffrance, malheureux à la pensée de ces gauches animaux marins qu'on chassait à flanc de montagne.

Certaines de ces bêtes sont revenues au Svalbard. Les étangs de la toundra fourmillent de sauvagines d'été et les falaises de nidification des oiseaux de mer grouillent de vie bruyante. Les rennes broutent dans les vallées et les renards arctiques patrouillent les plages. Les chiens de la station météorologique de l'île Hope ont donné la chasse à deux cent vingt ours polaires dans l'hiver précédant mon séjour. Malgré l'interdiction de la chasse depuis presque un siècle, on voit rarement des baleines franches ; comme ailleurs dans l'Arctique, il y a peu d'espoir que leurs troupeaux redeviennent aussi nombreux qu'autrefois. On a promis aux touristes à bord du *Plancius* le spectacle de morses qui se sont remis à fréquenter les îles dans les années 1970, mais aucun d'entre eux ne se montre pendant notre excursion. Le dernier jour, dans le cadre d'une randonnée pédestre, nous nous rendons à une crique où le capitaine affirme toujours voir une petite bande se hisser et se prélasser. Notre groupe reste étrangement silencieux tandis que nous escaladons la crête adossée à la crique et risquons précautionneusement un œil de l'autre côté. En bas, la plage ensoleillée est désertée et pour ainsi dire sans vie.

CHAPITRE 10

La baie des tragédies

La baie d'Hudson est une vaste mer glacée qui s'enfonce comme une cale de glace au cœur de l'Amérique du Nord. Ses eaux acheminent baleines et phoques de l'Arctique, glaces et ours polaires jusqu'au cœur des forêts du Canada central. Son appendice méridional se situe à moins de 700 kilomètres, au nord, de l'endroit où je suis en train d'écrire en bordure de la rivière Outaouais, à la frange de l'Amérique du Nord urbaine. Les oies qui se posent sur la rivière à l'automne avant de poursuivre leur migration vers le sud ont peut-être quitté la veille seulement ses rives glaciales. Délaissant les cieux nordiques pour les premiers champs de maïs qu'ils voient de l'été, les vols hésitants d'oiseaux épuisés et silencieux tissent un lien tangible avec le lointain monde boréal. Cette baie tient un rôle crucial dans la mythologie arctique des Canadiens, à l'image de la place essentielle qu'elle occupe dans l'histoire comme pivot de la compagnie de la baie d'Hudson, du commerce des fourrures et de deux siècles d'exploration de l'Ouest.

J'ai grandi en tentant d'imaginer le grand océan glacé qui s'étale juste au-delà de la forêt nordique ontarienne. Me fascinait plus encore la région mythique qui s'étend jusqu'à 1 000 kilomètres de sa côte occidentale, ce gigantesque triangle de toundra, de fleuves aux eaux cristallines et de hardes de caribou, qu'on connaît depuis trois siècles sous le nom de toundra canadienne. Tel est l'Arctique dont Farley Mowat fait l'expérience dans les années 1940 et dont il traite avec tant de passion et d'humanité. Ses livres me révèlent ceux d'autres voyageurs de la toundra, en particulier l'étonnante relation, par Samuel

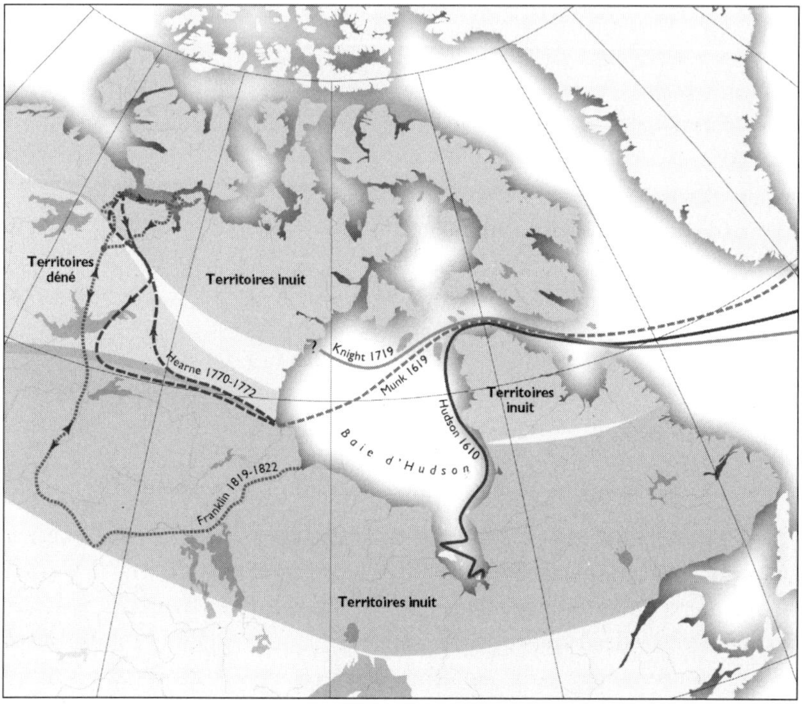

Exploration de la baie d'Hudson et de la toundra canadienne.

Hearne, de sa difficile expédition au XVIIIe siècle. Le livre d'Hearne révèle au lecteur les secrètes pensées d'un voyageur confronté à un monde si différent de tous ceux connus aujourd'hui qu'il pourrait aussi bien s'agir d'une fiction particulièrement vivante qu'aurait imaginée son contemporain Samuel Coleridge. Si l'on remonte encore plus loin dans le temps, presque deux siècles avant Hearne et une génération seulement après les expéditions de Martin Frobisher en Terre de Baffin, d'autres relations de voyage dans la baie d'Hudson décrivent certaines des plus pathétiques tragédies de l'histoire des explorations arctiques par des Européens. Lorsque j'aperçois pour la première fois la baie à l'été de 1962 – vaste panorama des champs de glace dérivante sous l'aile de l'avion de brousse qui me ramène au terme d'un emploi d'été dans les torrides forêts de la plaine derrière la côte de la baie James – je découvre le théâtre où se sont déroulés les drames les plus notoires de l'histoire canadienne.

Ce motif tragique s'ébauche avec Henry Hudson, explorateur tenace qui, parti à la recherche d'une route septentrionale vers l'Asie, complète quatre remarquables périples en quatre étés successifs. En 1607 et 1608, il navigue pour l'Angleterre dans les eaux du Spitzberg et de la mer de Barents; de retour dans la région en 1609 pour les Hollandais, les glaces et un équipage insubordonné le déroutent vers l'ouest jusqu'au fleuve Hudson, en pleine Amérique. Ces trois traversées témoignent toutes également de ses grandes compétences de marin et de son flair exceptionnel pour l'exploration, mais il faut imputer au caractère d'Hudson la dissension et la quasi-menace de mutinerie qui empoisonnent chacune de ses aventures. En 1610, il quitte encore une fois l'Angleterre à bord du *Discovery*, un minuscule trois-mâts barque, avec un équipage de vingt-deux hommes et l'objectif de s'engager dans le chenal au large de la pointe septentrionale du Labrador que Martin Frobisher a baptisé Mistaken Strait (détroit de la Méprise). Survivant au brouillard, aux glaces et aux vagues colossales de ce que l'on connaît aujourd'hui comme le détroit d'Hudson, il atteint son objectif et découvre que cette nappe d'eau tumultueuse est l'entrée d'une gigantesque mer presque cerclée de terres. Le *Discovery* fait voile vers le sud en longeant la rocheuse côte est de la baie d'Hudson, émaillée d'îles, et pénètre dans l'appendice méridional d'eaux peu profondes que nous appelons la baie James. Avec la mer pour seul horizon à l'ouest et sans moyen de mesurer sa longitude, Hudson croit probablement avoir atteint un secteur nordique de l'océan Pacifique et voguer vers le sud le long de la côte ouest de l'Amérique.

Le seul récit de la suite du voyage qui nous soit parvenu provient d'Abacuk Pricket et sa relation souffre de ce qu'il n'est pas un marin, mais un représentant des investisseurs. Il décrit plusieurs semaines d'errance, manifestement sans objet, dans la baie James et le sud de la baie d'Hudson — reflet peut-être des efforts embarrassés d'Hudson pour rejoindre la latitude de la Californie que Francis Drake a ralliée par le sud, trois décennies plus tôt. À l'extrémité sud de la baie, Hudson n'est qu'à environ 10° au nord de la Nova Albion de Drake, sur la côte de la Californie, et à la même distance au nord du point où Hudson renonçait l'été précédent à explorer le fleuve Hudson. Les torrides journées d'août, accompagnées de vents qui balaient les immenses forêts sur le pourtour de la baie d'Hudson, lui rappellent sûrement les canicules estivales de la vallée de l'Hudson et lui en confirment la proximité. Entouré de côtes boisées à une latitude à peu près identique à celle de Londres, il n'éprouve sans doute pas grande appréhension à y passer l'hiver. Quand la glace commence à se former, tôt en novembre, l'équipage hale le *Discovery* à terre et se prépare pour l'hiver en se proposant de compléter, avec du poisson et du gibier des forêts avoisinantes, ses provisions de vivres pour six mois.

Mais la baie James est au cœur même de la zone subarctique et la température hivernale moyenne y oscille entre -10° et -25 °C ; comme font les chasseurs cris dont ils visitent le territoire, les animaux fuient en majorité les côtes venteuses pour se réfugier dans les forêts de l'intérieur. Les hommes d'Hudson ne croisent, de tout l'hiver, qu'un autochtone, avec qui ils font du troc ; le peu de générosité avec laquelle ils le traitent explique probablement qu'il ne revienne pas. L'appréhension de manquer de nourriture, conjuguée à l'inconfort de passer un long et rigoureux hiver dans des baraquements exigus, exacerbe certainement les tensions qui commençaient à s'exprimer entre l'équipage et le capitaine. Les colères d'Hudson et ses atermoiements, ses démonstrations intempestives de favoritisme ajoutées aux rumeurs voulant qu'il s'accapare de la nourriture, concourent à l'agitation. Même si l'équipage abat plusieurs lagopèdes tout au long de l'hiver, on le voit fouiller la forêt en quête de mousses, voire de grenouilles, le printemps venu. Le médecin de bord concocte avec des bourgeons d'arbres une tisane qui guérit les hommes de leur scorbut et les filets rapportent suffisamment de petits poissons pour qu'on tienne jusqu'à la rupture des glaces en juin, mais les efforts pour trouver les habitants autochtones et leur acheter de la viande restent vains. « Il serait trop fastidieux de deviser de tous nos tourments en cette saison d'hiver (si froid qu'il estropia la plupart d'entre nous et que je m'en ressens encore moi-même) », écrit Abacuk Pricket.

Quand enfin le *Discovery* se libère des glaces et pousse au nord à sa sortie de la baie James, l'équipage en est déjà à partager les derniers morceaux de biscuit et de fromage moisi du navire. Des champs de glaces qui couvrent l'essentiel de la baie d'Hudson en ce début d'été lui bloquent le chemin et la famine menace une fois de plus. Hudson ordonne la fouille des effets personnels qui se solde par la récolte d'une abondante quantité de vivres, chapardées et thésaurisées, et par une bonne dose de ressentiment. La description faite par Pricket de la mutinerie en gestation et des événements à mesure qu'ils se produisent est la narration la plus détaillée, le plus spontanée et la plus émouvante qu'il m'ait été donné de lire de pareille tragédie. On peut s'interroger sur la sincérité de Pricket dans la mesure où il est un survivant et où il tient son journal en ayant à l'esprit sa défense en justice, mais le récit d'ensemble est net.

Visiblement, les hommes les plus solides concluent à la nécessité d'abandonner, en plus du capitaine et de ses partisans, les malades et les chétifs pour que survivent les autres. Le plan consiste à forcer les victimes de la conspiration à prendre place dans le canot que remorque le *Discovery* et à les larguer. Le 23 juin, on met à exécution le complot :

> Entre temps, Henrie Greene et un autre sont allés voir le charpentier et lui ont fait la conversation jusqu'à ce que le patron sorte de sa cabine (ce qu'il fit bientôt), puis John Thomas et Bennett se sont interposés devant lui pendant que Wilson lui liait les mains dans le dos. Il leur a demandé ce que cela signifiait ? Ils lui ont répondu qu'il le saurait quand il serait dans la chaloupe [...]. Puis on a amené la chaloupe contre le côté du navire et on a appelé le nom des pauvres hommes malades et éclopés pour qu'ils sortent de leurs cabines et prennent place dans la chaloupe [...].
>
> Une fois libéré de ses liens, le charpentier leur a demandé s'ils croyaient être pendus lorsqu'ils rentreraient au pays : quant à lui, disait-il, il ne resterait pas à bord du navire à moins d'y être forcé ; ils l'ont donc laissé aller, parce qu'ils ne le retiendraient pas [...]. Le charpentier a obtenu d'eux un fusil, de la poudre et des balles, quelques piques et un pot de fer, un peu de farine et d'autres choses. Ils se sont dégagés des glaces, la chaloupe encore attachée à l'arrière du navire, et (quand ils se furent écartés, parce que je ne peux pas écrire : quand ils se furent éloignés) ils ont coupé le lien qui rattachait sa proue à l'arrière de notre navire, puis ont hissé le hunier, ont redressé la barre et ramené la voile de misaine jusqu'à ce qu'ils aient fouillé et inspecté tous les recoins du navire.

Le tableau de ce capitaine, de son jeune fils, loyal matelot charpentier, et de six hommes sans ressource et malades qu'on abandonne à une mort certaine dans les champs de glaces de la baie d'Hudson est l'un des plus pathétiques de l'histoire de l'exploration arctique. Personne n'a jamais retrouvé trace de la chaloupe ou de son équipage. Nous pouvons nous les représenter en train de progresser péniblement vers le nord dans les glaces, le long de la côte orientale de la baie d'Hudson, avec l'espoir de regagner leur route jusqu'à la côte du Labrador et d'y obtenir l'aide de pêcheurs européens qui fréquentent les lieux. Ils tombent presque certainement sur des Inuit qui occupent la région et en qui ils voient une source potentielle de ravitaillement, peut-être même de salut. Les Inuit perçoivent sans doute ce canot de bois, qui transporte quelques hommes malades et sans défense, comme un butin trop précieux pour ne pas s'en saisir et la rencontre se conclut probablement comme celle des cinq marins perdus par Frobisher et celle que feront un mois plus tard les mutins.

À la fin de juillet, affamés et désemparés, les rescapés de l'équipage du *Discovery* exultent d'être de retour aux falaises de nidification, à l'extrémité nord-est de la baie d'Hudson, qu'ils ont plus tôt nommées cap Digges. Les falaises de l'île Digges et du cap Wolstenholme, son voisin, sont encore les aires de reproduction d'une colonie de plus d'un demi-million de guillemots de Brünnich et l'un des spectacles les plus impressionnants de la région. Les mutins trouvent les lieux investis par des Inuit qui chassent et stockent les oiseaux capturés sur les falaises à l'aide de nasses ou filets à long manche. Les Inuit se montrent heureux de troquer de la viande et des défenses de morse contre des miroirs, des clochettes, des boutons et des couteaux; dans une seconde rencontre, à terre, la séance d'échanges vire au guet-apens lorsqu'on attaque avec couteaux et flèches les Anglais non armés, y compris le chef des mutins. Les Anglais se débattent pour éloigner leur canot de la rive, mais le meneur Henry Greene succombe sur-le-champ tandis que trois autres meurent de leurs blessures dans d'atroces souffrances, le lendemain. Le reste des insurgés utilisera cet épisode sanglant pour être exonéré du forfait de mutinerie: quand les huit survivants touchent l'Angleterre — après une traversée de l'Atlantique pendant laquelle ils se nourrissent de peaux de guillemots et de chandelles — ils parviennent ainsi à échapper aux poursuites en justice aussi sûrement qu'à la famine.

Les marchands londoniens qui ont financé l'aventure d'Hudson semblent être intervenus dans le processus judiciaire dans le but de se ménager les services d'hommes capables de trouver leur chemin dans la mer nouvellement découverte à l'ouest du Labrador. L'année suivante, Abacuk Pricket et Robert Bylot, le lieutenant qui ramène à bon port le *Discovery* en 1611, sont d'une autre aventure au pays de la baie d'Hudson et passent un autre hiver tiraillés par la faim et le scorbut à l'embouchure du fleuve Nelson, sur la côte boisée du sud-ouest de la baie. Leur mésaventure se répète, sous une forme plus dramatique encore, sept ans plus tard, à l'hiver 1619-1620, quand le roi du Danemark charge le capitaine danois Jens Munk de mettre à profit cette nouvelle et prometteuse route pour un passage du Nord-Ouest.

La Scandinavie se souvient de Munk, officier de la marine danoise/norvégienne, comme de son premier grand explorateur arctique. Né dans une famille aristocratique désargentée et disgraciée, Munk prend la mer à l'âge de 12 ans et participe à diverses expéditions en des pays aussi lointains que le Brésil. Dès 1605, il commande des navires engagés dans le commerce nordique et des explorations dans la mer de Barents en vue de trouver un passage du Nord-Est. L'organisation de la première expédition danoise de chasse à la baleine dans les eaux du Spitzberg et la capture, en 1615, d'un pirate notoire au large de la côte septentrionale de la Russie comptent parmi ses prouesses dans l'Arctique. Son expérience et sa compétence irréfutable le désignent tout naturellement pour commander une expédition royale en quête d'un passage du Nord-Ouest danois.

Munk quitte Copenhague en mai 1619 avec soixante-quatre hommes et deux navires, l'*Unicorn* et le *Lamprey*. Il suit l'ancienne route vers le Groenland, plein ouest depuis l'extrémité sud des Féroé pour atteindre la côte est glacée du Groenland, puis vers le sud au milieu des glaces pour doubler le cap Farewell. Comme glaces et brouillard obstruent le détroit de Davis, il s'engage dans le goulet de la baie de Frobisher, mais saisit rapidement, en dépit de l'avis contraire de son pilote anglais, qu'il ne s'agit pas là de la route vers l'ouest. Il trouve bientôt le détroit d'Hudson, relève avec précision les latitudes des îles qui flanquent sa passe d'entrée, au nord et au sud, et prend des notes détaillées sur les marées, les courants et les conditions de glaces pour ceux qui emprunteront plus tard le même itinéraire. Dans ce qui est à coup sûr une savante ou très chanceuse manœuvre de navigation, il éperonne un glacier dans le but de redresser une lourde section de la charpente de l'*Unicorn* qui s'est gauchie plus tôt sous la pression des glaces et peut consigner que « Le résultat est aussi parfait que si 20 charpentiers avaient été embauchés pour le radouber ; ne reste qu'à ajuster les chevilles qui ont été faussées ». Une fois accosté sur la côte sud de la Terre de Baffin, l'équipage réussit à faire du troc avec un groupe d'Inuit, chasse le caribou et le lièvre avant de poursuivre vers l'ouest. À quelque temps de là, le navire se retrouve coincé, désemparé dans les glaces ; alors, non seulement les hommes prient-ils — une première dans les annales de l'exploration — mais ils procèdent à une collecte pour les démunis. Libéré des glaces à l'extrémité occidentale du détroit d'Hudson, Munk met le cap au sud-ouest et franchit en trois jours et trois nuits les 1 000 kilomètres qui le séparent de la côte sud-ouest de la baie. Il y arrive le 7 septembre, trop tard dans la saison pour tenter quoi que ce soit, sauf établir des quartiers d'hiver avec l'espoir d'entreprendre, l'été suivant, une saison complète de reconnaissance.

Munk choisit un emplacement d'hivernage à l'embouchure du fleuve Churchill, l'un des plus grands fleuves qui se déverse dans la baie d'Hudson, et son carnet de bord précise les inventives précautions prises pour protéger les navires des glaces. L'emplacement se trouve à la limite des arbres et les forêts environnantes — alors probablement plus étendues qu'aujourd'hui — garantissent combustible et abri. La latitude de 59° Nord est à peu près celle de la maison d'enfance de Munk, sous le climat tempéré du Sud norvégien, mais la brutalité du froid de l'hiver subarctique imminent excède vraisemblablement ce qu'il avait prévu ou imaginé. Le 12 septembre, une brève note dans le carnet de bord paraît prémonitoire, à la lumière de ce qui adviendra :

> Tôt le lendemain matin, un gros ours blanc est descendu jusqu'au bord de l'eau où il s'est mis à dévorer le béluga que j'avais attrapé la veille. J'ai abattu d'une balle l'ours et j'ai donné la viande à l'équipage avec ordre de ne la bouillir qu'à peine, puis de la garder dans le vinaigre pendant une nuit. J'ai même fait rôtir pour la cabine deux ou trois morceaux de cette chair. Elle était bonne au goût et très délectable.

Insuffisamment cuite, la viande d'ours polaire est une pernicieuse source de trichinose, une infection parasitaire qui, dans les cas bénins, provoque fatigue, maux de tête, diarrhée et douleurs musculaires. Dans les cas d'infection plus grave — corrélative au nombre de parasites qui infestent l'hôte d'origine — les symptômes peuvent persister des mois durant et même entraîner la mort.

L'automne est consacré aux occupations de routine. Pour l'hiver, on ferme le petit *Lamprey* dont l'équipage emménage dans l'*Unicorn*, plus spacieux, où Munk fait construire deux foyers pour assurer de la chaleur. Chaque jour, les hommes vont à terre récolter du combustible, chasser, piéger le renard pour sa fourrure et cueillir des baies de toundra identiques à celles qui leur sont familières en Norvège. On réserve le vin pour les occasions spéciales, mais les hommes peuvent boire de la bière à volonté. Le 21 novembre, Munk note dans son journal que la température est « aussi agréable qu'on peut l'espérer au Danemark » en cette saison, et il ajoute : « nous avons enterré un matelot malade depuis un long moment ». Le 20 décembre, par temps doux, tout l'équipage à terre s'emploie à ramasser du combustible et à trouver de la viande fraîche pour la fête de Noël. On arrose le réveillon de vin et de bière corsée qu'il faut faire fondre, mais dont les hommes boivent à satiété. Il y a office et sermon de Noël ; on procède aussi à une quête, dont il est fait état dans une observation inquiétante : « On a recueilli peu d'argent auprès des hommes, mais ils ont donné ce qu'ils avaient. Tant d'entre eux ont offert des peaux de renard blanc que le pasteur en a eu assez pour doubler son manteau. Mais il n'a pas vécu assez longtemps pour le porter. » Les hommes s'adonnent à des jeux et Munk rapporte que « l'équipage est en bonne santé et déborde d'allégresse ».

Les décès se succèdent à compter du début de janvier. Alors que les températures atteignent leurs valeurs les plus basses de l'année, un mal virulent qui se manifeste d'abord par de la dysenterie et se conclut trois semaines plus tard par la mort se répand rapidement dans l'équipage. Le journal de Munk se transforme graduellement en une nécrologie quotidienne. Au milieu de février, seuls sept hommes sont encore capables d'aller chercher du bois et de l'eau, de chasser quelques rares lièvres et lagopèdes pour apprêter la soupe des invalides. En mars, à la maladie se ligue le scorbut et les survivants sont désormais trop faibles pour enterrer les morts.

> Ma détresse et mon affliction les plus profondes, écrit Munk le 30 mars, datent de cette époque ; bientôt je ne suis plus qu'un oiseau sauvage et esseulé. J'en suis réduit à préparer et à servir moi-même à boire aux hommes malades et à leur procurer tout ce qui, à mon sens, est susceptible de les sustenter ou de les réconforter. Je n'ai toutefois pas l'habitude de ces besognes et je sais bien peu ce qu'il faut faire.

Ouvrant l'armoire à pharmacie, Munk découvre que tous les remèdes sont étiquetés en latin ; non seulement les inscriptions lui sont-elles indéchiffrables, mais il soupçonne que le regretté chirurgien a dû lui-même avoir recours au défunt pasteur pour les traduire. À la mi-avril, seuls quatre hommes en plus de Munk sont en état de s'asseoir sur leur couchette pour écouter le sermon du vendredi saint dont il fait lecture. Le 10 mai, lorsque les oies arrivent du sud, seulement onze hommes vivent encore pour en goûter la saveur.

Le 4 juin, en présence des quatre derniers survivants, Munk rédige un mot requérant de quiconque trouvera leurs corps qu'il les ensevelisse et transmette au roi son journal « afin que ma pauvre femme et mes enfants puissent retirer quelque bénéfice de ma grande infortune et de ma fin tragique. Sur ce, bonne nuit au monde entier ; je remets mon âme entre les mains de Dieu [...]. » Quatre jours plus tard, Munk est le dernier homme vivant à bord du navire et il emploie ses ultimes énergies à ramper jusque sur le pont, loin des exhalaisons fétides des cadavres qui dégèlent dans la chaleur estivale. Le lendemain matin, il a la surprise d'apercevoir sur la proche côte deux hommes bien vivants qui, devenus trop faibles, n'avaient pu revenir au vaisseau et qu'on avait présumés morts. Ils l'aident à descendre à terre et tous trois se traînent jusqu'à la forêt où ils avalent la moindre verdure qui leur tombe sous la main. Grâce à cette nourriture, ils trouvent la force de tendre un filet où se prennent plusieurs truites, de récupérer le vin à bord du *Lamprey* abandonné et de chasser l'oie.

Ils surmontent le scorbut et les forces leur reviennent bientôt. À la fin de juin, ils réussissent à remettre à flot le *Lamprey* et à transborder les provisions de l'*Unicorn*, devenu un navire morgue. Quand la glace se fracture le 16 juillet, Munk et ses deux compagnons de bord hissent les voiles et contemplent une dernière fois leur tragique lieu d'hivernage. Un mois durant, ils luttent contre les glaces de la baie d'Hudson et, pendant un autre mois, contre les grands vents de l'Atlantique ; ils arrivent finalement le 21 septembre dans un petit port de la côte méridionale de la Norvège. Munk conclut sa narration par ce récit factuel :

> Le 25 septembre, je suis arrivé à Bergen où je me suis immédiatement rendu chez un médecin pour obtenir des conseils et des médicaments. J'ai aussi pris des dispositions pour que le capitaine qui me remplacerait à bord du *Lamprey* porte des breuvages et des remèdes à mes deux hommes. Puis, le 27 septembre 1620, j'ai écrit aux hautes autorités du Danemark pour les aviser de mon retour.

Hors de danger à Bergen, Munk a du mal à croire que, moins de quatre mois plus tôt, entouré d'hommes morts ou mourants, il rédigeait une autre note dans laquelle il demandait simplement d'être enseveli par quiconque trouverait son message. Ce qui a sans doute été la pire expérience de sa passionnante existence était derrière lui, mais il n'a pu facilement l'oublier pendant le reste de sa remarquable carrière de marin. L'année suivante, on lui ordonne de préparer une nouvelle expédition à la baie d'Hudson ; l'entreprise avorte avant même de prendre la mer. Huit années plus tard, Munk meurt de blessures reçues dans un engagement auquel il prend part dans l'interminable querelle du Schleswig-Holstein.

Le journal que Munk publie pour rendre compte de sa quête d'un passage du Nord-Ouest relate une sinistre histoire, une épopée meurtrière d'une intensité rarement surpassée dans les récits d'exploration.

Il ne laisse pourtant pas au lecteur l'impression de funeste incompétence et d'impéritie personnelle qui se dégage des comptes rendus de tant d'expéditions désastreuses. Munk n'est ni un Hugh Willoughby ni un Henry Hudson. Vêtements, équipements et provisions auraient probablement pu être mieux adaptés, mais c'étaient peut-être les meilleurs compte tenu des connaissances de l'époque, et rien ne permet de soupçonner une pénurie de vivres non plus que des blessures imputables à des vêtements inadéquats. Munk documente même les difficultés pour y apporter remède lors d'équipées ultérieures : il note que des skis seraient utiles pour se déplacer en hiver, qu'on ne devrait pas conserver les préparations pharmaceutiques dans des contenants de verre qui éclatent sous l'effet du gel et qu'il faudrait, bien sûr, les étiqueter en danois. Difficile de répartir les blâmes pour les tragiques événements survenus à l'embouchure du fleuve Churchill, à l'hiver 1620; peut-être faut-il simplement montrer du doigt la malchance, mais aussi la science médicale du temps, ignorante des causes et des traitements du scorbut et des autres maux qui assaillent les équipages avec d'aussi dévastatrices conséquences.

Après la tragédie de Munk, les Anglais ont la baie d'Hudson toute à eux. En 1670, la Company of Gentlemen Adventurers Trading into Hudson's Bay (devenue plus tard la Compagnie de la baie d'Hudson) obtient par privilège royal le monopole sur la Terre de Rupert qui embrasse le territoire arrosé par tous les fleuves se jetant dans la baie. Comme en Sibérie au même moment, c'est la fourrure qui attire les Européens dans les forêts du Canada subarctique, et on crée bientôt des comptoirs de traite des fourrures à l'embouchure des fleuves qui se déversent dans la baie James et drainent les côtes boisées du sud-ouest de la baie d'Hudson. Depuis ces petits comptoirs, des routes commerciales autochtones rayonnent loin dans l'arrière-pays de l'Ouest canadien et le commerce des fourrures se déploie bientôt jusqu'aux montagnes Rocheuses et au-delà. Des navires font annuellement la traversée entre l'Angleterre et la baie d'Hudson, et le commerce mondial gagne le cœur du continent.

Au début du XVIIe siècle s'amorcerait l'une des plus singulières expéditions arctiques, une aventure que l'histoire semble avoir presque entièrement occultée. Le seul compte rendu de cet événement figure dans les écrits de Pierre-Esprit Radisson, le trafiquant de fourrures français dont la défection au profit de l'Angleterre sera déterminante dans la fondation de la Compagnie de la baie d'Hudson et l'irruption anglaise dans le commerce des fourrures, jusque-là monopole français, en Amérique du Nord septentrionale. Radisson, qui a vécu et largement voyagé parmi les communautés indigènes de la région des Grands Lacs, raconte que par le passé un groupe de Hurons s'est mis en quête de nouveaux territoires dans le Nord. Munis de provisions suffisantes pour tenir une année, ils ont quitté leur patrie dans les terres agricoles de ce qui est maintenant le Sud ontarien et pris la direction du nord jusqu'à la baie James, par voie fluviale. Ils y ont construit des canots assez grands pour accommoder trente hommes et sont partis vers le nord en longeant la côte, croisant à l'occasion de petits groupes de gens timides dont ils ne comprenaient pas la langue. Laissant derrière eux les forêts, ils se sont aventurés dans un pays aride qui n'était que rocs et collines et, poursuivant leur route, ils sont tombés sur des montagnes de glace, puis sont parvenus en une contrée que Radisson désigne comme « le bras d'or ». Progressant le long de cette côte, ils constatent que la température se réchauffe et s'étonnent finalement de se retrouver parmi des peuples qui leur sont familiers dans l'estuaire du Saint-Laurent.

Radisson est du genre à apprécier les bonnes histoires et certains passages de ses récits de voyage sont difficiles à croire. Cependant, avant de qualifier ce récit de pure invention, il convient de se pencher sur quelques faits connus qui s'y rattachent. Les Hurons sont alors une nation iroquoienne d'agriculteurs dont les territoires dominent les routes commerciales empruntées par les Français, entre la vallée du Saint-Laurent et les forêts nordiques des Grands Lacs. Avant leur anéantissement aux environs de 1650 par l'action combinée d'une maladie européenne et de guerres contre leurs cousins iroquois, les Hurons sont des marchands accomplis : ils transportent les produits français dans l'arrière-pays et les échangent contre des peaux de castor. Leurs relations commerciales ont sans nul doute des ramifications jusqu'aux fleuves qui se déversent dans la baie James et leurs partenaires iroquois ou eux-mêmes visitent au moins occasionnellement la région, comme je l'apprends à l'été 1962 lors d'un voyage avec un pêcheur cri de la communauté de Nemiscau, à l'est de la baie James. Un jour, nous effectuons le long portage entre le bassin du fleuve Rupert et le lac Evans, plusieurs kilomètres de piste bourbeuse sur laquelle il faut traîner canots, araignées, moteurs hors-bord, essence, tentes et tout le nécessaire pour une excursion de pêche estivale et en fin d'après-midi, alors que nous croisons une arête rocheuse, mes compagnons offrent de me montrer un endroit où des Amérindiens du Sud ont massacré leurs ancêtres et où reposent encore les os des victimes. Je suis trop exténué par l'effort, inhabituel pour moi, d'avoir à transporter un lourd équipement dans la chaleur et les nuées d'insectes du portage pour m'intéresser à cette histoire — une décision que je regretterai longtemps. La relation d'un missionnaire jésuite de la première heure, qui signale l'existence d'un fort iroquois sur une île du lac Nemiscau, étaye cette chronique orale locale.

Il est peu probable que le fort et le massacre aient un lien direct avec le récit d'exploration de Radisson, mais tous ces éléments confirment la présence d'Iroquois ou de Hurons dans le pays qui entoure la baie James. Les paysages accidentés balayés par les vents que ces coureurs des bois disent traverser en se dirigeant vers le nord peuvent aisément dépeindre la toundra littorale de l'est de la baie d'Hudson, et leur itinéraire en suivant cette côte les aura amenés à longer le littoral sud du détroit d'Hudson. De là, ils auront atteint la côte du Labrador, nom qui a pour origine son découvreur au XVIe siècle, João Fernandes, lui-même un *lavrador* — un petit propriétaire foncier de Terceira, une île des Açores. Du temps de Radisson, cette origine cède sans doute le pas à l'étymologie française populaire « le bras d'or », restée énigmatique pour les lecteurs du récit de Radisson (écrit et publié en anglais). La même genèse s'applique au nom des lacs Bras d'Or de l'île du cap Breton. La côte du Labrador aura conduit les coureurs des bois hurons dans l'estuaire du Saint-Laurent où ils rencontrent des trafiquants et colons français, avec lesquels ils sont déjà familiers, et même des compatriotes hurons. Malgré la faiblesse de la preuve que des explorateurs hurons aient effectivement mené semblable expédition, cette histoire a un fond singulièrement cohérent. Le périple aura été certainement long et extrêmement périlleux, mais les trafiquants et guerriers hurons des Grands Lacs avaient l'expérience des grandes nappes d'eau, des populations locales hostiles et des longs trajets en pays peu familier. À ma connaissance, ce rare exemple d'exploration du Nord par des non-Européens n'a jamais été rapporté dans les livres qui traitent de l'histoire de l'Arctique. Peut-être ne devrait-on pas si légèrement l'écarter.

Un siècle après le terrible hivernage de Munk à l'embouchure du fleuve Churchill, la région est le théâtre d'une nouvelle entreprise qui connaît un dénouement pareillement désastreux, mais plus inexplicable. En 1717, James Knight y établit un comptoir de traite. La soixantaine, riche de longs états de service à la Compagnie de la baie d'Hudson, Knight a vent de rumeurs autochtones qu'il interprète comme l'indication de l'existence d'or et d'un passage du Nord-Ouest quelque part le long de la côte de la baie d'Hudson, au nord du fleuve Churchill. Il persuade la Compagnie de lui fournir deux navires, l'*Albany* et le *Discovery*, et le nécessaire pour une expédition que devraient couronner la fortune et la gloire. Les navires, avec leurs équipages d'environ quarante hommes, prennent la mer en juin 1719 et disparaissent à jamais. Le premier indice de leur sort se révèle presque cinquante ans plus tard, à une époque où la Compagnie envoie désormais sur une base régulière de petits navires au nord de Churchill pour y chasser la baleine et commercer avec les Inuit du nord de la baie d'Hudson. L'un de ces vaisseaux aborde l'île Marble, un affleurement de quartzite singulièrement désert, à 500 kilomètres au nord de Churchill et à 15 kilomètres de la côte; son équipage y découvre les vestiges d'une maison, un fatras d'ancres et d'autres objets trop encombrants pour que les Inuit les récupèrent, ainsi que les coques de deux navires naufragés dans les eaux peu profondes d'un mouillage voisin. Deux années plus tard, les marins d'un navire de la Compagnie croisent dans la région des Inuit qui leur racontent une histoire poignante. Un automne, ils ont fait la rencontre d'une cinquantaine d'hommes, des *qadlunaat*, en train de construire la maison sur l'île Marble. Lorsqu'ils sont revenus au printemps, les Blancs étaient beaucoup moins nombreux et, l'automne d'après, seuls vingt Européens mal en point avaient survécu. Cet hiver-là, les Inuit se sont installés tout près et ils ont approvisionné les *qadlunaat* en viande et en graisse de baleine. À leur retour de la chasse sur le continent, le printemps suivant, cinq Blancs seulement vivaient encore; trois d'entre eux sont morts peu après avoir mangé crues la viande et la graisse de phoque que les Inuit leur avaient offertes. Les deux derniers survivants passaient leur temps sur le sommet d'une colline avoisinante guettant l'arrivée de secours en provenance du sud; un jour l'un d'eux a succombé et l'autre s'est éteint en tentant de l'ensevelir. Les Inuit ont nommé cet affleurement enneigé Dead Man's Island (île du Macchabée) et ils ont pris l'habitude de l'éviter comme une terre de maladie et d'infortune.

Lieutenant du navire qui s'arrête à l'île Marble en 1769, Samuel Hearne consigne cette triste histoire. Une version fort différente semble se dégager des fouilles archéologiques menées sur les lieux dans les années 1990 sous la direction d'Owen Beattie. Construits de pierres et de tourbe, les murs de soutènement de la maison de Knight tiennent encore debout, et les réserves à l'intérieur de la structure et dans la zone environnante sont à peu près telles que Knight les a laissées. Les épaves des navires coulés sont en excellent état et il semble qu'on ait procédé à la récupération de leur contenu alors qu'ils étaient encore à flot, ce qui élimine le naufrage comme cause de la tragédie. Les restants d'un gros tas de charbon indiquent qu'on a réussi à décharger le combustible de telle sorte que le groupe d'hiverneurs n'aura pas eu à en subir une pénurie. La présence de nombreux os d'animaux semble suggérer que les hommes étaient bien approvisionnés en viande fraîche. On ne récupère comme restes humains qu'une seule vertèbre à l'extérieur de la maison et, à l'intérieur des murs, quelques dents déchaussées. L'écrivain John Geiger, qui prend part aux fouilles et les relate, conteste le compte rendu par Hearne du récit des Inuit et conclut que les hommes de Knight, pour l'essentiel, sinon au grand complet, ne sont pas morts sur l'île Marble. Peut-être se sont-ils perdus en tentant d'explorer à pied la toundra canadienne. La rumeur que des Amérindiens auraient rencontré, loin dans l'arrière-pays, des Européens dont ils auraient obtenu du fer, atteint le comptoir du fleuve Churchill en 1721. Il est plus vraisemblable que les membres d'équipages aient abandonné les navires prisonniers des glaces dans le petit mouillage de l'île Marble et tenté de regagner à pied le comptoir de traite à 500 kilomètres plus au sud. D'âge assez avancé, James Knight a pu penser ne pas survivre à une telle randonnée ; on ne trouve pourtant pas trace de sa dépouille sur l'île Marble. S'y perpétue cependant une coutume locale inuit : les visiteurs qui abordent l'île doivent d'abord y ramper sur les genoux et les mains pour éviter la maladie et l'infortune, une tradition peut-être reliée de quelque façon à une lointaine tragédie.

Un demi-siècle après l'hivernage de James Knight sur l'île Marble, un remarquable explorateur quitte le comptoir à l'embouchure du fleuve Churchill. Le minuscule comptoir établi par Knight en 1717 a prospéré pour devenir Fort Prince of Wales, imposante structure de maçonnerie conçue pour résister aux attaques des Français qui disputent aux Anglais la propriété de la baie d'Hudson et l'accès à son précieux commerce des fourrures. L'explorateur n'est autre que Samuel Hearne. L'été précédent, il a servi comme lieutenant à bord du vaisseau qui s'arrête à l'île Marble et il a consigné le récit des Inuit sur le sort de Knight. Marin quelconque, âgé de 24 ans et relativement novice dans le commerce des fourrures, Hearne n'est manifestement pas de la

Fort Prince of Wales, comptoir de la compagnie de la baie d'Hudson à l'embouchure du fleuve Churchill, tel que le découvre le visiteur au temps des voyages de Samuel Hearne. (Extrait de Samuel Hearne, *A Journey from Prince of Wales's Fort in Hudson Bay to the Northern Ocean, 1769-1772*, édition établie par Richard Glover, Macmillan, Toronto, 1958)

trempe des grands explorateurs et cette tâche lui échoie peut-être simplement parce que le gouverneur du fort juge qu'il n'est pas irremplaçable. Cependant, au fil des trois années suivantes, Hearne sillonne la toundra canadienne et se rend aussi loin, vers l'ouest, qu'au Grand Lac des Esclaves et, vers le nord, qu'à la côte arctique. Ses comptes rendus abondent en renseignements détaillés sur un vaste territoire jusque-là inconnu des Européens, et sa description de la mer truffée-de-glaces-et-de-hauts-fonds dans le Nord profond anéantit tout espoir de trouver un passage du Nord-Ouest praticable à une latitude commodément inférieure.

Les historiens des voyages arctiques sous-estiment souvent ou même ignorent l'exploit d'Hearne. Cela vient peut-être en partie du postulat que l'exploration arctique est d'abord et avant tout affaire de marin ; même les grandes expéditions britanniques par voie de terre sont, au XIXe siècle, des entreprises de la marine, avec cette seule différence qu'officiers et équipages n'ont pas leur pont familier sous les pieds. Hearne s'initie lui-même à l'exploration en s'attachant aux pas des bandes de chasseurs et de trappeurs autochtones et en s'en remettant au bon vouloir de leurs chefs. Ce faisant, et en consignant ses voyages avec sensibilité et intelligence, il brosse un tableau unique et détaillé de la toundra canadienne et de ses occupants avant qu'ils ne soient à jamais défigurés par les grandes épidémies de variole à la fin du XVIIIe siècle. Il fait aussi don au monde d'une très rare description du mode de vie qui était celui des populations indigènes de l'Arctique avant qu'elles ne soient profondément influencées par leur imbrication dans la culture mondiale qui gagne déjà alors toute la planète.

Avant de suivre Hearne dans la toundra jusqu'au tragique événement qui fut le point culminant de son périple, il importe de bien camper les peuples qui sont les protagonistes de son histoire. Trois nations amérindiennes s'adonnent dès le début au commerce des fourrures dans la baie d'Hudson. La plus importante est celle des Cris (qu'Hearne appelle Indiens du Sud), une mosaïque de groupes étroitement apparentés qui occupent les vastes forêts nordiques enneigées s'étendant de la côte atlantique du Labrador jusqu'aux contreforts des Rocheuses. Chasseurs forestiers d'orignal et de caribou, pêcheurs des lacs et des cours d'eau, coureurs des bois en toboggans et en canots d'écorce, les Cris sont parmi les premiers à s'engager dans le commerce européen des fourrures. Approvisionnés en produits européens pour faire le troc avec des peuples plus éloignés, et en fusils pour s'assurer un avantage sur les groupes non armés, ils essaiment rapidement à l'ouest pour s'accaparer la plus grande partie des fourrures en provenance des prairies canadiennes et des forêts qui les coiffent au nord. À l'embouchure du fleuve Churchill, Fort Prince of Wales se trouve à la limite septentrionale du territoire cri.

L'autre nation qui pratique la traite à Fort Prince of Wales est celle des Dénés qu'Hearne appelle Indiens du Nord. Les trafiquants leur donnent localement divers noms, dont ceux de Chippeway, d'Indiens des Esclaves et d'Indiens du Cuivre. Ils sont les représentants les plus orientaux d'une multitude de groupes apparentés qui rayonnent dans tout l'Alaska et presque jusqu'au détroit de Béring. Les langues et le bagage génétique des peuples déné les distinguent des autres populations amérindiennes et laissent croire que leurs ancêtres on pu être parmi les derniers à migrer dans notre hémisphère depuis le nord-est de l'Asie. Les Dénés de l'Est avec lesquels chasse et trappe Hearne sont

Samuel Hearne a gravé sa signature dans le roc, près de Fort Prince of Wales, deux ans avant d'entamer ses explorations de la toundra canadienne. (Fred Bruemmer)

des peuples de la limite des arbres et des régions de toundra voisines au nord, dont la vie est centrée sur les rythmes migratoires du caribou, leur principal moyen de subsistance et le fondement de leur existence.

Enfin, loin au nord, vivent les Inuit. Du temps de Hearne, a pris forme un commerce tâtonnant avec les Inuit qui vivent le long de la côte occidentale de la baie d'Hudson, au nord de Fort Prince of Wales. Nul n'a oublié les massacres répétés des premiers équipages européens et les rapports entre Anglais et Inuit sont toujours teintés d'une méfiance que tempère uniquement l'énorme avantage mutuel d'un troc des pelleteries de renard contre du fer. Les relations entre Dénés et Inuit n'ont pas dépassé le stade de l'hostilité et du mépris réciproques, avec des conséquences qu'Hearne découvre bientôt dans toute leur brutalité.

Hearne reçoit ses ordres à l'automne 1769, peu après être rentré de son voyage à l'île Marble. Le gouverneur du fort décide d'envoyer une expédition s'enquérir de la lointaine source de cuivre, à partir de laquelle les Dénés fabriquent leurs couteaux et leurs armes, et de la mer prétendument voisine. On propose au chef d'une petite bande de Dénés des provisions et une rémunération pour qu'il conduise Hearne et quatre compagnons — deux Anglais et deux Cris — aux mines de cuivre et à l'océan septentrional. Ils partent au début de novembre, quand le terrain est assez gelé, mais la lumière diurne encore suffisante pour faciliter le voyage. Peu après qu'ils ont quitté le fort, il apparaît évident que le chef déné n'a nullement l'intention de remplir sa part du contrat et, deux semaines plus tard, Hearne et ses compagnons renoncent à l'entreprise et refont à pied 200 kilomètres pour rentrer à Fort Prince of Wales où ils arrivent en décembre. Hearne reprend la route avec une autre équipe en février 1770, mais il devient clair en août que le guide n'a pas la moindre idée de la route à suivre ; il se montre en outre incapable de protéger Hearne quand une bande plus nombreuse de Dénés dépouille le groupe de presque tous ses effets. Hearne baisse les bras et retourne au fort où il arrive à la fin de novembre après avoir parcouru plus de 1 000 kilomètres en huit mois.

Il entreprend son dernier voyage après seulement deux semaines de repos, en compagnie d'un chef déné, nommé Matonabbee, qui a la réputation d'être compétent et honnête, six épouses diligentes pour transporter ses effets, et une connaissance approfondie des lointains territoires du Nord et de l'Ouest. Hearne entreprend ce voyage sans compagnons anglais ou cri et, pendant les deux années et demie qui suivent, il s'immerge dans la réalité quotidienne d'une bande de chasseurs déné. Pour un Européen cultivé, c'est une occasion inouïe d'observer et de documenter la vie d'un peuple autochtone de l'Arctique.

À peine deux semaines après avoir quitté le fort, Hearne reçoit sa première leçon sur l'insécurité qui menace implacablement les gens dont la vie dépend de cette terre déserte. Hearne et ses compagnons se retrouvent affamés dans la contrée rocheuse sise immédiatement au nord de la limite des arbres, en une saison où le soleil hivernal rase tout juste l'horizon sud à midi et où les températures moyennes oscillent entre -20° et -35 °C. Il manifeste de l'admiration pour la force de caractère des Dénés et pour la manière dont ils composent avec des conditions aussi effroyables :

> 27 décembre 1770 : Le dix-neuf, nous avons poursuivi notre route direction nord-ouest et, après avoir quitté la crique susdite, n'avons traversé rien d'autre que des landes entièrement désertes, le ventre vide, jusqu'au vingt-sept [...] [où ils ont abattu quatre caribous et se sont arrêtés pour se gaver de viande]. De fait, plusieurs jours durant, nous n'avions goûté à

> quoi que ce soit, si ce n'est une chique de tabac et un verre de neige fondue; et, comme nous marchions du matin au soir et que nous étions tous lourdement chargés, les forces commençaient à nous manquer. Je dois avouer que je n'ai jamais connu de Noël plus morose [...]. Mes Indiens gardaient néanmoins leur bonne humeur; et, comme nous étions alors au beau milieu de la toundra et que nous avions relevé quelques pistes fraîches de cerfs, ils ont commencé à penser que le pire de l'hiver était derrière [...]. Plus d'une fois j'ai vu des Indiens du Nord, à la fin d'un jeûne de trois ou quatre jours, aussi gaillards et facétieux sur la question que s'ils se l'étaient imposé eux-mêmes; et ils se demandaient les uns les autres, dans les termes les plus crus et avec l'humeur la plus joviale, s'ils avaient quelque envie d'une aventure avec une inconnue. Je dois reconnaître que les exemples de cette sorte m'ont rendu infiniment service puisqu'ils tendaient à entretenir mon moral et à m'insuffler une résolution qui me serait restée inaccessible si les Indiens avaient adopté l'attitude contraire et manifesté quelque appréhension de mourir d'inanition.

Dans les quatre mois qui suivent, le groupe progresse pas à pas et péniblement en direction de l'ouest, le long de la limite des arbres, se nourrissant de caribou qui, à cette période de l'année, reste à proximité du couvert des forêts. Les épisodes de famine et d'abondance alternent; Hearne note et saisit la nécessité de se déplacer constamment pour survivre en pareille contrée. Il comprend aussi que ce mode de vie ne va pas sans gaspillage de nourriture. Lorsque les Dénés tuent un nombre considérable de caribous, il observe que

> [...] même si nous restions souvent trois, quatre ou cinq jours sur place pour finir de consommer les trophées de nos chasses, nous laissions néanmoins fréquemment derrière nous, à notre départ, de grandes quantités de bonne viande que nous ne pouvions ni manger ni emporter. Cette conduite est des plus excusables de la part d'un peuple dont le mode de vie nomade et les idées acquises le portent à voir en toute chose l'effet du simple hasard. La grande incertitude dans laquelle ils sont quant à la possibilité de revoir jamais tel coin ou tel autre les induit à penser qu'il n'y a rien de répréhensible ni d'insouciant à profiter de ce qu'offre de mieux le pays tandis qu'ils le traversent, passant d'un lieu à un autre, et ils semblent disposés à ce que leurs successeurs tentent leur chance tout comme eux.

Quelques mois plus tard, il se montre moins philosophe quant aux pratiques d'abattage des Dénés. Lorsqu'il tente de convaincre ses compagnons qu'ils ne doivent pas tuer de si grandes quantités de caribous uniquement pour leur langue et leurs amourettes, surtout à un moment de l'année où leurs peaux ne sont d'aucune utilité,

> […] on me répondit, précise-t-il, qu'il était parfaitement correct d'en tuer à profusion et de se nourrir du meilleur, quand et là où cela se présentait, parce que cela serait impossible là où tout est rare ; et ils insistaient sur le fait que l'abattage à profusion de cerfs et d'autres gibiers dans une partie du territoire ne pouvait jamais les rendre moins abondants dans une autre. De fait, ils étaient tellement accoutumés de tuer tout ce qui venait à leur portée que peu d'entre eux pouvaient passer près d'un nid d'oiseaux sans en massacrer les oisillons ou en détruire les œufs.

Certains des us et coutumes qu'observent les Dénés déconcertent Hearne qui s'y montre malgré tout réceptif. Il comprend que les hommes ont besoin d'autant de femmes qu'ils sont en mesure d'en entretenir : en effet, les femmes se chargent de tout le travail de boucherie, de conservation et d'apprêt des viandes ; de la couture et de l'entretien des vêtements et des toiles de tente ; du transport des enfants, des provisions et des effets domestiques pendant les interminables déplacements. En retour, les femmes exigent le soutien d'un chasseur fiable et d'un planificateur compétent qui saura les préserver, elles et leurs enfants, de la famine. Toute rencontre fortuite d'autres groupes déné se conclut par le vol ou la perte de femmes et de diverses possessions ; en l'une de ces occasions, Hearne s'offusque de ce que Matonabbee poignarde froidement un homme dont il a pris de force la femme.

> Il est depuis toujours coutume pour les hommes de ces peuples, écrit-il, de se battre pour toute femme à qui ils sont attachés ; et, bien entendu, le plus fort décroche toujours la timbale. [Les garçons s'exercent constamment à la lutte, parce que cela] […] leur permet de soustraire leur bien, particulièrement leur femme, aux mains de ces vigoureux ravisseurs ; certains d'entre eux font presque métier d'enlever ainsi ce qui leur plaît aux individus plus faibles, sans rien leur donner en retour.

Hearne s'étonne aussi de ce que ces incidents prennent très rarement un tour violent et de ce que toutes les parties s'en tirent généralement sans blessure corporelle. Comme il n'arrive pas à s'expliquer le geste de Matonabbee, « à tous autres égards un homme d'un bon sens tellement universel et […] d'une humanité si profonde », il l'impute aux longues années que ce dernier a passées chez les Cris.

L'assassinat à coup de poignard survient en mai alors que plusieurs petites bandes, totalisant quelque deux cents individus, sont réunies en un lieu où se dressent des bouleaux suffisamment gros pour fournir l'écorce dont on revêt les canots. Il s'agit manifestement d'un rassemblement annuel, au moment de la débâcle, moment où il est difficile de voyager et où tous s'emploient à préparer les perches de tentes et les canots pour passer l'été dans la toundra sans arbres. Déjà les caribous sortent des forêts, les femelles gravides mènent la marche vers les aires de mise bas, près de la côte arctique. Dénés et loups suivent les hardes qui migrent au nord, dans un monde de cours d'eaux en crue et de lacs en partie gelés, de nuées d'insectes qui sourdent de la toundra saturée d'eau et de vastes horizons dégagés. Hearne constate que sa bande s'est agrandie, mais il s'inquiète d'apprendre que plusieurs hommes se sont joints au groupe « dans le seul but d'assassiner les Esquimaux », réputés occuper la côte de la mer du Nord, avec qui Hearne s'est lié auparavant. Lorsqu'il dénonce ce dessein, on le traite de poltron; conscient que son entreprise et sa vie dépendent du bon vouloir durable de ses hôtes, il « ne se risque plus jamais par la suite à contrarier leurs projets belliqueux ».

Aux premiers jours de juin, le groupe entreprend son odyssée vers le nord, traverse les lacs sur la glace printanière et, plus tard, les cours d'eau en canots. Il rattrape les hardes de caribous et il est en mesure d'en abattre à volonté. Un peu à l'est du Grand Lac de l'Ours, le groupe croise une bande de Dénés de la région, qu'Hearne appelle des Indiens du Cuivre, qui n'avaient jamais vu d'Européen. Hearne a peu de choses à échanger avec ces étrangers et le nombreux groupe de Matonabbee les dépouille de leurs femmes, de leurs fourrures, de leurs arcs et de leurs flèches même si, comme d'habitude, aucune violence ne s'exerce ouvertement et même si Matonabbe veille à ce que les armes soient pour la plupart rendues à ces gens qui, sans elles, mourraient. Plusieurs des nouveaux venus se joignent aux guerriers pour les guider jusqu'aux collines où se trouve le cuivre et jusqu'aux proches terres des Inuit où ils espèrent prendre part à l'assaut.

Laissant femmes, enfants, chiens, tentes et presque tous leurs effets au camp des Indiens du Cuivre où ils avaient fait provision de viande fraîche et séchée, les guerriers se dirigent prestement vers le nord jusqu'au fleuve Coppermine. Ils progressent péniblement pendant deux semaines dans un grésil et une neige si constants qu'ils réussissent rarement à allumer un feu pour se réchauffer, puis dans la chaleur accablante et les nuées de moustiques, et ils dorment à l'abri de falaises rocheuses, quand il s'en trouve, sinon à découvert. Des espions envoyés en éclaireurs rapportent la présence de cinq tentes inuit près de rapides à plusieurs kilomètres en amont de l'embouchure du Coppermine. La troupe désordonnée de chasseurs déné se transforme soudain en un détachement de guerriers disciplinés sous le commandement de Matonabbee ; tous peignent leur visage et leur plastron, puis se tiennent en embuscade jusqu'à ce que les Inuit se soient couchés pour dormir. Alors ils se précipitent sur le campement et se livrent rapidement à ce qui devient l'un des plus célèbres massacres de l'histoire du Canada. Hearne s'indigne de la brutalité dont font preuve les hommes pour lesquels il a appris à éprouver respect et confiance.

> On ne peut aisément concevoir, moins encore décrire mon désarroi et mon sentiment de terreur devant le spectacle de cette boucherie ; même si j'ai fait appel à toute la force de caractère dont j'étais capable en cette circonstance, j'ai eu du mal à retenir mes larmes ; et je suis convaincu que l'expression de mon visage doit avoir éloquemment manifesté à quel point j'étais éminemment ébranlé par la scène barbare dont j'étais le témoin ; je ne peux toujours pas, même maintenant, méditer sur les échanges de cette horrible journée sans verser des larmes.

Malgré ses protestations, Hearne réussit à décrire l'événement avec force détails, précis et terribles ; le compte rendu en est si réaliste et on l'a si souvent réimprimé que le massacre de Bloody Falls incarne pour bien des lecteurs la brutalité de la vie autochtone dans l'Arctique. Le critique littéraire I. S. MacLaren en a récemment proposé une autre vision : il note que le crescendo de détails violents ne se retrouve que dans la version finale de la relation d'Hearne, publiée en 1795, et il avance de ce fait qu'elle pourrait devoir davantage à l'influence de la sensibilité « gothique » du temps qu'à ce dont Hearne fut réellement témoin. Mais même expurgée de ces plus macabres détails, la relation glace le sang et les larmes d'Hearne sont compatibles avec ce qu'on qualifierait médicalement aujourd'hui d'état de stress post-traumatique. Cette nuit-là, cinq familles inuit périssent en un lieu connu depuis sous le nom de Bloody Falls ; cinquante années plus tard, leurs ossements traînent encore à la surface du sol lorsque l'expédition de John Franklin, en route vers la côte arctique, descend le fleuve Coppermine. Deux siècles après les événements, je campe plusieurs semaines à Bloody Falls et, même si des saules nains tapissent densément les lieux du massacre, des restes des anciens camps inuit y sont encore visibles. C'est toujours un coin de paradis pour la pêche estivale ; sur les rochers au pied de la chute d'eau, on peut gaffer ou harponner l'omble en pleine migration. À cet endroit même tombe la dernière victime : une veille femme, trop aveugle et trop sourde pour être consciente du tumulte tout proche, et qui continue de pêcher jusqu'à ce que les

Les chutes Bloody, à quelques kilomètres de l'embouchure du fleuve Coppermine, vues d'aval. La bande de Hearne arrive par les collines qu'on devine dans le lointain et se livre au massacre sur le plan incliné, tout juste à droite du bouillonnement d'eau. (Robert McGhee, Musée canadien de la civilisation)

guerriers la surprennent. Debout, sur cette même plateforme rocheuse, assourdi par le grondement des eaux impétueuses, le visiteur contemple avec épouvante la cruauté humaine dont s'est imprégnée cette région voilà deux siècles.

La suite de l'odyssée d'Hearne est longue, mais des plus banales. Bloody Falls est à environ une douzaine de kilomètres seulement en amont de l'embouchure du Coppermine et, le lendemain du massacre, Hearne s'aventure assez loin dans l'estuaire pour voir des morses sur la glace d'une mer parsemée d'îles qui s'étend au nord. Une fois qu'il est revenu sur ses pas, on le mène aux collines d'où provient le cuivre ; il apparaît alors clairement que le mince filon clairsemé n'a aucune valeur commerciale. On rapporte à Hearne une légende locale des Indiens du Cuivre qui explique la rareté de ce métal : les gisements sont extrêmement riches au moment où une femme en fait, la première, la découverte ; plusieurs années durant, elle y amène des hommes qui en extraient du minerai pour satisfaire à tous leurs besoins. Mais certains se permettent avec elle des privautés et elle jure de se venger. Comme elle est un puissant chaman, elle s'assoit sur le sommet de la colline qui contient les filons et s'enfonce graduellement dans la terre en entraînant avec elle tout le cuivre, sauf les quelques parcelles qui subsistent. Deux siècles plus tard, à mon retour d'un séjour de fouilles sur le fleuve Coppermine, je suis assis dans le bar du Gold Range Hotel, à Yellowknife. C'est à l'époque une salle accueillante, mais parfois intimidante, absolument dénudée, sauf pour de petites tables recouvertes d'*arborite* éparses sur un plancher de linoléum sous l'éclairage cru de tubes fluorescents. Je partage une table avec un Déné de Yellowknife qui, informé de mon passage sur le Coppermine, me raconte une histoire identique sur la mine disparue et ajoute la précision (peut-être supprimée par Hearne) que la vengeance de la femme est une rétribution pour le viol infligé par son frère. Je paie un verre de bière à l'homme qui me confirme la vitalité de la tradition orale. En outre, un de ses aïeux au cinquième ou au sixième degré se trouvait probablement aux côtés d'Hearne à Bloody Falls, en cette nuit silencieuse de juillet 1771. J'éprouve le même sentiment que sur la saillie rocheuse à Bloody Falls : dans l'histoire d'une région, le passé est souvent plus proche que nous ne le pensons.

Hearne passe un autre hiver avec la bande de Matonabbee, sillonne le pays boisé à la périphérie du bras oriental du Grand Lac des Esclaves et rentre finalement à Fort Prince of Wales au début de l'été 1772. Après avoir parcouru plus de 2 000 kilomètres à pied et côtoyé dangereusement la famine quatre années durant, Hearne conclut de la sorte son compte rendu :

> Quoique mes découvertes ne seront vraisemblablement d'aucun profit matériel pour la nation dans son ensemble, ni même en fait pour la Compagnie de la baie d'Hudson, je me plais toutefois à penser que j'ai pleinement obéi aux ordres de mes maîtres et ainsi mis un point final à toutes les polémiques concernant un passage du Nord-Ouest par la baie d'Hudson.

Malgré son incapacité à trouver une mine de cuivre rentable ou un passage du Nord-Ouest, Hearne gravit les échelons dans la Compagnie ; dix années plus tard, il est gouverneur de Fort Prince of Wales quand s'y présente une flotte française sous les ordres du Comte de la Pérouse. Riche de l'expérience acquise dans les batailles navales de sa jeunesse, Hearne comprend que le fort est indéfendable et se rend sans livrer combat. Ses hommes et lui sont rapatriés en Angleterre; il en va de même du manuscrit de son journal de voyage que La Pérouse lit et lui retourne à la condition qu'il le publie. Le fort détruit, ses protecteurs anglais partis, Matonabbee se pend; quant à ses femmes et ses enfants, ils meurent de faim, l'hiver suivant. Le mode tragique continuait de poursuivre les premiers Européens et ceux qui traitaient avec eux sur le pourtour de la baie d'Hudson.

CHAPITRE II

La gloire pétrifiée

La relation, par Samuel Hearne, de son étonnante traversée de la toundra canadienne met fin aux derniers espoirs de trouver un passage du Nord-Ouest commercialement praticable au-dessus du continent américain. De même, les soi-disant fabuleux filons de métal jaune du lointain Nord-Ouest ne contiennent finalement pas d'or, mais seulement des fragments épars de cuivre indigène. Dans les régions septentrionales d'Amérique du Nord, tout comme en Sibérie, la prospérité ne se bâtit que sur les animaux à fourrures des grandes forêts enneigées qui couvrent le continent. La fourrure continue donc de présider à l'exploration de la région subarctique. En 1789, l'année même où les marchands russes instituent une foire commerciale dans les territoires des Tchouktches farouchement indépendants, le trafiquant de fourrures Alexander Mackenzie atteint la côte occidentale de l'Arctique canadien, à quelque centaines de kilomètres à l'est de la presqu'île de Tchoukotka. Quatre années plus tard, lorsqu'il s'aventure sur la côte canadienne du Pacifique Nord jusqu'en territoire russe, le commerce des fourrures s'est mondialisé.

En l'absence de perspectives imminentes d'enrichissement dans les zones de toundra et sur les océans de glace au nord de la limite des arbres, les explorations arctiques dictées par des intérêts commerciaux prennent fin. De nouveaux desseins et de nouveaux joueurs apparaissent alors et transforment peu à peu l'exploration arctique. La ferveur patriotique, le désir d'élargir les connaissances humaines et, par dessus tout, la quête de promotion et de célébrité personnelles composent un puissant cocktail qui attire les romantiques, les marginaux et les mégalomanes dans les régions arctiques tout au long des XIXe et XXe siècles.

La manière dont on relate les explorations connaît aussi une profonde transformation. Des hommes comme Richard Hakluyt et Samuel Purchas voient dans la publication des carnets de bord de marins, ou des journaux d'exploration dont ils sont les initiateurs, un moyen de diffuser des renseignements pour susciter des efforts nationaux commercialement profitables. La tradition se perpétue au XVIIIe siècle, mais le livre d'Hearne sur son périple dans la toundra canadienne en 1795 et celui, immensément populaire, de Mungo Park sur ses aventures africaines en 1799 sont les prototypes d'un nouveau genre de récit de voyage. On ne publie pas ces livres pour diffuser des données de nature commerciale, mais pour divertir et instruire un public cultivé. On met l'accent sur la description pittoresque de terres reculées et de peuples étranges, sur la réaction de l'explorateur devant ces réalités ou sur les privations et les dangers auxquels il s'expose pour aller à leur rencontre.

Le XIXe siècle est témoin de la production massive de récits semblables, à la fois sous-produits et aiguillons de l'expansion colonialiste européenne du temps. Quand ils sont réussis — comme le sont ceux d'Hearne et de Mungo Park — ces livres deviennent pour longtemps des classiques. Plusieurs autres, malgré leur succès initial, ne s'accordent pas aux sensibilités des époques ultérieures. Les œuvres prolixes des voyageurs victoriens laissent souvent au lecteur l'impression d'une marche laborieuse dans la neige profonde et humide lorsqu'il les compare à la prose scandaleusement bourrée de fautes d'orthographe, mais limpide, des marins élisabéthains, ou au style lapidaire et méditatif d'explorateurs comme Hearne. À propos des récits générés par les missions lancées au secours de Franklin au milieu du XIXe siècle, l'homme de lettres Maurice Hodgson écrit: « Il y a beaucoup d'affectation dans les lettres victoriennes et l'expérience arctique en étale parfois le pire. » Cette façon d'écrire survit à Victoria et connaît son apogée dans l'industrie du livre qui accompagne les expéditions polaires au début du XXe siècle.

La première vague d'exploration arctique au XIXe siècle se concentre sur le passage du Nord-Ouest, sur une hypothétique route qui, d'abord simple source potentielle de richesse, se transforme pour les marins anglais en un défi patriotique. Comme les guerres napoléoniennes lui

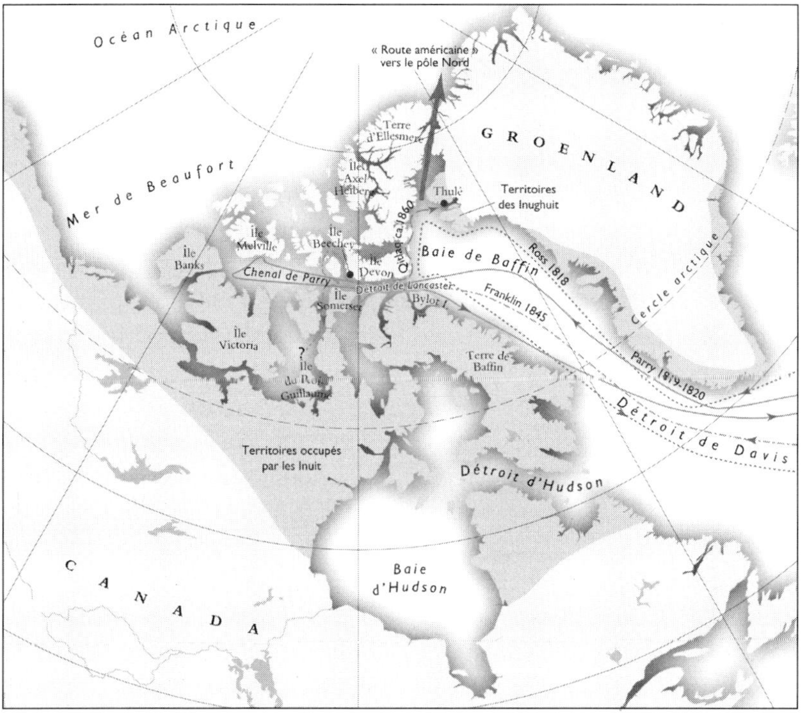

Exploration du haut Arctique.

lèguent de trop nombreux officiers et vaisseaux, la marine britannique cherche des moyens de justifier les investissements de fonds publics dans la force navale et son existence même. On commence à présenter l'Arctique comme un terrain de formation pour les officiers et les marins dont on aura besoin dans les guerres à venir. Des officiers perçoivent personnellement l'exploration comme un moyen de se faire remarquer par leurs supérieurs et de relancer une carrière qui stagne en l'absence d'opérations militaires. Dans *I May Be Some Time : Ice and the English Imagination*, ouvrage d'une subtile argumentation, Francis Spufford documente le mélange d'arrogance impériale, fondée sur le rang social, et de juvénile fantasmagorie homophile qui caractérisent en son temps l'exploration britannique de l'Arctique. Tel est l'environnement à l'origine d'un siècle d'aventures de plus en plus coûteuses, organisées sous le prétexte de parfaire ses connaissances géographiques et d'affirmer sa souveraineté sur des parties du monde polaire.

La différence saisissante entre les premières explorations et les expéditions de nature militaire au XIXe siècle saute aux yeux dès que l'on compare les traversées de la toundra canadienne par Samuel Hearne, dans les années 1770, à celles entreprises par John Franklin exactement cinquante ans plus tard. Lorsque Hearne fait l'aller-retour entre Fort Prince of Wales sur la baie d'Hudson et le fleuve Coppermine, il n'a d'autre compagnie que des familles déné dont la toundra est le territoire. Il n'apporte ni provisions ni instrument dont ne font pas usage les Dénés, sauf un sextant, et il se nourrit entièrement de produits indigènes. Il met près de deux ans à compléter ce périple ; pourtant, le groupe n'essuie pas plus d'épreuves que n'en comporte la vie ordinaire des Dénés et Hearne sort de cette expérience avec une compréhension incomparable du pays et du peuple qui l'habite.

Franklin part d'York Factory sur la côte sud-ouest de la baie d'Hudson, à l'été 1819, escorté de trois autres officiers de la marine — John Richardson, George Back et Robert Hood — et du simple matelot John Hepburn. Ils sont munis de lettres de créance des compagnies du Nord-Ouest et de la baie d'Hudson, et ces intérêts pour la traite des fourrures dictent leur itinéraire le long des routes praticables, en canot et à raquettes, qui se sont développées depuis l'époque d'Hearne. Les deux grandes compagnies qui fusionneront en 1821 se livrent encore une guerre commerciale ; par conséquent, les comptoirs du profond arrière-pays sont moins bien approvisionnés que de coutume. Les trafiquants ne disposent guère de surplus pour satisfaire aux besoins de l'expédition ou pour honorer les lettres de change remises par Franklin aux chasseurs autochtones dont il dépend pour la viande. Néanmoins, le groupe reçoit suffisamment d'aide pour poursuivre vers l'ouest jusqu'à Cumberland House, sur le fleuve Saskatchewan, où il hiverne ; le printemps suivant, il monte jusqu'à Fort Chipewyan, sur le lac Athabaska, et pousse ensuite jusqu'au minuscule avant-poste de Fort Providence, sur la rive nord du Grand Lac des Esclaves. À l'été 1820, les Anglais s'élancent vers la limite des arbres à bord d'énormes canots d'écorce, véritables locomotives de la traite des fourrures canadienne que meuvent à l'aviron des coureurs des bois iroquois et franco-canadiens. Dans le pays de forêts entre le Grand Lac des Esclaves et le Grand Lac de l'Ours, ils bâtissent un camp d'hivernage qu'ils nomment Fort Enterprise : une grosse construction de rondins pour les officiers, une cabane pour les coureurs des bois et le matelot Hepburn, et une remise. Ils sont en pays déné et leur emplacement est

Site archéologique sur la côte nord-est de la Sibérie, Ekven a grandement contribué à l'essor initial de la culture inuit. Les os de baleines à l'avant-plan sont les restes d'une habitation inuit construite sur un monticule d'artéfacts et d'ossements d'animaux accumulés au fil des quelque vingt derniers siècles. Sis à l'extrême pointe orientale de la Sibérie, le cap Dejnev s'avance à gauche dans la mer tandis que le détroit de Béring et le littoral de l'Alaska s'estompent dans le brouillard. (Robert McGhee, Musée canadien des civilisations)

Sculpté dans l'ivoire, cet animal marin fabuleux a été récupéré dans une tombe du cimetière, sur l'éminence derrière Ekven. Caractéristiques de la culture Old Bering Sea qui remonte aux siècles voisins des débuts de l'ère chrétienne, les sculptures raffinées de ce type témoignent d'une société qui disposait de la richesse, du loisir et de l'outillage indispensables pour atteindre à un art aussi subtil. (Bryan et Cherry Alexander)

Cette île glacée en bordure de la mer de Barents est typique des côtes inhospitalières que croisent sur leur chemin les premiers explorateurs du passage du Nord-Est. (Robert McGhee, Musée canadien des civilisations)

Les tentes des archéologues se dressent parmi les scories et le charbon des essais miniers auxquels on a procédé sur l'île Qallunaat voilà plus de 400 ans ; l'une des tranchées traverse le centre inférieur de la photo. (Robert McGhee, Musée canadien des civilisations)

Tableau de John White dépeignant une escarmouche entre des Inuit de la Terre de Baffin et l'équipage d'un canot de l'expédition de Frobisher en 1577. Le face-à-face se produit sur la côte méridionale de la baie de Frobisher, mais l'artiste transpose la scène de manière à inclure un paysage aisément reconnaissable des environs de l'île Qallunaat. (British Museum)

Le canot du photographe alerte une colonie de morses lézardant sur une île arctique isolée. Spitzberg a jadis été le foyer de centaines de tels troupeaux dont les armes naturelles se sont révélées peu utiles contre les chasseurs alléchés par le prix de leurs défenses d'ivoire et de leurs cuirs résistants. (Frank Todd)

Cornelis de Man a peint vers 1639 ce tableau représentant un établissement baleinier hollandais dans l'Arctique (« Een Nederlandse traankokerij in de Noordelijke Ijszee »). Pareilles descriptions idéalisées de l'industrie baleinière ont probablement contribué à la légende qui dépeint Smeerenburg comme un petit bourg hollandais transposé dans le lointain Arctique. (Rijksmuseum)

Dans son tableau « Crossing the barren lands », George Back dépeint sa retraite depuis le littoral arctique jusqu'à la limite des arbres à la fin de l'été 1821. (Extrait de C. Stuart Houston (dir.), *Arctic Artist : the Journal and Paintings of George Back, Midshipman with Franklin, 1819-1822*, Montréal, McGill-Queen's University Press, 1994)

La lisière de la toundra canadienne, à la fin de l'été. La vue des premières épinettes naines est un immense soulagement pour les hommes épuisés qui marchent depuis le littoral arctique. (Fred Bruemmer)

Knight's Harbour, dans l'île Marble, curieuse île blanche au large de la côte nord-ouest de la baie d'Hudson où l'on a trouvé les dernières traces de l'expédition de James Knight. (Fred Bruemmer)

Ce tableau de Thomas Smith, daté de 1895 et intitulé « They Forged the Last Link with their Lives », décrit la fin tragique de l'expédition de John Franklin en 1845, telle que le peintre l'imagine à partir des descriptions de restes découverts par des missions de secours vers la fin des années 1850. (National Maritime Museum, Greenwich)

Les paquebots de croisière font maintenant régulièrement escale à Qaanaaq dans l'extrême nord-ouest du Groenland, objectif visé par l'exploration de Qitdlarsuaq et région à partir de laquelle Peary, Cook et d'autres explorateurs arctiques prennent la direction du Nord à travers les glaces. (Hans Jensen)

L'hélicoptère MI-8 est un instrument de communication vital dans la plupart des communautés sibériennes. Les villageois de Nurrito, dans le Khanty Mansiysk en Sibérie occidentale, accueillent l'appareil. (Bryan et Cherry Alexander)

Habitations saames de Kautokeino, en Norvège, dans la nuit polaire.
(Bryan et Cherry Alexander)

La communauté de Pond Inlet, en Terre de Baffin septentrionale, est représentative des communautés inuit du Nunavut, dans l'Arctique canadien. (Fred Bruemmer)

assez proche du lieu où des guerriers de ce peuple se sont joints à Samuel Hearne et ses compagnons un demi-siècle plus tôt (Hearne les connaissait sous le nom d'Indiens du Cuivre). Franklin escompte maintenant que leurs descendants chasseront pour son expédition et stockeront des vivres pour le voyage projeté sur le littoral arctique.

Le printemps suivant, ils se mettent en route avec pour guides des Indiens du Cuivre jusqu'aux lieux du massacre de Bloody Falls relaté par Hearne, à quelques kilomètres en amont de l'embouchure du fleuve Coppermine. À cet endroit, les guides déné font demi-tour, laissant à leurs explorations arctiques les Anglais, les treize coureurs des bois canadiens et les deux Inuit qui leur servent d'interprètes. Avec des provisions pour dix jours seulement, le groupe de vingt hommes part en direction de l'Est dans deux grands canots et longe la côte du golfe du Couronnement avec l'espoir de trouver une route jusqu'à la baie d'Hudson. Quatre semaines plus tard, le 17 août, après une tempête qui terrorise les coureurs des bois (et probablement aussi les officiers), Franklin estime qu'il est temps de rentrer. Il a exploré environ 300 kilomètres de côte continentale et le littoral oblique toujours vers le nord-est sans le moindre indice d'un passage en direction de la baie d'Hudson. Au lieu de reprendre à l'envers l'itinéraire côtier qui s'est révélé tout de vents et de glaces, il décide de filer directement par voie de terre au camp d'hivernage de Fort Enterprise, à quelque 500 kilomètres de là dans la toundra. Cette décision donne lieu à une équipée des plus éprouvantes qui, graduellement et avec une apparente inévitabilité, s'enfonce dans l'horreur. Dans sa maîtrise de la gradation tragique, la description de la retraite à Fort Entreprise par Franklin se compare à la relation par Barents de l'hivernage en Nouvelle-Zemble aux premiers temps de la recherche d'un passage du Nord-Est. Comme le récit de Barents, celui de Franklin marquera profondément l'image que se feront de l'Arctique les lecteurs européens.

Le 26 août, le groupe laisse la côte et entreprend de remonter un cours d'eau tumultueux et rocheux, qui l'oblige au portage ou au halage de ses gros canots encombrants, et auquel il donne le nom de Robert Hood. Quelques jours plus tard, on convertit ces embarcations en deux plus petits canots, assez légers pour être portés individuellement par un seul homme et dont on a besoin pour passer les cours d'eau. Le 31 août, on prend à pied la direction de Point Lake, à environ 250 kilomètres de là sur le fleuve Coppermine. Chaque homme transporte quatre-vingt-dix livres (quarante kilos) d'équipement et de provisions, la charge usuelle pour un coureur des bois engagé dans la traite des fourrures. Les quatre officiers portent « leurs effets personnels dans la mesure où leurs forces le permettent ». Le groupe progresse au rythme d'environ quinze kilomètres par jour.

La relation par Franklin de leur retour par la toundra dépeint un microcosme du système social fondé sur la division des classes, qui marque profondément l'exploration britannique de l'Arctique à l'époque, et décrit les conséquences, pour ce système, d'un stress insupportable. Pour Franklin, les coureurs des bois canadiens sont incroyablement forts et robustes, parfois enjoués et amusants, d'autres fois déprimés et malfaisants, menteurs, timorés devant l'inconnu, incapables de planification logique, des bêtes de somme qu'il faut constamment diriger de main ferme. Leur rôle est de pagayer, de porter, de subvenir autant que possible à leurs besoins et de survivre. Les autochtones sont imprévisibles et fourbes, incapables même d'accepter les ordres de qui appartient à une culture supérieure. Leur rôle est de se faire prier et inciter à fournir la nourriture qu'eux seuls peuvent tirer de ce pays. Les officiers anglais doivent être autant que possible délestés afin de pouvoir se consacrer entièrement à la navigation, diriger une chasse sportive et y prendre part pour remplir la marmite quand l'occasion se présente. (Les officiers de la marine britannique se sont grandement raffinés depuis l'époque où, deux cent cinquante ans plus tôt, Martin Frobisher trimait avec un pic de mineur dans les glaciales tranchées de roc en Terre de Baffin.) L'unique matelot, John Hepburn, a pour tâche de pourvoir aux besoins des officiers et de veiller sur eux.

Le 1er septembre, il neige ; le 5 septembre, une tempête hivernale empêche toute progression pendant deux jours ; les hommes abandonnent le plus gros des canots, après les avoir échappés tous deux à plusieurs reprises — intentionnellement, soupçonnent les officiers, pour que le porteur soit libéré de ce fardeau. Le pays qu'ils traversent ne compte presque aucun animal, mis à part quelques lièvres et lagopèdes. Le dernier lagopède mangé, ils ressentent la faim pour la première fois et, à défaut de mieux, vu la disette, se résignent à cueillir un lichen vaguement comestible que les coureurs des bois appellent *tripe de roche*[1]. Le 10 septembre, ils abattent un bœuf musqué, ce qui leur vaut un pre-

1. En français dans le texte (N.d.T.).

mier bon repas en six jours. Deux journées plus tard, après avoir avalé ce qui restait de viande, ils progressent dans soixante centimètres de neige mouillée lorsque la vaste nappe d'eau du lac Contwoyto leur barre la route. Ils découvrent alors que les hommes chargés de transporter les filets de pêche s'en sont débarrassés et qu'on en a brûlé comme combustible les flotteurs de telle sorte que les ressources de ce lac poissonneux leur sont inaccessibles. Dans la semaine qui suit, ils cheminent péniblement dans d'arides paysages rocheux sans animaux, à une température avoisinant le point de congélation par temps venteux, neigeux ou pluvieux. Ils n'avancent plus maintenant qu'au rythme d'environ huit kilomètres par jour. Richardson abandonne les collections scientifiques d'échantillons de plantes et de minéraux accumulés tout le long du trajet. Les hommes évoquent la possibilité de balancer leurs lourds paquetages et de filer en douce en forêt, mais y renoncent vraisemblablement parce que seuls les officiers savent comment rallier Fort Enterprise.

Le 22 septembre, ils parviennent sur les berges du fleuve Coppermine, dernier grand cours d'eau à franchir avant de retrouver la forêt et la sécurité des quartiers d'hivernage. Ils apprennent alors qu'on a abandonné la veille le dernier canot parce que, l'ayant échappé et endommagé à maintes reprises, les porteurs l'ont décrété inutile. Ils marchent maintenant depuis trois semaines pendant lesquelles ils n'ont jamais pu se sécher : leurs chaussures et leur literie sont généralement gelées. Tous sont affaiblis par leur maigre diète de lichen agrémentée parfois de chiches portions de lièvre ou de lagopède ; certains membres du groupe souffrent de problèmes intestinaux débilitants et chroniques. Presque deux semaines durant, ils tentent en vain de passer le fleuve tandis que la température refroidit et que s'aggrave la disette. Ils en sont à manger leurs vieux mocassins et à nettoyer les carcasses de caribou laissées par les loups, carcasses dont ils brisent les os, pour en sucer la moelle rancie, et les réduisent en poudre pour pouvoir s'en nourrir. Il devient évident que les hommes en mesure de chasser consomment sur-le-champ le petit gibier au lieu de le rapporter au camp et que certains subtilisent depuis peu les portions des officiers. Seul châtiment disponible, la menace de retenir leurs gages a peu d'effet sur les coureurs de bois affamés. « Par découragement, observe Franklin, nos gens sont devenus indifférents et insubordonnés ; ils ont cessé de redouter les châtiments ou d'espérer des récompenses. »

Le 4 octobre, ils traversent enfin le fleuve dans un canot de fortune construit par un des coureurs des bois et atteignent les premiers lambeaux de forêt sur l'autre rive. Incapables d'avancer dans la neige de plus en plus profonde, certains des hommes se laissent peu à peu distancer. On envoie en avant George Back et trois coureurs des bois plus vigoureux que les autres avec mission de rallier Fort Enterprise et d'en rapporter des vivres et de l'aide. Comme Hood ne peut aller plus loin, Richardson et Hepburn s'arrêtent pour veiller sur lui et attendre les secours. Le lendemain, on laisse le long de la piste trois coureurs des bois qui se proposent de retourner au campement de Hood. Franklin et quatre autres hommes persévèrent et atteignent à la mi-octobre Fort Enterprise qu'ils trouvent glacial et désert, sans les provisions de vivres dont on rêve depuis longtemps. La conjugaison de plusieurs causes explique l'absence, à Fort Enterprise, des provisions de viande escomptées : une mauvaise saison de chasse ; l'impératif pour les Dénés d'entamer une période de deuil à la suite de la noyade de trois chasseurs ; le refus opposé, par le trafiquant de Fort Providence, d'honorer les lettres de change que Franklin avait remises aux Dénés comme paiement contre de la viande ; l'irrespectueux traitement réservé par Franklin à Akaitcho, chef local des Dénés ; enfin, la conviction des Dénés que Franklin et ses hommes sont tellement incompétents qu'ils périront sur la côte arctique et qu'on ne les reverra jamais.

Dans le fort déserté, on trouve une note dans laquelle Back dit partir à la recherche des Indiens du Cuivre avec l'intention d'atteindre, si possible, le comptoir de traite de fourrures le plus proche, à Fort Providence, même s'il doute avoir la force de se rendre aussi loin. Comme les températures se maintiennent désormais bien au-dessous de zéro, les hommes frigorifiés entreprennent de démanteler les bâtiments pour alimenter un feu et de fouiller parmi les peaux de caribou gelées et les os jetés au rebut l'hiver précédent dans l'espoir de trouver de quoi manger.

Le 29 octobre, Richardson et Hepburn arrivent seuls au fort et annoncent qu'Hood est mort. Le lendemain soir, Richardson informe Franklin qu'ils ont abattu d'une balle Michel Terohaute parce qu'ils soupçonnaient le coureur des bois iroquois d'avoir assassiné Hood, et d'avoir tué et mangé d'autres coureurs des bois laissés derrière. Les Anglais Richardson et Hepburn racontent que Michel se comportait étrangement et proférait de vagues menaces à leur endroit ; craignant pour leur vie, ils ont donc décidé de le prendre de vitesse et de l'exécuter. Horrifié par le récit de Richardson, Franklin est aussi attristé d'apprendre que, des nombreux hommes laissés derrière sur la piste, seuls les deux Anglais ont survécu.

Les nouveaux arrivés apportent un lagopède, première nourriture fraîche que Franklin et ses compagnons se mettent sous la dent en un mois, mais cela ne suffit pas à sauver la vie des deux derniers coureurs des bois parvenus à Fort Enterprise qui décèdent deux jours plus tard. Les secours arrivent la semaine suivante sous la forme d'Indiens du Cuivre rejoints par George Back et aussitôt partis à la rescousse des explorateurs. En dix jours, grâce à leurs soins, les survivants recouvrent un semblant de santé — assez pour se mettre en route avec les Dénés à destination du comptoir de traite de Fort Resolution, sur la rive sud du Grand Lac des Esclaves. De là, les rescapés reprennent l'été suivant le chemin de leur foyer: les coureurs des bois, à Montréal; l'interprète inuit, à la baie d'Hudson; les quatre marins, en Angleterre. Ils laissent derrière eux onze hommes morts ou manquants: un officier britannique, un interprète inuit disparu sur le fleuve Coppermine et neuf coureurs des bois — cette classe d'hommes sur laquelle reposait tout le poids de l'expédition et la plus durement frappée.

L'explication proposée par John (plus tard devenu sir John) Richardson à l'épisode survenu au sinistre campement d'Hood n'a jamais été totalement acceptée ni convaincante. Difficile d'étouffer une rumeur de cannibalisme une fois qu'elle s'est ébruitée. Grâce à de nombreuses relations dignes de foi, nous savons de nos jours comment, privés de nourriture, des survivants se comportent typiquement dans l'Arctique et il nous est de ce fait difficile de ne pas soupçonner que plus d'un membre de l'équipe de Franklin ait tâté de la chair humaine. Ferdinand Wentzel jette un éclairage embarrassant sur la véracité du long récit publié par Franklin et des journaux tenus par les trois autres officiers. Wentzel est ce trafiquant de fourrures qui accompagne le groupe jusqu'à Bloody Falls et auquel est confiée l'organisation des approvisionnements de l'expédition pour le retour à Fort Enterprise; il s'entretient avec les survivants revenus à Fort Chipewyan et rapporte plus tard dans une lettre à son supérieur que l'expédition Franklin ne s'est pas conclue seulement par la perte de onze vies, mais que

> [...] les officiers survivants ont laissé derrière eux une impression pas très exactement flatteuse dans le pays, tant parmi la classe commerçante que parmi les indigènes. On peut présumer, puisqu'ils éditeront eux-mêmes les journaux qui seront publiés, qu'ils se garderont d'y exposer leurs erreurs

> et inconduites. En fait, l'un des officiers a eu la candeur de m'avouer que certains événements ne devaient surtout pas s'ébruiter; ne dit-on pas cependant que, « parfois, les pierres parlent » ?

Sachant que Wentzel tient un journal personnel, les officiers qui l'ont plus tôt pressé de leur rendre visite en Angleterre changent d'idée : ils « me prient instamment, écrit-il, de rester un an ou deux de plus au pays, en vue, je présume, de laisser dans une certaine mesure retomber la poussière ou, ce qui est tout aussi vraisemblable, de profiter de ce qu'il soit impossible de m'interroger... » Autre fait curieux : le journal, pour l'année 1821-1822, du comptoir de Fort Resolution où les survivants passent la fin de l'hiver reste longtemps introuvable dans les archives de la Compagnie de la baie d'Hudson et, par conséquent, pointent des soupçons de camouflage.

Le spectre du cannibalisme jette une ombre sur la réputation de Franklin. Quand les rapports sur les restes de sa dernière expédition funeste commencent à circuler dans les années 1850, les gens de lettres, y compris un personnage aussi notoire que Charles Dickens, sont horrifiés et refusent de croire que des Européens, qui plus est des officiers britanniques, soient capables d'un acte aussi barbare. Après la première expédition, Richardson écrit que, pendant tout le voyage, Michel Terohaute a fait montre d'une bonne et honorable conduite, mais que, « non soutenus par la foi en la divine vérité du christianisme, ses principes n'ont pas supporté la pression d'une cruelle détresse ». Jusqu'à quel point la répugnance à manger de la chair humaine seraitelle inspirée par des principes religieux, voilà qui n'est pas clair ; pas plus d'ailleurs qu'on puisse tenir pour une vérité irréfutable que pareils principes sauraient résister à un degré de détresse comparable à celle vécue par plusieurs des hommes qui accompagnèrent John Franklin dans les régions arctiques.

Ceux qui ont écrit sur l'expédition terrestre de Franklin dans l'Arctique ont porté à son sujet des jugements contradictoires qui oscillent entre la réussite malheureuse et le tragique échec. L'historienne Anne Savours a récemment chapitré ceux qui imputent cette tragédie à l'incapacité de Franklin à s'adapter aux modes de déplacement et de survie des Dénés et des coureurs des bois. Transporté au temps de Franklin, l'un de ces critiques ferait-il mieux ? demande-t-elle. Peut-être pas. Mais il existe sûrement, à l'époque, des Anglais qui lisent attentivement le récit de Samuel Hearne et y apprennent que la survie dans la toundra canadienne nécessite une connaissance intime des transhumances saisonnières du caribou et du bœuf musqué. Détail plus important encore, certains Anglais doivent douter que l'organisation sociale fondée sur un système de classes hérité de pratiques d'affermage de l'Angleterre rurale, que la Marine britannique a adaptée à ses besoins, puisse être utilement importée dans les forêts et les toundras du Nouveau Monde. Pour juger de leur aptitude en tant qu'explorateurs de l'Arctique, c'est certainement à ces hommes qu'il faudrait comparer Franklin et les autres officiers qui abandonnent, épars dans l'Arctique, les corps gelés de leurs compagnons d'armes.

L'équipée terrestre de Franklin est une expédition peu ordinaire de la marine, un à-côté des entreprises d'exploration de la marine britannique à partir de bâtiments qui pénétrèrent dans les golfes et les chenaux de l'archipel arctique nord-américain. L'une des plus heureuses d'entre elles fut aussi l'une des premières. Parti en mer avec les navires *Hecla* et *Griper* l'année même où Franklin entame son odyssée terrestre, Edward Parry choisit le détroit de Lancaster comme route du haut Arctique susceptible de mener à l'ouest, depuis la baie de Baffin. Grâce à une habile navigation, mais favorisé aussi par une saison sans trop de glace de mer, il vogue vers l'ouest au-delà de 113° de longitude; seuls l'empêchent de compléter la traversée du continent les bancs de glace polaire qui obstruent le détroit de McClure ouvrant sur la mer de Beaufort. Parry entre dans une petite baie abritée sur la côte sud de l'île Melville où ses vaisseaux mouillent en sécurité dans les glaces pour l'hiver, une saison vite passée grâce au pain fraîchement cuit et à la bière fraîchement brassée, aux jeux et aux répétitions de pièce de théâtre, aux cours dispensés aux marins analphabètes, et au souci constant d'échapper à la fois à la déprime et au scorbut. Au printemps, il assemble une charrette que tirent des hommes et explore les plaines de gravier de l'île Melville jusqu'à sa côte septentrionale prisonnière des glaces. À l'aide de scies, on dégage ensuite des glaces les navires qui regagnent les eaux libres et font voile vers l'Angleterre à l'été 1820. Parry rentre de voyage avec tous ses hommes ayant peu souffert de privations; il s'est rendu à l'ouest plus loin que n'y parviendra tout autre navire des décennies durant. Peu de navigateurs de l'Arctique, au fil du siècle suivant, pourront exhiber pareille fiche d'efficacité, de réussite et d'aisance.

Décennie après décennie, des navires continuent de traverser l'Atlantique, de se mesurer aux glaces du début d'été dans les détroits d'Hudson ou de Davis, et de s'insinuer finalement dans le dédale de chenaux et de passes qui s'étend vers l'ouest dans l'archipel Arctique. Certains s'en remettent uniquement à la navigation à voile, d'autres s'équipent de chaudières à vapeur extrêmement lourdes et grossièrement inefficaces. Ils s'attendent presque tous à séjourner au moins un hiver dans les glaces et les provisions requises en ce sens suscitent un nombre exceptionnel d'innovations au XIXe siècle dans les industries des conserves et de la conservation des aliments. On n'accumule que graduellement les connaissances de navigation dans les glaces et, jusqu'à la fin, nul capitaine ne sait comment choisir un port naturel d'hivernage susceptible de ne pas piéger un navire dans l'éventualité où la glace persistera l'été suivant. Une proportion grandissante des explorations est le fait d'équipes à traîneaux qui quittent les navires prisonniers des glaces, lorsque le soleil reprend de la vigueur à la fin de l'hiver, et parcourent de vastes étendues de glace de mer et de neige dans le cadre d'expéditions qui cartographient lentement des milliers de kilomètres de côtes arctiques.

Les gros traîneaux de la marine britannique sont des véhicules terriblement lourds, faits de fer et de chêne, capables de transporter jusqu'à 1 000 kilos d'équipement et de provisions. Des effectifs de sept hommes halent généralement chaque traîneau placé sous les ordres d'un officier qui, dans certains cas, s'attelle lui-même aux traits en plus de porter son bagage personnel constitué d'un fusil, d'un télescope et d'un compas. Les équipes se composent de marins et de matelots britanniques, plus efficacement disciplinables que les coureurs des bois auxquels Franklin a recours ; toute proportion gardée, comme les coureurs des bois, ces subordonnés souffrent davantage et meurent en bien plus grand nombre que les officiers. Incommodément vêtus de laine, de toile et de cuir, nourris de pemmican, de porc salé, de biscuit, de légumes flétris et d'un dé à coudre quotidien de rhum et de jus de lime, ils se mesurent à des situations aussi terribles que celles affrontées par n'importe quel corps militaire dans l'histoire du monde. L'hiver, pendant les déplacements en traîneau, la température s'élève rarement au-dessus de -20 °C et les patins de fer grattent sur les cristaux de neige comme s'il s'agissait de sable. Quand la température grimpe, les traîneaux s'enlisent dans la neige épaisse et chaque jour, au début de l'été, les hommes pataugent des heures durant dans des étangs d'eaux de fonte glacée. Les hommes meurent d'hypothermie, de gangrène consécutive à des engelures aux pieds, de scorbut ou de simple épuisement, et les survivants rentrent habituellement très malades en Angleterre.

« Sledging over Hummocky Ice », œuvre d'un officier ayant pris part aux recherches pour retrouver la dernière expédition de Franklin. (Extrait de S. Gurney Cresswell, *Dedicated...to her Most Gracious Majesty...a Series of Eight Sketches in Colour*, Londres, Day and Son, 1854)

Qu'on ait tant accompli en recourant à un pareil mode de déplacement dans l'Arctique témoigne de l'endurance et du courage de ces matelots. Les haleurs de traîneaux sont à la fois les victimes et les véritables héros de l'exploration britannique de l'Arctique.

Caches de provisions et cairns de pierres, élevés pour servir de repères ou pour signaler la présence de messages scellés dans des boîtes de fer blanc, jalonnent les routes des expéditions à traîneaux. Plusieurs de ces humbles ouvrages survivent aujourd'hui tels des monuments aux entreprises d'un âge révolu. Pour la plupart, les cairns cylindriques soigneusement édifiés ont été dépouillés de leurs messages : certains sont conservés dans des archives ; d'autres parent illégalement les collections privées de pilotes, de prospecteurs et d'administrateurs du Nord. Les caches ne sont maintenant que tas de pierres et de gravier éparpillés par des ours, des renards et des humains curieux, encerclés par un fatras de douves de tonneaux de chêne patiné, de lambeaux de toile et de fers-blancs rouillés. Pendant mon premier été dans le haut Arctique, tandis que je contourne le cap Majendie dans le chenal Pioneer, marchant sur un étroit pied de glace au cœur d'un environnement dépourvu de signe d'activité humaine, mon œil est attiré par un éclair de rouge sur le bord de mer rocheux. Parvenu à terre, je découvre une douzaine de grandes boîtes rectangulaires de fer-blanc, couvertes d'une peinture écarlate et pourvues d'étiquettes sur lesquelles se lisent en gros caractères carrés, imprimés au stencil, les mots *BACON* et *VIANDE*. Certaines sont éventrées; d'autres portent de grandes incisions jumelées, laissées par les canines d'un ours. Cette découverte me laisse perplexe, probablement parce qu'autre chose m'occupe l'esprit: la recherche de sites archéologiques préhistoriques, mais surtout la possibilité à tout instant que des ours surgissent de l'amas des glaces qui se concassent par-delà le promontoire et me trouvent seul, loin du camp et sans fusil. Plus tard seulement, il me vient à l'esprit qu'il s'agit d'une cache laissée par quelque équipage de traîneau presque oublié par un des navires partis à la recherche de l'expédition de Franklin dans les années 1850.

Les vestiges archéologiques les plus imposants reliés à l'exploration arctique se retrouvent sur les côtes limitrophes des ports naturels, où des navires ont été immobilisés dans les glaces tout l'hiver, et sur quelques emplacements où des bâtiments ont été abandonnés ou des provisions déchargées en prévision d'un abandon. Ces lieux, qui se trouvent alors pour la plupart en régions occupées par les Inuit, agissent comme des aimants sur ces peuples pour qui les produits métalliques, le bois et les autres débris d'exploration représentent des biens extrêmement précieux. L'endroit du genre le plus impressionnant reste cependant l'île Beechey, minuscule îlot de roc et de gravier au confluent du chenal Wellington et du détroit de Lancaster. Cette région s'étend au nord des terres habitées par les Inuit au XIXe siècle et les vestiges des équipes d'exploration s'y sont remarquablement bien conservés pendant le siècle et demi écoulé depuis que l'île a servi de point de ralliement aux missions lancées à la recherche de Franklin dans les années 1850.

Les études archéologiques de l'île Beechey rendent compte de la plupart des aspects du bizarre épisode qui met fin à la quête d'un passage du Nord-Ouest au XIXe siècle. Plusieurs livres racontent par le menu détail cette histoire dont on peut résumer en quelques paragraphes le cours des événements. L'épisode commence en 1845, quand la Marine de guerre britannique envoie dans l'Arctique nord-américain sa mission de reconnaissance la plus nombreuse et la mieux équipée. L'entreprise est placée sous le commandement du même John Franklin qui, vingt-cinq ans plus tôt, se rendait par voie de terre jusqu'au golfe du Couronnement avant de diriger une expédition navale, plus fructueuse encore, sur le fleuve Mackenzie et le long de la côte nord de l'Alaska. Renforcés pour résister aux glaces, les grands voiliers *Erebus* et *Terror* sont aussi fraîchement équipés de chaudières à vapeur auxiliaires. Ils ont à leur bord cent vingt-neuf hommes et des provisions pour trois ans, même si l'on prévoit presque unanimement qu'ils rejoindront le Pacifique en deux saisons de navigation. Passent les années 1846, puis 1847, sans nouvelle de l'arrivée des navires à Petrapavlovsk ou à San Francisco. L'inquiétude grandit. L'amirauté dépêche des missions de recherche et de secours depuis l'Atlantique par le détroit de Lancaster, depuis le Pacifique par le détroit de Béring, enfin par voie de terre le long du Mackenzie et de la côte de l'Arctique central. Au fil des dix années suivantes, on monte quelque quarante autres expéditions, tant publiques que privées, mais les navires disparus restent introuvables.

Les chercheurs découvrent cependant les premiers quartiers d'hivernage, adjacents à l'île Beechey, où les glaces ont emprisonné les navires à l'hiver de 1845-1846. Après une décennie de recherche, ils récupèrent finalement à presque 500 kilomètres au sud, sur la côte septentrionale de la Terre du Roi-Guillaume, un message de cairn suivant lequel d'épaisses glaces piègent les navires dans le détroit de Victoria en septembre 1846; sir John Franklin meurt en 1847 et, dès avril 1848, les marins désespèrent d'être libérés des glaces, projettent d'abandonner les navires et de filer vers le sud en traîneau jusqu'au fleuve Back, probablement dans l'espoir de rallier un comptoir de la Compagnie de la baie d'Hudson. Les Inuit rencontrés dans cette région peu habitée leur racontent que les glaces ont provoqué le naufrage de deux navires dont les hommes sont morts de faim en tentant de fuir la région. Squelettes, équipements et effets personnels tracent une piste qui s'étire vers le sud jusqu'à la côte arctique où s'évanouit tout vestige de l'expédition. Si les considérables missions des années 1850 échouent à retrouver les matelots disparus, leurs navires ou une preuve susceptible d'apporter une explication satisfaisante à la catastrophe, elles atteignent un autre objectif: celui de cartographier le lacis de chenaux dont se compose le passage du Nord-Ouest et l'essentiel des autres côtes de l'archipel Arctique.

L'île Beechey devient peu à peu d'office un monument à la mémoire de l'expédition disparue, qui y passe son dernier hiver « heureux », et des nombreuses missions de recherche qui fouillent la région dans les années suivantes. Lorsqu'on repère pour la première fois l'endroit en 1850, les signes d'occupation humaine relevés comprennent un cairn de pierres sans message, sur le sommet de l'île, les sépultures gelées de matelots morts à l'hiver 1845-1846, une pile de six cents conserves de fer-blanc vidées de leur contenu et remplies de gravier, et un bric-à-brac de câbles, de toiles et d'autres débris. Les chercheurs recueillent la plupart de ces objets, et y ajoutent la sépulture d'un matelot mort au cours d'une des expéditions de recherche; un hangar de bois, baptisé Northumberland House; un petit bateau échoué, le *Mary*, laissé sur place à l'intention d'éventuels survivants; et une stèle de marbre en l'honneur du disparu. Aujourd'hui, Northumberland House est une ruine encerclée d'éclats de bois patiné; le yacht *Mary* a disparu, mais un espar que l'on croit être le sien fait saillie dans le gravier gelé; on a exhumé les corps, qu'on a ensevelis de nouveau, et remplacé leurs inestimables croix de chêne par des répliques. Les chasseurs de souvenirs ont écumé les plages de presque tous les débris du XIXe siècle et le site a été contaminé par des cairns et des monuments d'un goût douteux érigés pour commémorer des événements aussi triviaux qu'une visite du Prince de Galles. Il reste sacré pour un contingent d'historiens amateurs que passionne encore le « Mystère Franklin » et qui, chaque été, sondent le lit de l'océan et les plages de l'Arctique central en quête de l'*Erebus* et du *Terror*, de la tombe de sir John Franklin ou de quelque autre élément de preuve susceptible d'expliquer l'événement qui mit un terme à la recherche d'un passage du Nord-Ouest.

En dehors des navires de Franklin, étonnamment peu de vaisseaux d'exploration disparaissent dans le demi-siècle que durent les recherches d'un passage du Nord-Ouest entre les îles de l'Arctique. Leur succès reste pourtant bien peu conciliable avec les menaces presque constantes de destruction que décrivent minutieusement et à maintes reprises les récits de voyages publiés. Les glaces qu'affrontent les navires doivent rarement être aussi monumentales et destructrices qu'on les décrit, et elles sont manifestement moins menaçantes que les invraisemblables formes dépeintes dans les dessins et tableaux illustrant les récits

Les ruines de Northumberland House, construite sur le littoral de l'île Beechey par des hommes partis au secours de l'expédition de Franklin disparue corps et biens. L'espar à l'arrière-plan est probablement celui de la corvette *Mary*, laïssée là pour d'éventuels survivants. (Patricia Sutherland)

des explorateurs du XIXe siècle. Ces forteresses de cristal qui se détachent sous des cieux irisés d'aurores fantastiques ou embrasés de multiples soleils reliés par des arcs ou des cerceaux de lumière, exacerbent le sentiment de se trouver en présence d'un autre monde où le danger et un froid insupportable règnent en maître. La création de cet apocryphe monde arctique n'est pas le fait des seuls Britanniques. Elle est le résultat d'un effort littéraire international auquel contribuent avec une particulière efficacité les Américains Elisha Kent Kane et Charles Francis Hall. Les descriptions gagnent de plus hautes altitudes à l'étape suivante de l'exploration arctique dont l'objectif est d'atteindre le pôle Nord. Les Américains sont les protagonistes de cette entreprise où les Norvégiens, les Italiens et d'autres nationalités tiennent des rôles importants.

Les connaissances et l'expérience acquises dans les missions qui se portent au secours de Franklin lancent l'idée de la conquête du pôle Nord qui coïncide d'ailleurs avec la fin de ces missions. Ce nouveau défi manifeste une réorientation des ambitions patriotiques et professionnelles de ceux dont les prédécesseurs immédiats cherchaient un passage du Nord-Ouest. La chronique de cette gageure commence lorsque des navires se fraient un chemin vers le nord, au sortir de la baie de Baffin, dans le but de sonder la possibilité que Franklin ait emprunté une route au-dessus du détroit de Lancaster. L'expédition anglaise de 1852, commandée par Edward Inglefield, s'aventure au nord du 78° de latitude dans le détroit de Smith, là où la baie de Baffin rétrécit entre les côtes convergentes du Groenland et de l'île d'Ellesmere; et, à défaut de trouver des traces de Franklin, Inglefield rapporte l'existence d'eaux navigables dans l'extrême Nord. Censément à la recherche de Franklin, l'Américain Elisha Kent Kane, qui nourrit lui aussi des ambitions sur le pôle, pousse l'année suivante encore plus au nord son navire, l'*Advance*, que les glaces paralysent et qu'il abandonne finalement. Les équipages des traîneaux de Kane établissent un nouveau record nordique en atteignant presque 80° de latitude; le scorbut, la famine et une terrifiante retraite, par mer et par terre le long de la côte groenlandaise, marquent cependant la fin de leur odyssée. Les hommes de Kane ne survivent que parce qu'ils font la connaissance et acceptent l'aide d'Inuit indigènes du nord-ouest du Groenland: une petite bande isolée d'Inughuit, descendants des peuples que John Ross qualifiait d'« Highlanders arctiques » en 1818.

Le tableau follement romantique que brosse Kane de ses voyages et de ce peuple étrange et primitif enfièvre l'imagination d'un large auditoire de lecteurs américains, dont le journaliste Charles Francis Hall et deux hommes beaucoup plus jeunes: Frederick Cook et Robert Peary. Hall entame presque immédiatement sa propre aventure arctique qui se conclut par sa mort, en 1871, sur la côte même où Kane a hiverné, et par la retraite des rescapés de l'équipe dont les souffrances et la survie miraculeuse surpassent même l'épreuve de Kane. Cook et Peary deviennent ensuite les principaux protagonistes d'une course au pôle Nord qui se déroule dans la première décennie du XXe siècle, suivant la route frayée par Kane et s'appuyant largement sur les connaissances et l'aide des Inughuit. L'exploration polaire par la « route américaine » — l'étroit chenal entre le Groenland et l'île d'Ellesmere — joue aussi un rôle capital dans le tour que prend l'histoire des peuples de la région, comparable en cela à celui d'un autre épisode rarement mentionné dans l'histoire de l'exploration polaire: l'expédition menée par le chaman inuit Qitlaq ou Qitdlarssuaq, « le grand Qitlaq », nom sous lequel le connaissent aujourd'hui ses descendants.

De brèves et occasionnelles mentions dans les carnets de bord des navires participant à la recherche de l'expédition de Franklin dans les années 1850 jettent la lumière sur cet événement que documentent abondamment les chroniques orales inuit du nord-ouest du Groenland. Originaire du sud-est de l'île de Baffin, le personnage principal de cette histoire a des antécédents d'homme violent et d'assassin. C'est peut-être à la suite d'un meurtre (dont l'anthropologue Franz Boas consigne des années plus tard le récit) qu'il s'installe à Pond Inlet dans le nord de la Terre de Baffin où il est mêlé à une autre querelle sanglante qui appelle vengeance. Craignant pour sa vie, il réunit environ cinquante membres de sa parentèle et part pour le nord, vers le milieu des années 1850. En chemin, sur une petite île proche de son point de départ sur la côte septentrionale de la Terre de Baffin, le groupe de fuyards pille une cache de provisions laissées par le *North Star*, un vaisseau envoyé à la rescousse de Franklin. La cache contient vingt-six tonneaux de rhum (à peu près 1 200 litres) que le groupe d'Inuit semble consommer peu avant d'accomplir la périlleuse traversée du détroit de Lancaster et d'amorcer la longue marche vers le nord, interposant ainsi un large chenal de glaces instables entre Qitdlarssuaq et d'éventuels poursuivants.

Le groupe vit environ cinq ans sur l'île Devon, une grande île inhabitée et partiellement couverte de glace, mais qui a pu servir autrefois de refuge à des Inuit venus de la Terre de Baffin. En 1859, Qitdlarssuaq persuade ses compagnons de se lancer dans un périple d'exploration pour rendre visite à un peuple qu'il a côtoyé dans une vision, lors d'un voyage chamanique, une nation qui habite une terre inconnue, loin au nord, et qui se vêt entièrement de peaux de phoque. Ce peuple lointain ressemble beaucoup aux Inuit groenlandais vêtus de cette façon dont Qitdlarssuaq a probablement entendu parler par Edward Inglefield, un explorateur britannique qui, avec son interprète groenlandais, séjourne au camp de l'île Devon en 1853 en quête de renseignement sur l'expédition de Franklin portée disparue. Après deux années de pérégrination, la bande inuit se divise en deux groupes : l'un tente de retourner à la Terre de Baffin et meurt, semble-t-il, d'inanition ; l'autre poursuit sa route vers le nord et rejoint l'année suivante des Inughuit dans l'extrême nord-ouest du Groenland. En trois ans, les familles de la Terre de Baffin réussissent donc à parcourir plus de 1 000 kilomètres en territoire inhabité, inconnu et hostile. Leurs descendants seront des membres éminents de la plupart des expéditions polaires qui partiront du Groenland septentrional entre 1860 et 1910. L'habileté, les connaissances et l'endurance acquises par leurs parents et grands-parents durant leur légendaire migration depuis la Terre de Baffin comptent peut-être parmi les qualités auxquelles ces Inuit feront appel quand ils deviendront les premiers humains à sillonner la banquise polaire aux abords du pôle Nord.

La conquête du Pôle ajoute peu aux connaissances humaines, mais colore considérablement la vision fantastique de l'Arctique imprimée dans l'esprit des méridionaux. Presque tous les hommes qui prennent part à cette tâche dissertent inlassablement sur les efforts qu'ils ont déployés, les périls et les épreuves qu'ils ont affrontés, l'implacable hostilité du froid, de la nuit et de la glace polaires. Leurs relations ne sont que litanies d'engelures et d'épuisements, de soif, de faim et de danger permanents, d'ours en maraude et de glace traîtresse qui cède soudain et laisse place à de fatales piscines d'eaux noires fumantes. Les crêtes de pression — d'énormes amoncellements de blocs de glace aussi résistants que du béton et aussi difficiles à franchir qu'une ville culbutée par un tremblement de terre — se multiplient à l'infini sur toute route que ne coupent pas d'infranchissables saignées d'eaux libres. Dépression, ennui et désespoir taraudent sans relâche le moral des voyageurs et leur condition physique se détériore à mesure que l'effort épuise la graisse corporelle, puis la masse musculaire. On s'étonne même que la plupart d'entre eux survivent pour relater par écrit leur aventure.

Après la rituelle énumération des épreuves endurées, les récits polaires se concentrent presque tous sur les stratégies inédites auxquelles les voyageurs ont recours pour « gravir l'échelle des latitudes », selon la métaphore bien connue à l'époque. Charles Francis Hall atteint en 1871 le premier échelon en amenant son navire, le *Polaris*, jusqu'à un point sis au nord de 82° où le chenal entre le Groenland et la Terre d'Ellesmere débouche dans l'océan polaire. Une glace épaisse y stoppe le *Polaris* et l'expédition est annulée après l'assassinat de Hall par le médecin de la mission. Cinq ans plus tard, une expédition anglaise commandée par George Nares hiverne à bord de l'*Alert* dans la même région et, le printemps suivant, l'Anglais Clements Markham part à l'assaut de la banquise polaire en recourant à la technique éreintante des traîneaux tirés par des hommes, technique qu'il a héritée de la période des missions parties à la recherche de Franklin. L'équipe du traîneau de Markham atteint 83° de latitude avant de battre en retraite dans un chaos de scorbut, d'ophtalmie des neiges et de fonte des glaces. La progression vers le nord gagne encore six kilomètres en 1882, grâce à un effectif militaire américain parti en traîneaux à chiens d'un navire en hivernage commandé par Adolphus Greely; l'expédition s'achève dans la famine et le cannibalisme.

Le Norvégien Fridtjof Nansen tente une nouvelle route: il immobilise délibérément le *Fram*, spécialement conçu à cette fin, dans la banquise polaire au nord des îles russes de Nouvelle-Sibérie dans l'espoir que le bâtiment dérive ainsi au-dessus du pôle et se dégage ensuite des glaces dans l'Atlantique Nord. Lorsqu'il devient manifeste que le navire captif n'atteindra pas le Pôle, Nansen part sur la glace avec un compagnon au printemps 1895 dans de légers traîneaux à chiens. Ils remontent au-delà de 86° avant de se replier dans l'archipel François-Joseph où, par un hasard exceptionnel, ils sont secourus; quant au *Fram*, il se libère des glaces au nord du Spitzberg et rentre à bon port en Norvège. En 1897, le Suédois Salomon Andrée tente de dériver au-dessus du Pôle à bord d'un aérostat lâché au Spitzberg, mais il est contraint de se poser sur la glace quand un brouillard persistant enrobe le ballon de verglas qui sous ce poids est entraîné au sol. L'équipage se réfugie sur une île inoccupée, au large du Spitzberg, où il périt; on ne retrouve que trois décennies plus tard leurs dépouilles, leurs journaux de bord et des photographies témoignant de leur terrible drame. En 1910, l'officier de marine italien Umberto Cagni inscrit un nouveau record dans la conquête du Nord et franchit la distance en traîneaux à chiens partis du navire expéditionnaire du duc d'Abruzzes qui hiverne dans les glaces de l'archipel François-Joseph; inspirée par le succès de Nansen, la mission italienne de Cagni améliore de trente kilomètres le record de son prédécesseur.

Tout est désormais en place pour une course au Pôle par la « route américaine », course dont Kane, Hall et Greely sont les initiateurs, mais que domine incontestablement Robert E. Peary au tournant du XXe siècle. Ingénieur et officier de la Marine américaine sans expérience de la navigation, Peary est dévoré par un insatiable appétit de reconnaissance et de gloire. Dans une lettre à sa mère en 1880, il déclare:

> Je ne veux pas vivre et mourir sans avoir accompli quelque chose, sans être connu par plus qu'un petit cercle d'amis. J'aimerais me faire un nom qui soit partout le sésame des cénacles de la culture et du raffinement, un nom qui rendrait fière ma mère et grâce auquel je me sentirais l'égal de quiconque je ferais la connaissance.

Dans une succession d'expéditions quasi catastrophiques au Groenland, Peary capitalise maladivement sur l'approbation et l'appui financier de groupes qui deviendront, un demi-siècle plus tard, le « conglomérat militaro-industriel » américain. Il dépeint inlassablement la conquête du Pôle comme une mission patriotique que seul permettra de réaliser un mariage parfait de planification quasi militaire et de « fougue », trait de caractère spécifiquement américain. Les conducteurs de traîneaux inughuit et leurs femmes couturières, dont dépend Peary pour son transport et sa survie, sont décrits comme des rouages de la grande machine qu'il assemble pour progresser inexorablement jusqu'au Pôle. Eux donnent à Peary un nom qui se traduit par « celui qui est craint ».

Au premier essai, en 1906, la mission atteint une latitude de 87° avant de devoir faire marche arrière, à court de nourriture, sur des glaces traîtresses. En 1909, une version améliorée et plus imposante de la « machine » s'ébranle du *Roosevelt*, navire construit spécialement pour Peary, qui se propulse à la vapeur jusqu'à la côte septentrionale de la Terre d'Ellesmere. Cette fois, la machine se compose de six hommes du Sud, de dix-huit Inuit conducteurs de traîneaux et cent trente-trois chiens qui remorquent plusieurs tonnes de provisions ; il a été prévu que les traîneaux retournent à tour de rôle à la base, après avoir transporté le fret nécessaire aux besoins de l'effectif qui complètera l'ultime droit jusqu'au Pôle. Le dernier des traîneaux de soutien reprend la direction du sud à une latitude de 87° 46', laissant Peary, son valet Mathew Henson et quatre Inuit conducteurs de traîneaux compléter le sprint final de 220 kilomètres. Peary prétendra par la suite avoir franchi la distance en cinq jours et parcouru en seize jours additionnels les 800 kilomètres et plus du trajet de retour à l'île d'Ellesmere. Un renversant record de vitesse de déplacement sur la banquise polaire, particulièrement pour Peary qui a perdu ses orteils à la suite d'engelures dans une précédente expédition et qui, selon un témoignage inuit, a dû se cantonner la plupart du temps au rôle de passager. Cette célérité peu commune est le premier élément du récit de Peary à éveiller des doutes quand il exprime publiquement sa prétention d'avoir touché le Pôle le 6 avril 1909. Cette revendication, Peary ne la formule pas sur-le-champ, mais seulement après être retourné au Groenland et y avoir entendu qu'un autre explorateur — son compatriote américain et ancien compagnon de voyage Frederick A. Cook — proclame avoir atteint cet objectif l'année précédente.

Le récit de Cook relate une expédition bien plus simple et plus modeste, financée jusqu'au pays des Inughuit par un chasseur sportif américain. Sur place, Cook retient les services de familles inuit et de leurs attelages de chiens, lui qui a précédemment agi comme médecin de l'une des expéditions groenlandaises de Peary et qui a aussi voyagé en Antarctique. Dans le but de conserver les provisions qu'il transporte et de n'en user que sur la glace polaire, le groupe s'adonne à la chasse en traversant l'arrière-pays de la Terre d'Ellesmere. Cook quitte la pointe septentrionale de l'île d'Axel Heiberg avec deux compagnons inuit et deux traîneaux que tirent vingt-six chiens. Le groupe couvre en cinq semaines la distance de 900 kilomètres jusqu'au Pôle, mais survit de justesse à la retraite vers le sud lorsque les vivres viennent à manquer et que des tranchées d'eaux libres lui coupent le chemin. La glace dérive vers l'ouest, s'éloigne des caches de nourriture laissées à terre en vue du retour, et les survivants aboutissent finalement parmi les îles arides à l'ouest d'Axel Heiberg où ils progressent vers le sud dans les glaces fondantes jusqu'à l'île Devon. Ayant épuisé leurs munitions et abandonné chiens et traîneaux, ils doivent leur survie à l'ingéniosité des Inuit et passent l'hiver dans une maison d'hivernage, construite des siècles plus tôt par des Inuit préhistoriques sur la côte du détroit de Jones, qu'ils remettent en état. Le printemps suivant, ils rentrent à pied au Groenland où les Inuit sont accueillis dans l'allégresse par leurs proches qui les croyaient morts. Le compte rendu de Cook selon lequel il aurait atteint le Pôle l'année précédente est rendu public quelques semaines seulement avant que Peary ne soit de retour avec sa plus récente revendication. Consterné par la nouvelle, Peary se lance immédiatement dans une incessante campagne de dénigrement de Cook et de tous les exploits dont son rival se targue. Une hargneuse opération de propagande, financée par la National Geographic Society et d'autres riches partisans de Peary, réussit à miner la revendication et l'existence même de Cook. Aucune somme d'argent, aucun trafic d'influence ne parviennent toutefois à faire oublier les questions que soulève la revendication par Peary d'avoir atteint le Pôle au printemps 1909.

Dans *Cook and Peary: The Polar Controversy Resolved*, son récent et exhaustif ouvrage, Robert M. Bryce conclut qu'aucun des deux explorateurs n'a probablement réalisé l'exploit dont il se vante. Je ne suis pas convaincu que Bryce ait raison. Il saute aux yeux que Peary n'a pu atteindre le Pôle et qu'il était à la fois mégalomane et menteur. Si l'on fait abstraction des témoignages mensongers et des idées préconçues de Peary et de ses *aficionados*, il n'existe aucune raison de croire que Cook n'ait pu accomplir ce dont il se revendique. Cook, il est vrai, n'avait rien d'un navigateur et n'était peut-être pas à même de déterminer avec précision l'emplacement du Pôle, mais il était certainement capable de trouver son chemin jusqu'à son voisinage. Son expédition réduite à quelques membres et à des provisions minimales pouvait sembler invraisemblable au début du XXe siècle, mais d'autres ont depuis lors réussi de semblables périples avec encore moins de ressources. En 1996, l'équipe russo-canadienne composée d'Hans Webber et de Mikhael Malakhov complète l'aller-retour de la Terre d'Ellesmere au Pôle sans la moindre assistance, en traînant équipement et provisions sur des luges légères. On organise maintenant sur une base quasi annuelle de telles expéditions, parfois couronnées de succès.

Frederick Cook reste le plus perspicace, mais aussi le plus diffamé des explorateurs polaires. Dans *Return from the Pole*, une œuvre posthume, il écrit à propos de sa découverte que

> le plus grand mystère, le plus grand inconnu ne réside pas dans quelque au-delà des frontières du savoir, mais dans quelque faculté intérieure inouïe, enfouie au plus profond de chaque homme [...] Là s'ouvre le plus vaste domaine d'exploration. Souffrir les angoisses de la mort et se résigner aux visages qu'elle emprunte, comme cela nous a été donné de le faire, est une expérience que nul or ne peut acheter. L'ombre de la mort communique à la vie de nouveaux horizons, de nouvelles frontières.

Cook parvient à une découverte que les humiliations, si nombreuses soient-elles, ne sauraient lui ravir, une découverte à la portée seulement des explorateurs de l'Arctique les plus fortunés et les plus vigilants.

CHAPITRE 12

La terre du peuple

LES AUTOCHTONES DE L'ARCTIQUE se montrent peu intéressés aux entreprises des explorateurs auxquels l'histoire accorde une si grande importance. La recherche de passages maritimes au nord de l'Asie et de l'Amérique, les missions lancées au secours de Franklin et la course au Pôle amènent sous les latitudes arctiques relativement peu de gens du Sud dont un nombre infime souhaite y séjourner plus longtemps que nécessaire. Pour la plupart, ces visiteurs ne font pas fortune dans l'Arctique, s'intéressent peu à ses peuples ou aux territoires que ces derniers disent leur patrie, et quittent ces contrées aussi vite que possible pour rentrer chez eux et écrire des livres où ils dépeignent l'enfer blanc glacial dont ils ont fait l'expérience. Pour les gens du Nord entrés en contact avec ces expéditions, les visiteurs étrangers ne représentent que de commodes sources de précieuses marchandises : outils métalliques, bois, ornements exotiques, auxquels s'ajoutent ensuite tabac, thé et autres produits de première nécessité mondialement commercialisés. Dans la seconde moitié du XXe siècle, la situation commence à évoluer alors que certains peuples de l'Arctique voient leurs territoires envahis par des hordes de méridionaux assoiffés de richesse, mais aussi de chasse sportive et d'aventure.

Ces invasions surviennent à différents moments et pour une diversité de motifs. La sempiternelle quête d'huile de baleine, inaugurée dans la baie de Biscaye au moyen âge, se transporte au Labrador au XVIe siècle, en mer de Barents au XVIIe et au Groenland le siècle suivant. À mesure que s'épuisent les stocks de baleines, les chasseurs de cétacé découvrent des troupeaux non encore chassés dans les chenaux de l'Arctique canadien et, pendant la seconde moitié du XIXe siècle, les baleiniers britanniques et américains constituent la principale force économique le long des côtes de la Terre de Baffin et de la baie d'Hudson. Dans le même temps, les chasseurs américains commencent à exploiter les eaux de la mer de Béring, à s'introduire à compter de 1870 dans le détroit de Béring et à pêcher le long des accores glacés des mers de Tchoukotka et de Beaufort. Les efforts de chasse à la baleine le long des côtes de Tchoukotka et d'Alaska, qui amènent les premiers occupants de la région à côtoyer une galerie de personnages aussi hétéroclites que celle du roman *Moby Dick,* sont le prolongement de la chasse au cétacé pratiquée dans le Pacifique et les mers du Sud et si pittoresquement décrite par Herman Melville.

Comme les Inuit de l'Est de l'Arctique, les Esquimaux de Sibérie et de l'Alaska affluent vers les établissements côtiers créés par les baleiniers. Ils y découvrent un marché lucratif du fanon — ces lames, d'un matériau flexible apparenté à de la corne, sont extraites de la gueule des baleines; précieuse ressource connue au XIXe siècle sous le nom d'os de baleine, le fanon entre dans la fabrication d'articles aussi différents que les corsets et les amortisseurs de voiture hippomobile. Bientôt les pêcheurs de cétacé se mettent à hiverner dans l'Arctique; ils embauchent ou engagent à forfait les Autochtones comme chasseurs qui approvisionnent les flottes baleinières hivernant sur place en viande de caribou, de renne, et en peaux pour les vêtements d'hiver. On emploie les femmes autochtones comme couturières et les hommes comme harponneurs ou rameurs dans la dangereuse entreprise de la chasse à la baleine à bord de petits canots. La grande disponibilité de chasseurs aussi expérimentés et habiles permet aux capitaines d'embarquer à peu de frais un équipage encore novice, apte uniquement aux travaux manuels. On pourvoit d'équipements et de baleinières en bois certains groupes d'Autochtones dont on retient les services comme pêcheurs contractuels. Partout la nourriture abonde: caribous et autres animaux abattus à la carabine introduite par les baleiniers, mais aussi carcasses de baleines dépouillées de leurs fanons et de leur graisse commercialement prisés, sans oublier les ours et les renards attirés par la profusion de cétacés échoués sur les plages. Les communautés autochtones s'emballent devant la profusion toute récente de baleinières, fusils et munitions, chaudrons et poêlons métalliques, couteaux et cuisinières, lampes au kérosène, machines à coudre et phonographes portatifs. Goûts et modes changent brusquement lorsque les peuples du Nord développent un penchant pour les vêtements de confection, le thé et le tabac, le pain et les biscuits faits à la maison avec de la farine de blé, et les alcools que les patrons de baleiniers leur versent si prodigalement dans les soirées de danses polynésiennes. Beaucoup d'Autochtones de l'Arctique considèrent encore avec nostalgie l'époque de la chasse à la baleine comme un temps où leurs ancêtres étaient des partenaires estimés dans une lucrative industrie mondiale.

Or et rumeurs d'or déclenchent le déferlement suivant de méridionaux dans l'Arctique. La fièvre de l'or qui se propage de l'Australie à la Californie au milieu du XIXe siècle gagne graduellement le Nord jusqu'aux vallées des montagnes de l'Ouest nord-américain pour s'embraser encore dans la ruée vers le Klondike des années 1890. Des milliers de chercheurs d'or et de profiteurs pleins d'espoirs rallient en chariot la côte du Pacifique et franchissent les montagnes pour se rendre au Yukon ou traversent la mer de Béring et remontent le fleuve Yukon en vapeur. D'autres achètent leur passage à bord de navires baleiniers et se font déposer à terre dans des villages esquimaux d'où ils espèrent parvenir jusqu'aux champs aurifères de l'intérieur. Les turbulences de la ruée vers l'or arctique, dont le Yukon est incontestablement le foyer, se font sentir dans plusieurs fleuves d'Alaska et de Tchoukotka et dans la plupart des communautés autochtones de la région. Les orpailleurs apportent avec eux une vision du monde arctique où se conjuguent la haine de ce qui leur apparaît comme une terre désolée et déserte, la fascination pour la pure magnificence du froid et du silence absolus, l'insatiable soif des richesses que recèle le pays et le mépris pour les indigènes qui continuent à pratiquer ce qu'ils estiment être un mode de vie archaïque. Cette vision s'impose aisément sur la région et les néophytes la jugent convaincante lorsque les écrits d'un Jack London ou d'un Robert W. Service la leur proposent. Dans « The Call of the Wild », Service exprime bien la vision des chercheurs d'or :

> As-tu connu le Grand Silence Blanc, sans un rameau bagué de neige frémissant ?
> (Vérités éternelles qui couvrent de honte nos mensonges lénifiants.)
> En raquettes, as-tu ouvert la piste ? Lancé le long du fleuve tes chiens de traîneau,
> Défié l'inconnu, montré la voie, ravi les lauriers ?
> As-tu foulé les carrés vierges des cartes, fréquenté les races métissées,
> Perçu la sauvage énergie de la brute en tout muscle ?

Et, si bassement infernal soit le pire, à force d'anathèmes sais-tu l'adoucir ?
Alors à la Nature tends l'oreille — elle t'appelle.

Peu de chercheurs d'or réalisent leurs rêves de richesse et pour la plupart ils rentrent dans leur patrie après quelques années d'une aventure infructueuse passée à maudire le froid, les Autochtones et une contrée cruelle. D'autres, dont des réfugiés de l'industrie baleinière grossissent les rangs, restent dans le Nord à nourrir d'indéfectibles espoirs de fortune. La découverte qu'il est possible de raffiner le pétrole pour produire de l'huile à lampe et de substituer aux fanons de l'acier à ressort met abruptement fin à la chasse au cétacé qui, de toute manière, a presque exterminé les derniers troupeaux de baleines franches des mers arctiques. À mesure que diminuent leurs profits, plusieurs propriétaires de baleiniers se mettent à arrondir leurs revenus en s'adonnant au commerce d'autres ressources de l'arctique : l'ivoire, les peaux d'ours et de bœuf musqué et, de plus en plus, parce que la vogue s'en répand parmi les fourreurs d'Europe et d'Amérique, la blanche toison hivernale du renard arctique. Cette nouvelle mode fait plus qu'atténuer la crise économique provoquée en bien des régions arctiques par le déclin de la chasse à la baleine. Dans les régions où abonde le renard, les trappeurs s'enrichissent et leurs revenus sont souvent supérieurs à ceux de la plupart des Américains et des Européens. Bien des Esquimaux deviennent propriétaires et capitaines des goélettes dont ils se servent pour véhiculer d'importants groupes familiaux entre leurs aires hivernales de trappe et les comptoirs commerciaux qui s'implantent sur plusieurs côtes arctiques.

Les régions arctiques de l'Eurasie septentrionale connaissent une évolution semblable à la fin du XIXe siècle et au début du XXe siècle. Des prospecteurs débarquent au nord après avoir descendu les grands fleuves sibériens, trouvent ici et là de petites quantités d'or sur les cordons de gravier qui bordent les vallées d'Yakoutie et de Tchoukotka. Les chasseurs norvégiens pillent les côtes du Groenland oriental, du Spitzberg et de la mer de Barents, et empiètent sur les territoires de chasse des Pomors de Russie, le long des côtes des mers Blanche et de Kara. Ils chargent à bord de leurs sloops des montagnes d'ivoire de morse, de peaux de phoque, de fourrures de renard, d'œufs et de duvet d'oiseau qu'ils exportent sur les marchés d'Europe. Certains peuples indigènes de la région — les Saames du Nord de la Norvège et de la presqu'île de Kola, les Nénètses de la côte de la mer de Kara — s'associent avec profit à ces chasses, presque autant que les Esquimaux de part et d'autre du détroit de Béring. En d'autres régions, la pression de la concurrence européenne devient telle que des communautés autochtones sont forcées de renoncer à leurs occupations traditionnelles sur la côte et de se joindre à leurs cousins éleveurs de renne dans la toundra de l'arrière-pays.

La fréquentation de gens du Sud et la connaissance des territoires et habitants des latitudes plus chaudes n'ont rien d'inédit pour les peuples de l'Arctique. Les Saames côtoient de près, depuis au moins la période médiévale, les tribus nordiques de la Scandinavie avec lesquelles ils entretiennent de longue date des relations mutuellement bénéfiques, basées sur le commerce et la coopération dans le cadre d'autres aventures économiques. Des siècles durant, les différents peuples de Sibérie arctique ont commercé avec des marchands russes et payé des impôts en fourrures aux agents gouvernementaux. Ces peuples de la périphérie du détroit de Béring ont développé des échanges intercontinentaux centrés sur des produits du fer qui leur parvenaient probablement par le truchement de marchands venus du sud de la côte Pacifique. Les Inuit de l'Arctique canadien et groenlandais ont connu les Scandinaves du moyen âge et entretenu des rapports suivis avec des explorateurs et trafiquants européens, chaque fois que l'occasion s'en est présentée. Cette participation précoce et durable aux réseaux économiques internationaux du Sud assure depuis longtemps aux peuples du Nord des outils et des matériaux qui leur facilitent la tâche et leur rendent la vie plus agréable, sans qu'il leur en coûte beaucoup en nature ou en accommodements.

Cette évolution du commerce jette pourtant les semences d'une transformation plus substantielle de la vie des peuples nordiques, une mutation qui commence à se manifester lorsque les missionnaires chrétiens arrivent dans le sillage des marchands. L'hostilité ouverte qui caractérise souvent la christianisation sous des latitudes plus méridionales est quasiment absente de celle du Nord. Depuis le Scandinave païen de l'âge viking jusqu'à l'Inuit du XIXe siècle, les peuples nordiques qui croient en l'existence de nombreux dieux et êtres spirituels font généralement bon accueil à la nouvelle croyance qui accompagne les richesses en provenance du Sud. Pour la plupart des convertis, le christianisme n'est qu'un moyen d'accéder à des biens matériels en échange d'une simple adhésion des lèvres à une curieuse foi étrangère et la religion chamanique continue d'être, pour l'essentiel, le fondement de leur conception du monde. Graduellement et sur plusieurs générations, les convictions religieuses de ces peuples se rapprochent de celles de l'orthodoxie chrétienne, mais ils conservent cependant des pans importants et substantiels de leurs anciennes croyances. Les missionnaires se demandent constamment jusqu'à quel point les doctrines religieuses autochtones sont intériorisées. Question également capitale pour ceux qui mettent leurs espoirs en la survivance et la renaissance des modes de pensée autochtones et en l'émergence de nouvelles nations arctiques fondées sur d'anciennes visions du monde éprouvées.

Le christianisme a un important, mais importun partenaire dans sa mission chez les peuples de l'Arctique, un collaborateur extrêmement habile à promouvoir l'acceptation de la nouvelle religion : depuis longtemps introduites dans les populations des zones tempérées, les épidémies trouvent de nouveaux terreaux fertiles dans les populations isolées du Nord, sans résistance aux virus et autres microorganismes dont sont porteurs les méridionaux. Les missionnaires débarquent généralement dans une région lorsque l'intensité des contacts avec des étrangers est assez soutenue pour disséminer le mal et, partout dans le monde, les peuples indigènes établissent le lien entre les deux événements. On constate alors rapidement que les sorciers chamaniques sont impuissants à guérir les maladies apportées par les étrangers.

Les sagas scandinaves font état, dans le Groenland médiéval, d'épidémies consécutives à l'arrivée de navires venus d'Europe ; l'histoire se répète dans la seconde moitié du XXe siècle : une éclosion de rhumes, voire d'un mal plus grave, suit invariablement l'arrivée du bateau de ravitaillement estival dans les communautés isolées de l'Arctique. Les épidémies de variole et d'autres maladies dépeuplent la plus grande partie de la campagne islandaise après le mouillage de flottes de pêche anglaises, au début du XVe siècle, et les populations arctiques d'ascendance autre qu'européenne y sont même plus vulnérables que les Islandais. Samuel Hearne rapporte que la collectivité déné avec laquelle il traverse la toundra canadienne dans les années 1770 est, une décennie plus tard, décimée à 90 % par des épidémies de variole. La même maladie ravage les communautés inuit du Groenland quelques années après l'arrivée, en 1721, d'Hans Egede, premier missionnaire en ce pays. Dans la presqu'île de Tchoukotka et en Alaska, on relève des taux de mortalité oscillant entre 50 % et 80 % dans plusieurs régions pendant la ruée vers l'or, à la fin du XIXe siècle, et l'épidémie de rougeole de 1902 passe près d'éliminer tous les Inuit du delta du Mackenzie. La pandémie de grippe espagnole de 1919 emporte un tiers des Inuit du Labrador et cause de semblables ravages en plusieurs autres régions arctiques.

Les conditions de confinement et de surpeuplement des logements des populations arctiques, le froid, la famine qu'engendre rapidement la maladie du pourvoyeur, l'absence de connaissances traditionnelles pour le traitement de ces maladies amplifient les conséquences des épidémies. La cohésion traditionnelle des petites communautés se délite rapidement face au dépeuplement massif. La confiance dans les chamans et guérisseurs traditionnels et l'ensemble des croyances religieuses sur lequel s'appuient leurs interventions s'effondrent quand ils échouent à venir à bout de nouveaux fléaux redoutables. Les épidémies dont s'accompagnent les contacts accrus avec le monde méridional contribuent infiniment à l'acceptation, par les peuples arctiques, de nouvelles religions et de nouveaux modèles de gouvernement.

Même terrorisés par la maladie, les peuples du Nord s'engagent de bon gré dans le processus de mutation qui bouleverse leur existence au contact des gens du Sud. Les peuples arctiques troquent volontiers et avec enthousiasme le produit de leur chasse contre des fusils, des marmites métalliques, des canots de bois et des articles de luxe qui leur rendent la vie plus facile et plus agréable. Ils apprennent que certains méridionaux tiennent mordicus à d'étranges croyances sur la création du monde, la finalité de l'existence humaine, et sont disposés à accepter que les nouveaux venus puissent avoir raison. Mais tandis que les peuples arctiques s'intègrent aux réseaux commerciaux du monde extérieur et découvrent des théologies et des visions du monde importées de contrées lointaines, ils continuent à se percevoir comme les maîtres de leurs territoires et de leur mode de vie propre. La question de la souveraineté sur les terres qu'ils habitent ne se pose pas et toute question de cette nature serait sans pertinence compte tenu de leurs postulats d'autonomie et d'indépendance dans ce qui est leur domaine. Pour les peuples sibériens qui longtemps versent le *yasak* aux tsars de Russie et, avant eux, à d'autres souverains, et pour les Saames que les rois scandinaves frappent longtemps d'un impôt, ces tributs sont pure extorsion et ne signifient nullement que ces lointains monarques soient propriétaires de leurs terres. Leurs terres, comme celles des Amérindiens et des Inuit de l'Arctique nord-américain, ne sont pas un bien susceptible d'être possédé, mais littéralement une partie de leur identité.

Les décennies du milieu du XXe siècle ébranlent par à-coups cette conviction. Dans les années 1930, le nouvel État soviétique étend son autorité sur toute l'Eurasie septentrionale. La théorie de l'histoire selon Marx, suivant l'interprétation de Staline, commande que le « communisme primitif » des peuples nordiques évolue vers un niveau plus avancé d'organisation socioéconomique. Les peuples de la toundra — Saames de la presqu'île de Kola, Nénètses de la presqu'île de Iamal, Évenks, Nganassanes et Dolganes de Taïmyr et de Sakha (Yakoutie), Tchouktches et Esquimaux de Tchoukotka — deviendront membres de kolkhozes (coopératives agricoles d'État), d'un nouveau prolétariat rural qui doit allégeance à l'État soviétique. Des brigades d'employés du gouvernement, certaines appuyées par des militaires, se déploient partout dans la taïga et la toundra où elles confisquent et réaffectent troupeaux de rennes et baleinières, et forment des comités locaux qui exerceront l'autorité jusque-là détenue par les chefs de groupes familiaux. Elles construisent des établissements permanents et des pensionnats où, selon de nouvelles méthodes, on dispense l'éducation aux enfants d'un peuple dont le mode de vie consiste essentiellement depuis toujours à suivre le renne ou à aller d'un territoire de chasse à l'autre. On les détourne aussi de leurs croyances chamaniques et chrétiennes, qualifiées de survivances d'un passé primitif et jugées indignes des citoyens de la nouvelle société soviétique en train de s'édifier.

La découverte que des étrangers peuvent imposer leur autorité à un peuple entier sur la base d'une revendication de propriété sur ses terres et que ses membres sont tout juste des citoyens de second ordre d'un immense État assène un coup à la plupart des peuples arctiques. Ceux dont les terres sont directement convoitées par l'industrie encaissent un coup encore plus cinglant. L'industrialisation et l'exploitation des ressources du Nord comptent aussi parmi les priorités de l'État soviétique; l'énorme réservoir de main-d'œuvre que constituent les condamnés aux travaux forcés des années 1930 lui donne les moyens de concrétiser rapidement ses projets grandioses. En 1920, la presqu'île de Kola compte seulement 20 000 habitants qui vivent en majorité près du port de Mourmansk; dès 1939, sa population s'établit à 300 000 âmes et de grandes sociétés minières et métallurgiques se sont implantées au milieu des pâturages de rennes des Saames de la région. La découverte de nickel et d'autres métaux à la base de la presqu'île de Taïmyr entraîne la fondation de Norilsk en 1935. On importe dans la toundra des milliers de forçats; on s'approprie les régions environnantes pour des réservoirs hydroélectriques et des réseaux routiers; et les panaches de vapeurs toxiques des industries métallurgiques soufflés par les vents commencent à ravager les pâturages. On entreprend d'exploiter les riches gisements houillers du bassin de la Vorkuta dans les années 1930, privant ainsi de leurs pâturages traditionnels les Nénètses indigènes et peuplant de bagnards toute la région.

L'envahissement de l'Amérique du Nord septentrionale s'opère plus lentement et à plus petite échelle. En Alaska et au Yukon, l'exploitation de gisements aurifères reste le principal gagne-pain des immigrants venus du Sud, mais diverses entreprises industrielles plus imposantes déplacent leurs usines au Nord, le long du fleuve Mackenzie; la découverte d'un filon aurifère en 1934 à Yellowknife, sur le Grand Lac des Esclaves, donne naissance à une ville de mille habitants en moins de cinq ans; en 1937, des forages pétroliers s'amorcent à Norman Wells, sur le Mackenzie, où l'on bâtit une raffinerie deux années plus tard; on découvre en 1930, sur les rives du Grand Lac de l'Ours, le plus riche gisement d'uranium connu et la mine qui en résulte devient une source d'approvisionnement importante et absolument sûre de ce minerai vital au premier temps du développement des armes nucléaires.

Les gouvernements nord-américains ne s'arrêtent pas à se demander s'ils ont ou non le droit de concéder les ressources des régions arctiques à ceux qui souhaitent en user à des fins industrielles et leur seule autre affirmation de souveraineté passe par le maintien de l'ordre. Les ruées vers l'or des années 1890 sont l'occasion d'appliquer la loi américaine en Alaska et la loi canadienne au Yukon, mais les forces de l'ordre s'emploient d'abord à faire observer la loi par les mineurs et autres gens du Sud qui affluent dans le Nord. Les peuples autochtones apprennent avec stupéfaction que la loi s'applique aussi à eux, comme en témoignent à l'évidence quelques causes célèbres. L'assassinat en 1913 de deux missionnaires catholiques romains dans la toundra canadienne et celui du trafiquant Robert Janes en 1920 sur la Terre de Baffin avaient été traités suivant le coutumier inuit. Dans les deux cas, les victimes avaient eu un comportement si saugrenu qu'on les avait jugées dangereuses et que les communautés concernées avaient ordonné leur exécution. On accueille donc avec consternation et inquiétude l'arrivée des policiers, l'arrestation des bourreaux désignés, leurs procès et leurs peines de réclusion dans des pénitenciers du Sud. Et ce ne sont là que les premières de nombreuses leçons sur les obligations du citoyen d'un grand pays où pouvoir et coutumier émanent des latitudes tempérées.

Pour les Saames de Scandinavie septentrionale, qui ont été soumis à des impôts pendant des siècles par divers gouvernements et qui ont servi de main-d'œuvre aux tout premiers projets miniers, la fin du XIXe siècle et le début du XXe ne sont le théâtre que d'une légère accélération du lent effritement de leur souveraineté. Aux prises avec une croissance démographique qui à l'époque stimule l'émigration scandinave vers l'Amérique et encouragés en ce sens par le réchauffement climatique qui suit la Petite Glaciation, les gouvernements promeuvent l'expansion de l'agriculture dans le nord de toute la péninsule scandinave. Les pionniers prennent d'assaut les pâturages de rennes des Saames, défrichent les forêts dont ont besoin ces animaux pour l'abroutissement d'hiver et abattent au fusil les bêtes qui piétinent leurs champs puisqu'ils les considèrent comme des animaux sauvages et une source de viande gratuite. Les gouvernements suédois et norvégiens adoptent bien des législations pour régulariser cet état de fait, mais les politiques gouvernementales décrivent généralement les Saames comme une entrave au développement du Nord et comme un peuple qu'il aurait mieux valu assimiler aux majorités nationales des pays scandinaves. Dans la première moitié du XXe siècle, les Saames connaissent le même sort que leurs voisins des régions arctiques de l'Amérique du Nord et de l'Union soviétique: sédentarisation forcée en communautés et retrait des enfants qu'on envoie en pensionnat où l'usage de leur langue indigène est interdit.

Dans l'autre pays de l'Arctique scandinave — le Groenland — la loi danoise s'applique désormais sur la totalité de l'île, une décision qui s'accompagne de politiques sociales et économiques paternalistes visant à sauvegarder la culture locale et à prémunir la population contre l'exposition aux dangers présumés du monde extérieur. Le commerce est assujetti à un monopole gouvernemental et, heureusement pour la population, on n'y enregistre aucune découverte majeure de minéraux ou d'hydrocarbures. Comme toutes les autres régions nordiques, le Groenland est cependant secoué par la crise économique qui balaie le monde dans les années 1930. Subitement s'effondrent les marchés méridionaux pour la fourrure de renard, la peau de phoque et les autres articles de luxe produits par les chasseurs arctiques; l'âge d'or de l'industrie de la trappe arctique est terminé, ce qui force plusieurs peuples du Nord à prendre conscience que ce mode de vie est tributaire de décisions prises en des lieux éloignés, et de forces économiques qui échappent totalement à leur contrôle.

Le déclenchement de la Deuxième Guerre mondiale marque une nouvelle phase inattendue de développement économique. Les avant-postes arctiques deviennent soudainement des endroits stratégiques pour mener la guerre ou pour convoyer le matériel nécessaire aux combats. Les questions de souveraineté et de propriété des territoires arctiques, qui des générations durant n'ont suscité que de fastidieux échanges épistolaires entre les gouvernements du Sud, sont maintenant cruciales aux intérêts nationaux. L'Alaska devient potentiellement une route d'invasion japonaise de l'Amérique du Nord et un pont d'envol pour l'acheminement d'avions, par l'Amérique, à ses alliés soviétiques. Comme la Baltique est fermée au transport maritime, les ports arctiques de Mourmansk et d'Arkhangelsk deviennent essentiels au commerce soviétique. Les convois de l'Atlantique Nord, qui assurent le transport de ravitaillements de l'Amérique du Nord à la Grande-Bretagne et à l'Union soviétique, et les sous-marins allemands qui les traquent ont besoin de bases pour leurs communications, de stations météorologiques et de ports où les bâtiments pourront se réfugier pour des réparations. Les avions qui survolent l'Atlantique Nord ne peuvent se passer de points de ravitaillement en carburant, aussi crée-t-on de grandes bases aériennes militaires à Goose Bay et Frobisher Bay dans le Nord canadien, à Narsarssuaq au Groenland et à Keflavík en Islande.

Le déferlement soudain de militaires, qui s'accompagne de considérables quantités d'équipement et d'approvisionnement, transforme la vie dans les régions où s'installent les bases malgré les politiques gouvernementales visant à les isoler des populations locales. Ces bases aériennes continuent pour la plupart à servir de centres de communication et sont toujours cruciales pour les communautés qui se sont développées à leur périphérie, en temps de guerre. Même dans les endroits les plus retirés, les vestiges de l'activité liée à la Deuxième Guerre mondiale sont encore manifestes. Dans la station météorologique norvégienne sur la minuscule île Høpen, en mer de Barents, on m'a montré une relique de l'occupation allemande de cet avant-poste reculé, quarante ans plus tôt : un poste émetteur en état de marche, portant une inscription qui est l'équivalent allemand de l'adage « Un mot de trop coule un bateau ». Un autre été, tandis que mon ami Jim Tuck et moi-même parcourions le nord du Labrador en quête de

Radars et dôme signalent une station du Système nord-américain de détection avancée mis en place pendant la guerre froide pour prévenir de l'approche de bombardiers et de missiles intercontinentaux. (Fred Bruemmer)

sites archéologiques, nous sommes tombés par hasard sur un inextricable fouillis de vieux fils métalliques, de piles éventrées et de pièces hétéroclites de bois et de métal rouillé. La vue de ce rébus nous a déroutés, mais faute de curiosité et de connaissances nous n'avons pas cherché à le résoudre. Une décennie plus tard, un chercheur à l'emploi des archives navales allemandes reconnaissait dans ces débris les restes d'une station météorologique automatisée, érigée en 1943 par l'équipage d'un sous-marin allemand sur cette bande retirée de la côte nord-américaine.

Les technologies des transports et des communications mises au point pendant la Deuxième Guerre mondiale accroissent notablement l'étendue de l'activité économique, du contrôle administratif et de la présence militaire sur tous les territoires nordiques des deux continents. Dès la fin de la guerre, la radiotélégraphie est en mesure de maintenir des liens de communication fiables entre les avant-postes les plus retirés. Ce simple fait marque une révolution dans l'efficacité et la fiabilité du transport nordique : on peut maintenant rejoindre instantanément navires ou avions, les informer des exigences locales et les prévenir du mauvais temps, des conditions de glace de mer et de l'état des pistes d'atterrissage. Cela procure une sécurité infiniment supérieure aux résidents des communautés isolées désormais à même de demander de l'aide en cas d'accidents, de pénurie de nourriture ou d'urgences médicales. Sur les deux continents du Nord, on conçoit de nouveaux avions de brousse pour transporter passagers et fret en régions éloignées où ils peuvent exécuter leurs manœuvres sur de courtes pistes cahoteuses, des champs enneigés, des glaces ou des eaux libres. L'Antonov soviétique AN-2, le biplan le plus populaire qu'on ait jamais construit, effectue son vol inaugural en 1947; le premier Beaver deHavilland canadien, en 1948, et l'Otter, plus imposant, en 1951. La conception des moteurs et du fuselage de ces appareils remarquablement semblables s'appuie sur les percées aéronautiques de la Deuxième Guerre mondiale. Pendant le demi-siècle qui suit, les habitant des villages reculés et des avant-postes disséminés dans l'Arctique tendent l'oreille dans l'espoir d'entendre au loin le grondement facilement reconnaissable des moteurs en étoile, un son réjouissant qui annonce l'arrivée de vivres, du courrier, d'un médecin, ou le retour à la maison. On les entend encore parfois parmi les vrombissements des turbopropulseurs et les gémissements des réacteurs qui assurent aujourd'hui le transport des passagers et des approvisionnements dans la plupart des communautés arctiques.

L'invention, puis la dissémination des armes nucléaires et l'avènement de la guerre froide redonnent de l'importance aux régions arctiques. Pendant quatre décennies, après 1950, le Nord circumpolaire devient un no man's land de glaces entre deux empires ennemis nucléarisés. Les cordons de stations radar prolifèrent comme des champignons pendant que les deux puissances s'empressent de se munir, à titre dissuasif, de bombardiers nucléaires transpolaires et, plus tard, de missiles transcontinentaux. D'énigmatiques avant-postes font leur apparition sur des îles et des champs de glace lointains; ils dispensent des renseignements météorologiques aux aéronefs militaires qui patrouillent les cieux arctiques ou épient les sous-marins nucléaires qui croisent sous la banquise polaire. De petites pistes d'envol de fortune, construites pour l'entretien des stations radar et météo, et d'autres conçues en des lieux stratégiques pour accueillir les plus gros appareils militaires assurent un niveau d'accessibilité inégalé à la plupart des régions nordiques.

Vu l'importance militaire du Nord, les gouvernements du Sud concentrent leur attention sur leurs territoires arctiques comme jamais auparavant et la seconde moitié du XXe siècle est le théâtre d'une intensification massive du développement social et économique du Nord. Les levés aériens génèrent les premières cartes précises de la plupart des régions arctiques, y compris des frontières définies par des revendications concurrentes de souveraineté sur les terres et les mers polaires. La recherche scientifique devient un adjuvant à l'occupation militaire dans l'affirmation de souveraineté sur des territoires arctiques. Des scientifiques aéroportés dénombrent la faune, enregistrent les mouvements de la glace de mer et recherchent les gisements miniers. De nouvelles techniques de prospection, combinées à une plus grande accessibilité du Nord, donnent bientôt lieu à une multitude d'explorations minières éparses, et on découvre de gigantesques gisements de pétrole et de gaz dans les régions nord-ouest d'Eurasie et d'Amérique du Nord. Sur les deux continents, de lourds véhicules à chenilles ouvrent des routes d'hiver au cœur de la toundra glacée, remorquent des convois de traîneaux chargés de fournitures en vue de l'établissement de postes militaires, de mines et d'autres entreprises commerciales. Des routes et des voies ferrées permanentes serpentent en direction nord vers les nouveaux chantiers, relient aux réseaux de transport du Sud des établissements jusque-là isolés et ouvrent des districts entiers aux touristes, chasseurs sportifs et autres gens du Sud. On élabore peu à peu des plans de harnachement des fleuves nordiques dont l'hydroélectricité alimentera les nouveaux projets industriels du Nord ou sera exportée sur les marchés méridionaux.

Ces envahissements des années 1950 et 1960 surviennent à un moment où des maladies importées, dont la tuberculose, font encore des ravages dans la plupart des communautés arctiques et où le commerce des fourrures dans lequel tant de peuples chasseurs nordiques se sont inextricablement empêtrés ne s'est pas encore relevé de l'effondrement des années 1930. La vitesse grandissante à laquelle les méridionaux envahissent le Nord fait enfin prendre pleinement conscience aux peuples de l'Arctique que leurs territoires et leurs modes de vie si étroitement imbriqués leur échappent. Sont plus cruellement touchés ceux qu'on exile de leur patrie, généralement contre leur gré et pour des motifs qui leur sont incompréhensibles. Les raisons invoquées varient: plusieurs communautés d'Union soviétique sont délogées de zones militaires névralgiques tandis que certains groupes au Canada et au Groenland sont déplacés pour faire valoir une revendication de souveraineté nationale sur un territoire jusque-là inhabité. L'inondation de bassins hydroélectriques, la destruction de la toundra par les effluents toxiques des industries lourdes et la contamination des ressources halieutiques exigent toutes le départ des communautés locales. Et à mesure que les services scolaires et médicaux rejoignent les populations nordiques, des forces économiques contraignent partout à l'abandon de petits villages et à la réinstallation de leurs résidents dans des communautés plus nombreuses et plus efficacement desservies dans lesquelles les Nordiques vivent aujourd'hui en majorité.

Dans chaque pays arctique, les décisions de relocalisation relèvent de gens du Sud d'après qui, en règle générale, ces déplacements d'un anonyme carré de toundra à un autre, d'un fleuve glacé au suivant, d'un minuscule village littoral à une plus importante agglomération de la baie voisine, auront bien peu de conséquences. Mais pour tous les peuples arctiques traditionnels — aussi bien chasseurs, pêcheurs qu'éleveurs de rennes — la connaissance intime de leur environnement immédiat est la clé de leur survie. Ces peuples s'identifient au territoire qu'ils connaissent et aux autres familles associées à ce territoire. Quelle que soit la cause de la relocalisation, l'arrachement de gens à un territoire qui fait partie d'eux-mêmes est une séparation déchirante. Le nouvel environnement qui, aux yeux de l'administrateur du Sud, semble identique à l'ancien peut s'avérer aussi désorientant pour l'Autochtone que l'est, pour un citadin de Toronto, le relogement à Tokyo. Ceux qu'on déplace se retrouvent habituellement parmi des étrangers qui n'ont aucune raison de se réjouir de leur arrivée et bien des tensions qui tiraillent les communautés arctiques trouvent leur origine dans le deuil de la patrie imposé par les décideurs de l'administration publique.

La perte définitive du territoire en vertu d'un relogement est l'expression extrême de la fracture ressentie par tous les Hyperboréens au fil du dernier demi-siècle. Même ceux qui continuent de vivre et de travailler sur les territoires de leurs ancêtres voient leurs modes de vie traditionnels chamboulés ou rendus impraticables par l'afflux de gens du Sud à l'affût des emplois bien rémunérés et des autres occasions qui s'offrent dans le Nord. Dans les régions septentrionales de Russie, d'Alaska et de Scandinavie les plus développées économiquement, les peuples autochtones se retrouvent rapidement marginalisés comme une minorité insignifiante que les Nordiques de fraîche date méconnaissent aisément. Les chasseurs sportifs revendiquent le droit de prélever des bêtes sur ce qu'ils prétendent être des déserts inoccupés, des bêtes auxquelles les groupes autochtones ont de tout temps associé leur existence et avec lesquelles ils partagent ces territoires. Les peuples indigènes sont les derniers prévenus de développements susceptibles de les dépouiller de leurs moyens de subsistance traditionnels. Ils savent que, quand viendra le temps de décider s'il faut ou non inonder une vallée locale, construire un oléoduc, une fonderie ou un port, ou prendre des dispositions pour la vente de ressources locales et l'embauche de gens du milieu, la décision leur échappera. Partout on perçoit les Autochtones comme des obstacles au développement plutôt que comme les propriétaires du territoire et des ressources ou des peuples susceptibles de manifester quelque intérêt pour ces ressources.

La perte de contrôle sur leur territoire et leur vie force les Autochtones du monde circumpolaire à une toute nouvelle prise de conscience politique. Dans la plupart des régions, cette prise de conscience est provoquée par un développement industriel de première importance qui a des répercussions sur leur occupation et leur usage du territoire. La découverte en 1968 de riches gisements de pétrole et de gaz dans le nord de l'Alaska et son corollaire, le projet canadien de pipeline le long de la vallée du Mackenzie, l'annonce en 1971 d'un immense complexe de barrages hydroélectriques dans la région de la baie James du Québec septentrional et les projets du gouvernement norvégien en vue de développements semblables au cœur de la patrie des Saames témoignent tous éloquemment de ce processus. Chacun d'eux suscite l'opposition des populations autochtones des territoires concernés par le développement. Les mouvements des droits civiques et les mouvements environnementalistes des années 1960 et 1970 servent de modèles de résistance efficace aux jeunes Autochtones instruits des langues et des usages de la société dominante. De petites organisations politiques se constituent alors peu à peu pour s'opposer aux décisions prises dans de lointaines officines, les influencer ou à tout le moins en tirer quelques bénéfices.

À mesure qu'elles grandissent et apprennent à faire valoir efficacement les volontés des populations originaires de l'Arctique, ces organisations commencent à s'intéresser à des questions qui dépassent le simple harnachement imminent d'un fleuve ou la construction d'un pipeline. Partout les mêmes soucis s'expriment : la nécessité de préserver une culture et un mode de vie, la nécessité de protéger l'environnement immédiat d'utilisations destructrices, la nécessité de bâtir une économie durable pour les générations à venir. Et partout les peuples comprennent graduellement que ces soucis sont tous intimement indissociables de la propriété et de la maîtrise du territoire lui-même. L'idée qu'un territoire puisse être la possession d'une personne, d'une communauté ou d'un pays, est étrangère à la philosophie de la plupart des peuples nordiques, mais ils ont appris que ne pas en revendiquer la propriété laisse la terre vulnérable à ceux qui en usent de manière destructive. La perception de la terre comme un être vivant, immense et robuste, requérant néanmoins la protection de ceux qui s'identifient à elle, s'exprime éloquemment dans la charte adoptée en 2001 par l'organisation centrale des peuples indigènes de Russie septentrionale :

> La toundra, la taïga, la steppe et les montagnes que nous ont léguées nos ancêtres sont notre patrie ; ce sont des réalités superbes, impressionnantes, frustes, douces et généreuses, mais sans défense devant les progrès technologiques.

Les associations politiques qui voient le jour chez les peuples de la Russie du Nord après la chute de l'Union soviétique manifestent les mêmes inquiétudes que leurs analogues des autres régions arctiques. En Russie, elles ne se veulent pas seulement une réponse à des décennies d'exploitation de leurs territoires par des étrangers, mais aussi à l'effondrement du système qui les a imbriqués dans la vie politique et économique de cette société. La dernière décennie de l'empire soviétique en est une d'adversité grandissante pour les peuples du nord de la Russie. La société russe dans son ensemble est ébranlée par l'implosion économique qui suit l'écroulement de la planification économique centralisée, par les embûches de la privatisation des entreprises jusque-là propriété de l'État et par le choc de l'ajustement des ambitions personnelles et des attitudes communautaires aux objectifs du capitalisme. Le nouveau système a pour résultat un réajustement important de la distribution de la richesse et sa concentration à Moscou et dans les autres zones urbaines. Si la situation économique de nombreux citadins russes est précaire, leur misère est toute relative comparée à celle des populations rurales, et les peuples indigènes des régions les plus reculées souffrent encore davantage des rigueurs de la vie post-soviétique.

Plusieurs des industries marginales créées pour fournir du travail aux peuples nordiques — élevages de renard, chasse et trappe commerciales, transformation du poisson — se révèlent peu rentables une fois privées des généreux subsides gouvernementaux. Dans certaines régions, les élevages de rennes s'effondrent en même temps que les marchés subventionnés, de telle sorte que les fermes d'État sont incapables de payer leurs employés, de prodiguer des soins vétérinaires aux bêtes ou de se ravitailler en carburant et en pièces de rechange nécessaires au transport des éleveurs. Plusieurs Russophones qui vivaient dans le Nord et y empochaient de généreux émoluments pendant la période soviétique retournent dans le sud, privant ainsi les peuples du Nord de compétences professionnelles et techniques qui leur ont été utiles. De la presqu'île de Kola à celle de Tchoukotka, les peuples dont la patrie est le Nord sont obligés de s'inventer de nouveaux modes de subsistance. Ils s'adonnent maintenant à la cueillette des champignons et des baies, pêchent et transforment le poisson, font concurrence aux braconniers militaires et chasseurs commerciaux pour le gros gibier de la toundra et de la taïga, disputent les pâturages de rennes aux industries pétrolières, minières et forestières en plein essor auxquelles la Russie doit l'essentiel des ressources qu'elle exporte. Ils ont la nostalgie de la sécurité et du confort relatif dont ils jouissaient sous le régime soviétique, alors qu'ils contribuaient activement à un gigantesque et intégral ordre social au lieu d'être les restes dédaignés d'une expérience sociale ratée.

La nouvelle économie russe, ouverte aux marchés et aux investissements internationaux, est à l'origine d'autres difficultés pour les peuples du Nord. Loin de mettre fin à l'improvisation d'hier en matière de planification économique et industrielle, la nouvelle ère génère sa part de développement débridé et non réglementé. Les nappes de pétrole et de méthane découvertes dans les territoires des Nénètses dans les années 1990 sont un vrai pactole pour les compagnies russes nouvellement privatisées, mais aussi pour les sociétés étrangères détentrices de baux de forage et de pompage pour l'acheminement de gaz et de pétrole vers les insatiables marchés d'Europe et des États-Unis. De la même manière que les peuples autochtones de l'Alaska et du Nord canadien ont réagi aux rebondissements des années 1970, ceux dont les territoires sont vulnérables aux explosions et aux fuites de gazoduc se sentent considérés comme des étrangers dont les inquiétudes ne comptent guère pour l'industrie des hydrocarbures et les gouvernements avec lesquels ils traitent. La privatisation des ressources russes engendre des situations impensables en Occident : le Ponoy, la plus grande rivière à saumon de la presqu'île de Kola, est depuis peu loué à un fournisseur américain d'articles et de services de pêche sportive et interdit d'accès aux Saames pour qui ses bancs de saumons sont depuis toujours une source cruciale de nourriture.

À Prudhoe Bay, dans le North Slope alaskien, des caribous broutent dans la toundra, près d'une tour de forage pétrolier. En 1971, l'adoption de l'Alaska Native Claims Settlement Act ouvre la porte à d'importants projets d'exploitation pétrolifère dans le nord de l'Alaska. (Bryan et Cherry Alexander)

Comme on l'a signalé plus tôt, la menace de semblables développements stimule justement dans les années 1960 et 1970 la formation d'organisations politiques parmi les peuples du monde arctique hors d'Union soviétique. Les négociations menées par ces groupes avec divers gouvernements qui prétendent à la souveraineté sur leurs territoires conduisent finalement à une variété d'accommodements et redonnent aux peuples du Nord une certaine forme de contrôle sur leurs terres et les modes de vie qui y sont adaptés. Le changement politique le plus radical prend place au Groenland où le désir d'indépendance politique nourri par une intelligentsia groenlandaise indigène très scolarisée coïncide avec le souhait du peuple danois de ne plus se faire le complice d'un lien colonial. Cette synchronie donne naissance au concept groenlandais d'Autonomie intérieure (*Home Rule*), par lequel Copenhague cède en 1979 à Nuuk, la nouvelle capitale groenlandaise, l'autorité politique sur la plupart des aspects de la vie économique et sociale. Le Danemark se réserve l'administration de la défense et des affaires étrangères et s'engage à soutenir financièrement le développement de sa colonie d'antan; depuis, le Groenland est pour l'essentiel une nation distincte avec son propre gouvernement indépendant.

Le gouvernement américain choisit une autre voie pour répondre aux inquiétudes des peuples autochtones d'Alaska comme à celles des populations non autochtones qui habitent ou qui souhaitent faire prospérer les terres ayant originairement appartenu aux autochtones. Les droits de propriété ancestraux des peuples autochtones sont abolis par l'adoption en 1971 de l'Alaska Native Claims Settlement Act, en retour de quoi les communautés autochtones reçoivent environ un milliard de dollars et obtiennent des titres de propriété sur des parcelles alaskiennes qui totalisent presque 200 000 kilomètres carrés. Terres et argent sont cédés par écrit à douze sociétés régionales créées pour administrer la revendication des droits territoriaux et en gérer les ressources dans l'intérêt des groupes autochtones locaux. Cette manière de procéder repose sur la prémisse que les ressources offertes en échange des titres de propriété de l'Alaska permettront aux descendants des titulaires originaires de ces titres de s'allier aux citoyens non autochtones de l'État pour assurer à tous un avenir prospère et harmonieux.

Le gouvernement canadien adopte aussi le concept de règlement de revendications de droits territoriaux dans ses négociations avec les peuples du Nord, mais le plus important et le plus notoire des accords intervenus emprunte également des éléments à la solution groenlandaise. La revendication de droits territoriaux du Nunavut trouve sa solution en 1993 par la cession de 350 000 kilomètres carrés de l'Arctique canadien et le versement d'une somme colossale à une société représentant les Inuit de l'Arctique central et oriental. Au même moment s'entame un processus qui se conclut en 1999 par la création du Nunavut, un territoire largement autonome qui comprend deux millions de kilomètres carrés (20 % de la superficie totale du Canada) et recoupe très exactement la région visée par les terres inuit éparses dont fait état la Revendication de droits territoriaux du Nunavut. Avec une population très majoritairement inuit, le Nunavut (nom qui signifie « Notre Terre » en inuktitut) est administré par un gouvernement élu auquel incombe la responsabilité de la plupart des aspects de la vie économique et sociale du territoire. Comme leurs voisins groenlandais, les Inuit du Nunavut recouvrent ainsi en grande partie leur souveraineté sur les terres à l'origine occupées par leurs ancêtres.

Les gouvernements des pays scandinaves optent de leur côté pour une autre manière de répondre aux revendications des peuples indigènes du Nord. Dans les années 1960, on commence à remettre en question les efforts persistants d'assimilation des populations saames de Scandinavie septentrionale par les sociétés dominantes de Norvège, de Suède et de Finlande, pratique officiellement abandonnée dès les années 1980. En réponse à la farouche opposition des Saames aux projets d'endiguement du fleuve Alta-Kautokeino, le gouvernement norvégien innove en élaborant une nouvelle politique qui permet aux citoyens saames d'exercer une certaine forme d'autorité sur les régions du pays qu'ils occupent. Dès 1989, il en résulte la Saamedggi, un parlement élu par les Saames qui régit plusieurs aspects de leur vie sociale et économique. La Suède crée une institution semblable en 1993 et la Finlande, en 1996; en l'an 2000, des représentants de ces trois pays forment un Conseil parlementaire saame (Saami Parliamentary Council) auprès duquel l'organisation représentant les Saames de la Russie voisine jouit d'un statut d'observateur. Les relations entre ces assemblées législatives ethniques et les gouvernements nationaux qui les ont créées sont l'objet de constantes négociations qui se concentrent en particulier sur la cogestion des ressources dans les territoires associés aux Saames, sur la préservation de leur langue et de leur culture, enfin sur la planification d'un développement économique durable.

À ceux qui soupçonnent les Saames d'avoir pour ambition la création d'un État transnational englobant tous les territoires nordiques de l'océan Atlantique à la mer Blanche, les Saames rétorquent avoir toujours dû composer avec trop de frontières nationales pour souhaiter en ajouter de nouvelles. Un point de vue partagé par la Conférence inuit circumpolaire, organisation qui représente les intérêts des Groenlandais, des Inuit canadiens et des peuples esquimaux d'Alaska et de Tchoukotka. Comme les Inuit, les Saames sont davantage intéressés à la propriété des terres auxquelles ils s'identifient, des terres pour l'heure essentiellement propriété de gouvernements nationaux et utilisées au profit de tous les citoyens des pays nordiques. Président du Saamediggi de Norvège et du Conseil parlementaire saame, Sven-Roald Nystø conclut en 2002 un discours par cette injonction : « Il faut rendre au peuple sa terre ». Et quand je l'interroge sur la manière dont cela pourrait se faire, il reconnaît que cet objectif est bien moins à la portée des Saames que des peuples autochtones du Canada ou d'Alaska, et que toute solution apparentée à un accord sur des revendications de droits territoriaux est impossible dans le contexte politique actuel. Comme les autres Nordiques, les Saames aboutissent néanmoins à la conclusion que la propriété de leurs terres est indispensable à la réalisation de leur objectif de survie économique et culturelle.

En Russie septentrionale, la question de la propriété territoriale se complique du fait que, pendant soixante-dix ans, la notion de propriété privée a été la bête noire de la société communiste dans laquelle tous les Russes, sauf les plus jeunes, ont vécu et ont été éduqués. S'inspirant selon leurs dires de coutumes paysannes traditionnelles de Russie, les hauts fonctionnaires soviétiques partageaient avec les peuples indigènes l'optique que la possession privée d'un bien aussi fondamental est inconcevable. Les forces du capitalisme marchand ne déracinent pas facilement cette optique. Depuis l'effondrement des fermes et autres entreprises collectivistes d'État qui structuraient l'économie arctique soviétique, le gouvernement russe a rendu plusieurs arrêts destinés à faciliter la transition des populations indigènes vers les nouvelles conditions et leur assurer des droits politiques distincts. Même si diverses formes de gouvernements régionaux ethniques ont été proposées, la cession effective de territoire à des individus ou des communautés n'est pas encore enclenchée. La solution la plus communément retenue est la création d'*obshchiny*: des groupes familiaux ou claniques formés pour se consacrer à une entreprise d'élevage de rennes, de pêche, de chasse aux mammifères marins ou à quelque autre usage traditionnel du territoire. Seuls des peuples autochtones peuvent constituer des groupes de cette nature et se voir octroyer un bail sur des portions du territoire qui, en pratique, recoupent fréquemment les terres qu'occupait la famille ou le clan avant ou pendant la période de collectivisation soviétique. Bien que l'*obshchiny* ne paie ni loyer ni impôts sur ses propriétés foncières, son droit de propriété se borne à l'usufruit des redevances foncières et reste donc en deçà de ce qu'on considère généralement comme une franche propriété territoriale dans les sociétés occidentales. Sur le plan politique, l'héritage collectiviste laissé par le régime soviétique a facilité l'éclosion d'un grand nombre de comités, aux intérêts ethniques et locaux qui se chevauchent, et d'une efficace organisation nationale en mesure de défendre leurs droits et intérêts auprès du gouvernement central et d'organisations internationales, dont les Nations Unies.

Les changements politiques des dernières décennies ont assuré à la plupart des peuples nordiques une certaine protection contre les puissants intérêts qui contrôlent de loin les territoires qui sont depuis toujours au cœur de leur existence. Les revendications de droits territoriaux, les corps législatifs et les modifications apportées aux régimes d'occupation territoriale ont eu pour effet de rétablir les droits indigènes d'usage du territoire à peu près en l'état où ils étaient voilà un siècle. Plusieurs familles ou communautés ont au moins la possibilité de se voir confier l'intendance sur des portions déterminées du territoire et la reconnaissance, par la société, comme peuple associé à ce territoire se rapproche sensiblement de la situation qu'ont connue leurs ancêtres. Tous les peuples nordiques vivent toutefois maintenant dans des sociétés radicalement différentes de celles du siècle dernier et aucun d'eux ne souhaite retourner à l'existence qui était le lot des sociétés d'hier. Comme leurs ancêtres qui ont accueilli les premiers trafiquants, chasseurs de baleine et missionnaires européens, les peuples nordiques escomptent être membres à part entière du monde moderne. Les transformations politiques des dernières décennies sont seulement l'arrière-plan de cette participation, presque de la même manière qu'apparaît comme allant de soi, pour ceux d'entre nous issus de régions plus densément peuplées, l'arrière-plan de droits et obligations gérés par les gouvernements des municipalités, provinces ou États où nous vivons. Nous accordons plus d'importance dans nos vies quotidiennes à nos relations avec nos familles, nos amis, nos collègues de travail et les autres humains dont l'existence au jour le jour est liée à la nôtre par de complexes réseaux d'émotions, d'obligations et d'entraide mutuelle. Notre rapport à la culture et à la société du monde s'inscrit à un niveau très différent et peut-être tout aussi important pour la manière dont nous nous percevons.

Pour la majorité des peuples du Nord, ce monde plus vaste prend à l'origine le visage du flot grandissant de trafiquants, missionnaires, officiers de police, administrateurs, enseignants, militaires et autres migrants dont la présence se fait de plus en plus sentir, tout au long du siècle dernier, dans les communautés arctiques. Ces individus y arrivent pour la plupart investis d'une autorité émanant des fonctions qu'ils occupent ou des avantages économiques qu'ils peuvent distribuer. Mais l'autorité dont les revêt l'expertise qu'on leur prête sur les rapports entre leur société et celles des communautés nordiques où ils séjournent est peut-être tout aussi importante.

Les gens du Sud s'installent dans des communautés arctiques pour une multitude de raisons et traînent dans leurs bagages une aussi grande diversité de connaissances et d'opinions sur les peuples parmi lesquels ils se retrouvent. Certains ont glané ici et là des renseignements sur l'Arctique et ses populations et, s'ils y débarquent avec des idées stéréotypées, sont prêts à s'en défaire dès qu'ils se rendent compte que la réalité est autre; ceux-là sont capables de passer leur temps dans le Nord à accumuler d'inestimables connaissances de la région. Leur font cependant contrepoids d'autres méridionaux, plus nombreux, peu intéressés à acquérir des connaissances de première main, peu disposés à se débarrasser de leurs idées préconçues sur les communautés arctiques; ils perpétuent plutôt la perception si répandue dans le Sud que les peuples indigènes de la région sont le produit d'une société primitive qui ne les a pas préparés à entrer de plain-pied dans le monde moderne.

Cette vision est sous-jacente aux efforts consentis au siècle dernier par les gouvernements nationaux pour éduquer les peuples autochtones de l'Arctique, pour « les préparer au monde moderne » et pour les assimiler, partout où cela était possible, aux cultures et langues du Sud. Telle est la conviction de presque tous les missionnaires qui s'évertuent alors à préserver du monde extérieur leurs ouailles primitives ou à les préparer à l'affronter. Telle est la perspective de l'industrie touristique qui presse aujourd'hui ses clients de prendre des vacances exotiques parmi les peuples jovialement primitifs du Nord avant que leurs séculaires modes de vie ne disparaissent sous les assauts de la mondialisation.

Il y a une génération, lorsque je visite pour la première fois l'Arctique, presque tous les méridionaux vivant dans les communautés de l'Arctique canadien émettent sèchement l'opinion que les peuples arctiques sont des primitifs que rien ne prépare à la vie moderne. Cette opinion, je l'entends alors encore et encore en Russie et en Alaska, en Finlande et en Norvège. On l'entend moins souvent de nos jours; peut-être sommes-nous plus avertis. Dans certaines communautés, ce n'est peut-être plus l'opinion de la majorité des résidents venus du Sud.

Néanmoins l'idée que les peuples arctiques appartiennent à un type humain archaïque et sont les descendants directs d'une société primitive exerce une indéniable emprise. Même des gens qui ont acquis une profonde connaissance des sociétés humaines peuvent s'y laisser prendre. Dans son splendide ouvrage *The Other Side of Eden*, l'anthropologue Hugh Brody raconte s'être lui-même demandé avant son premier séjour dans l'Arctique: « [...] entreprenais-je une espèce de voyage dans le temps? Quittais-je mon époque et allais-je voyager dans le monde tel qu'il était voilà mille ans ? » Et voilà ce qu'il découvre : « Lorsque j'ai fait la connaissance d'Anapiavik à Pond Inlet, il ne m'est pas apparu comme un être humain d'une époque révolue. » L'Arctique des carnets d'explorateurs, des relations de missionnaires et des récits de voyage d'auteurs qui nous ont tous bombardé d'images d'une lointaine terre figée dans le passé, d'un Arctique imaginaire, est une fantasmagorie qui reste vivace même quand la réalité la contredit crûment.

Les peuples de l'Arctique sont très conscients de la perception courante selon laquelle ils ne sont que des sauvages non préparés à la vie moderne. La tolérance raciale n'a jamais été une vertu des cultures de l'Arctique qui en général rendent pleinement aux méridionaux leurs manifestations de mépris. Cette réaction a suffi à sauvegarder leur confiance en eux-mêmes et en leurs sociétés à une époque où ils n'avaient à composer qu'avec quelques rares méridionaux, mais elle devient moins efficace quand l'influence de ces derniers se fait envahissante. Dans les régions économiquement prospères d'Alaska, de Russie et de Scandinavie où les Autochtones sont minoritaires en leur terre d'origine, la culture et les façons de voir du monde extérieur imprègnent tous les aspects de l'existence. Même dans les régions les plus reculées de l'Arctique où les peuples indigènes sont encore fortement majoritaires, télévision par satellite et autres moyens de communication submergent leur conscience d'images du vaste monde « extérieur ».

Comme toutes les populations rurales, celles des petites communautés arctiques sont fascinées par l'animation, l'abondance et la richesse culturelle des villes. Même ceux qui n'ont pas le moindre désir de séjourner dans une ville ou de s'y installer — que ce soit Moscou, Copenhague, Anchorage ou Montréal — comparent inévitablement leur existence à celle décrite par les méridionaux expatriés, ou diffusée par les écrans de télé ou l'Internet, et les plaies sociales et psychologiques si criantes qui frappent les communautés arctiques sont certainement au moins en partie liées au contraste qu'elles perçoivent ainsi. Le défi constant posé à leur mode de vie par ceux qui prétendent représenter une société plus influente, plus riche et supérieure, a nécessairement de graves conséquences.

Ces dernières décennies s'est manifestée une plus grande volonté d'accepter les gens du Nord comme des peuples du monde moderne. Ce sentiment a en partie coïncidé avec le développement d'instruments politiques dont se sont dotés les peuples indigènes du Nord et avec la démonstration qu'ils sont capables de gérer leur existence sans les conseils constants d'experts du Sud. Mais elle est aussi le fruit d'une mutation graduelle du point de vue des sociétés plus influentes d'où sont justement sortis les experts créateurs de l'image de l'Arctique qui s'est incrustée dans l'imagination populaire. Dans *Canada and the Idea of North*, Sherrill Grace observe, dans la seconde moitié du XXe siècle, une transformation de la manière dont on décrit le Nord. Au début de ce livre, j'ai cité son jugement sur les ouvrages et les films du siècle dernier, ces œuvres qui décrivent le Nord « [...] comme un espace pour le mâle blanc et viril en quête d'aventure dans un paysage rude, mais somptueux, encore vierge, dans l'attente d'être découvert, cartographié, peint et photographié *comme pour la première fois* ». Elle note que, peu après 1950, cette vision cède lentement le pas à une autre où les autochtones de l'Arctique ne sont pas dépeints comme des êtres exotiques, mais comme des humains parmi d'autres : « Cette évolution du discours est cruciale [...] pour sa représentation du Nord comme un lieu habité, un lieu occupé par des peuples aux récits et aux voix qui leur sont propres. » Puis, dans les œuvres d'auteurs de la fin du XXe siècle, « l'espace nordique est souvent représenté comme habité, pétri d'histoires, de contes, de mythes et de voix. Le récit qui commence à se dessiner à partir de ces textes est hybride, hétérogène et changeant ; et quand on l'évoque, le passé historique paraît morcelé, discuté, réécrit. » Le Nord n'est plus celui du visiteur méridional qui le parcourt et en revient comme un expert capable d'en révéler au reste du monde la vérité.

Sherrill Grace traite essentiellement de la transmutation du Nord canadien dans la production écrite nord-américaine, mais le même processus est aussi à l'œuvre ailleurs. Le meilleur exemple en est peut-être *Smilla's Sense of Snow*, roman de Peter Høeg paru en 1993, écrit en danois et abondamment traduit ; il a également fait l'objet d'une production cinématographique en langue anglaise. Son héroïne, Smilla Jasperson, n'est pas une voyageuse méridionale, mais une Groenlandaise en qui s'allient une connaissance scientifique des glaces et un intangible, profond attachement à la substance et au territoire du pays de sa naissance et de ses ancêtres.

L'édition en langue groenlandaise a donné à lire depuis plus d'un siècle des œuvres littéraires et artistiques occasionnellement traduites en danois et en d'autres langues. Une industrie de l'édition en langue saame a fleuri ces trente dernières années et certaines de ses publications ont elles aussi paru en langues scandinaves. Le régime soviétique a soutenu parcimonieusement des projets d'édition scolaire en langues indigènes, mais le principal mode de diffusion dans le monde d'aujourd'hui — et qui s'avère étonnamment efficace — est celui des innombrables sites Internet d'organisations autochtones. Des sociétés canadiennes et alaskiennes de revendications de droits territoriaux, préoccupées d'éducation et de survie culturelle, ont soutenu la publication de récits traditionnels, de chroniques de la vie d'autrefois et d'au moins un roman publié en langue esquimaude yupik.

Le cinéma est probablement à ce jour le moyen de communication le plus efficace pour faire connaître au monde les points de vue des artistes autochtones de l'Arctique. En 1987, *Ofelas* (L'éclaireur) du réalisateur saame Nils Gaup connaît, le premier, une large distribution internationale. Évoquant un lointain passé et inspiré d'une légende saame de meurtre et de vengeance, *Olefas* se retrouve en nomination pour l'Oscar du meilleur film étranger de l'année. Adaptation cinématographique d'une légende inuit canadienne réalisée par Zacharias Kunuk et produite en inuktitut avec sous-titres en diverses langues internationales, *Atanarjuat* (La légende de l'homme rapide) jouit en 2001 d'une distribution encore plus universelle. Le film, qui remporte une importante récompense au Festival de Cannes en 2001, présente pour une rare fois au public international le regard porté sur l'Arctique par une équipe d'artistes autochtones. Bien que l'œuvre reconstitue un ancien mode de vie inuit, ses personnages n'en sont pas pour autant de lointains et insolites primitifs, mais des individus dont l'humour, la colère et la fougue sont aussi naturellement humains que ceux d'un proche parent.

La reprise de possession de l'image de l'Arctique par les peuples autochtones est peut-être aussi importante que l'a été leur revendication de droits de propriété et d'usage traditionnels du territoire. L'Arctique de l'imaginaire n'est plus désormais la chasse gardée de gens dont l'esprit et l'expérience ont été modelés ailleurs et qui perçoivent ce vaste domaine comme un pays lointain, périlleux et sauvage. L'Arctique passe par une métamorphose : territoire imaginaire, il devient un lieu ancré dans le réel et le quotidien, un lieu qu'habitent des gens ni plus bizarres ni moins compétents que ceux des zones tempérées.

Cette vision clairvoyante de l'Arctique sera nécessaire aux peuples qui l'habitent et aux gouvernements nationaux qui revendiquent la souveraineté sur ses étendues s'ils veulent venir à bout des problèmes qui, de diverses origines, convergent vers la région. La crise qui retient présentement le plus l'attention a trait à l'accumulation d'indices du réchauffement climatique planétaire dont on peut s'attendre à ce que qu'il soit plus accentué dans l'Arctique — une région dont le froid est l'attribut déterminant. Tout réchauffement du climat touchera plus directement l'Arctique par le truchement de la glace de mer. Une glace trop mince, qui se disloque plus tôt à l'été, entraîne des conséquences dramatiques pour les populations animales et leurs aires de répartition, eux à qui la glace sert de moyen de protection, de plateforme pour chasser ou se déplacer, et de milieu nourricier. Déjà les populations d'ours polaire de la baie d'Hudson souffrent de l'absence saisonnière de glace qui leur est nécessaire pour la chasse et leurs déplacements. Les chasseurs autochtones eux-mêmes usent de la glace de manière très semblable à l'ours et subissent également les contrecoups des changements inopinés qui touchent cet élément de leur environnement sur lequel ils pouvaient jusque-là compter.

La glace de mer n'est pas le seul élément qu'affectera le réchauffement climatique. À l'été 1996, je suis témoin des effroyables conséquences d'un événement isolé de réchauffement climatique du genre de ceux dont la fréquence augmente nettement depuis quelques années. Pendant une semaine, cet été-là, je survole en hélicoptère les plages et les vallées venteuses de l'île Bathurst dans le haut Arctique canadien pour dresser un inventaire des sites archéologiques de l'île. Je partage l'hélicoptère avec Frank Miller, un biologiste de la faune qui complète un recensement des populations de caribous et de bœufs musqués. Des centaines de bêtes qui occupaient l'île l'automne précédent, nous ne dénombrons que trente-quatre bœufs musqués et treize caribous vivants. Frank sait ce qui est arrivé : en janvier, mois où la température en cette région du Grand Nord n'excède pas normalement -20 °C et où les rares précipitations se limitent à de légères chutes de neige, il y a eu un orage. Le caribou et le bœuf musqué se sont ébroués sous la pluie tombée au beau milieu de la nuit hivernale ; quand la température est revenue à la normale, la neige qui avait pris la consistance d'une bouillie gélifiée s'est transformée en une armure de glace que les animaux ont été incapables de creuser pour atteindre le brout dont dépend leur survie. Les caribous ont presque tous péri, certains peut-être en se dirigeant vers d'autres îles sur la glace, quoique les émetteurs des colliers dont Frank les avait munis indiquent qu'ils ne se sont pas déplacés depuis février ou mars et que leurs petites carcasses sont probablement ensevelies sous la neige. On voit partout des corps gelés de bœufs musqués, presque toujours en petits groupes familiaux qui ont vécu et sont morts de faim ensemble. Certains sont encore debout sur pattes dans les bancs de neige où ils se sont embourbés et éteints, trop affaiblis pour poursuivre leur inutile quête de nourriture.

Même si les conditions de réchauffement de la dernière décennie ne devaient être qu'un épisode passager plutôt que le signe avant-coureur d'un bouleversement majeur dans le régime climatique de la planète comme plusieurs le croient, leurs conséquences mettent à rude épreuve les populations animales et humaines impuissantes de ce fait à prévoir l'état du milieu dont ils dépendent. Ces dernières années, l'imprévisibilité de la température a dévalué un savoir qui est la plus précieuse ressource des chasseurs et voyageurs de l'Arctique. C'est un thème récurrent de *The Earth Is Faster Now*, livre récent d'Igor Krupnik et Dyanna Joly consacré aux observations des Autochtones sur les changements climatiques dans l'Arctique. Ainsi, une aînée confie à un commentateur de la mer de Béring que

> [...] la terre va plus vite aujourd'hui [...]. Elle ne veut pas dire par là que le temps file de nos jours ou que les événements se précipitent. Elle parle plutôt de la manière dont change tout le climat. Du temps de sa jeunesse, on pouvait prédire la température en observant les étoiles, le ciel et divers phénomènes. Les vieilles gens estiment qu'il leur était possible, en ce temps-là, de prévoir quelques jours à l'avance le temps qu'il ferait. Plus maintenant !

Citadins et entrepreneurs du Nord feront face à des problèmes différents, mais tout aussi graves. Le plus important sera le dégel du pergélisol, cette assise sur laquelle sont construits les immeubles, les routes et les pistes d'aviation — toutes les infrastructures vitales de la vie moderne dans l'Arctique.

Sur un plan très différent, l'amincissement prévisible de la glace de mer polaire relance les espérances de nouvelles routes maritimes libres de glace le long de la bordure septentrionale du continent ou même au-dessus du pôle. Les passages du Nord-Est et du Nord-Ouest pourraient enfin devenir des réalités commercialement viables d'ici quelques décennies ; en fait, un brise-glace russe et un remorqueur touant une cale sèche flottante, partie de Vladivostok pour être livrée à son nouveau propriétaire aux Bermudes, ont achevé la première traversée commerciale du passage du Nord-Ouest dans l'Arctique canadien pendant le chaud été 1999. Le fait qu'un changement environnemental rende possible pareille entreprise suscite des inquiétudes politiques quant à la souveraineté et au maintien de l'ordre dans des régions jusqu'ici protégées par les glaces. Les risques de pollution, l'accès non réglementé aux ressources des régions éloignées, la tentation d'utiliser ces régions à des fins militaires, voire la monopolisation d'îles arctiques — isolées et jadis inaccessibles — comme bases du terrorisme et de l'immigration illégale sont maintenant à l'ordre du jour arctique dont débattent les pays nordiques.

L'étroite interdépendance du climat arctique et de celui des latitudes plus méridionales signifie que l'Arctique n'est pas à l'abri des problèmes générés par la pollution industrielle dans les contrées du Sud. En dehors des complexes métallurgiques de Norilsk et de la presqu'île de Kola, des déchets nucléaires enfouis sous les océans ou coulés par le fond dans quelques zones écartées, des explosions de méthane et des déversements accidentels de pétrole associés aux gisements pétroliers du Nord, l'Arctique génère très peu de pollution industrielle. Les vents dominants, combinés aux courants océaniques et aux fleuves coulant vers le nord, déversent sur la région plus que sa part de contaminants en provenance d'autres parties du monde. L'incident de Tchernobyl constitue l'exemple le plus saisissant de cette dérive sur de longues distances. On se rappelle que l'explosion d'un réacteur de centrale nucléaire en Ukraine répandit un panache de particules radioactives sur tout le Nord de l'Eurasie en avril 1986. Si les répercussions sur la santé de la plupart des Européens du Nord semblent avoir été relativement bénignes, cette tragédie a eu des conséquences plus néfastes sur les éleveurs de rennes saames. Le césium radioactif s'est incorporé aux pousses printanières de lichen de la toundra et s'est concentré dans la chair du renne qui se nourrit de lichen ; il a donc fallu abattre plus de 20 000 bêtes et se débarrasser de leurs carcasses.

Bien que le milieu arctique soit encore presque vierge selon les canons du Sud, sa localisation polaire et ses variations saisonnières extrêmes de luminosité et de température, conjuguées à des processus biologiques uniques, le rendent particulièrement vulnérable aux contaminants venus du Sud. Ainsi les zones polaires sont-elles soumises à la formation de « trous d'ozone » printaniers dans la haute atmosphère, trous qui exposent les régions directement en dessous d'eux à des niveaux d'ultraviolet potentiellement dangereux. Et si, grâce à un accord international, on a ralenti la production de composés de chlore générateurs de ce phénomène, les effets de ces composés — combinés à ceux de composés libérés inopinément par les éruptions volcaniques – continueront d'exercer leur action sur les régions polaires pendant des décennies. L'opinion répandue chez les Nordiques que le soleil a semblé plus chaud ces dernières années pourrait, en fait, s'expliquer par ce phénomène.

Le court printemps arctique est une autre cause de vulnérabilité. La fonte rapide des neiges et le lessivage subit des contaminants accumulés pendant tout l'hiver provoquent une réaction chimique plus destructrice qu'une contamination de faible densité. Le mercure rejeté dans l'atmosphère par le charbon en combustion et les contaminants organiques, associés aux pesticides employés en régions tempérées ou tropicales, remontent dans la chaîne alimentaire arctique au printemps, se communiquent et se concentrent à chaque échelon jusqu'à ce qu'ils atteignent le poisson, les mammifères marins, puis finalement les ours et les humains, prédateurs de ces créatures. Les composés organiques qui posent une menace spécifique à la santé sont particulièrement solubles dans la graisse et, puisque la faune arctique dépend tant de la graisse à la saison froide comme moyen de s'isoler et d'emmagasiner de l'énergie, elle est excessivement vulnérable à ces contaminants. Il en résulte que certains Inuit du Groenland et de l'Arctique canadien présentent des taux de contamination qui se situent parmi les plus élevés sur terre, au point qu'on y décourage maintenant l'allaitement des nourrissons.

Les taux de contamination sont plus marqués dans les populations davantage dépendantes du mode de vie traditionnel de chasseur. Individus et familles sont de la sorte contraints de choisir entre le risque que présente pour la santé un aliment naturel contaminé et le risque de diabète et d'autres maux associés à la consommation de denrées du Sud. La nourriture importée du Sud coûte cher et, à l'exception des produits à base de sucre, plaît généralement peu à ceux qui ont connu jusque-là un régime alimentaire composé de viandes et d'autres ressources territoriales. Les gens ont pour la plupart du mal à renoncer à des aliments qui, toute une vie durant, ont été une source de subsistance et de satisfaction ; le fait de savoir que ces aliments ne sont plus désormais propres à la consommation et bénéfiques pour la santé désespère ceux qui continuent à en consommer par choix ou parce qu'ils n'ont pas les moyens de faire autrement.

Ce n'est là qu'un des dilemmes avec lesquels doivent composer les résidents autochtones des communautés boréales, mais il est emblématique des bouleversements déchirants dont ils font l'expérience. Les problèmes de réchauffement climatique, de réduction de la couche d'ozone et de contamination des ressources alimentaires sont des plus menaçants, mais pour bien des individus il ne s'agit que de vagues sujets d'inquiétude en comparaison des graves problèmes qui découlent des conditions de vie dans les communautés du Nord. Quand aux taux de natalité traditionnellement élevés des peuples arctiques se combinent médecine efficace et sécurité économique du monde moderne, un accroissement rapide de la population est inévitable. Exception faite de la Russie septentrionale où les désastreuses conditions économiques actuelles ont provoqué la chute du taux de natalité et le recul de l'espérance de vie, l'Arctique connaît un taux d'accroissement de population supérieur à celui enregistré presque partout ailleurs dans le monde. Toutes les villes boréales sont surpeuplées et, dans les régions tempérées des nations européennes et américaines dont elles font partie, on jugerait carrément inadéquats leurs installations communautaires et leurs parcs immobiliers. Dans les écoles, les salles de cours sont bondées ; les enseignants qui se débattent avec des problèmes culturels sont contrariés et déçus ; les étudiants, hésitants et malheureux. Le financement est inadéquat compte tenu des difficultés uniques que pose l'éducation dans le Nord. Sauf dans les quelques régions où l'économie locale repose fermement sur l'extraction de ressources, il n'y a ni emplois ni quelque autre débouché pour la majorité des diplômés qui en nombre sans cesse grandissant sortent des écoles. L'isolement culturel et géographique empêche les jeunes de fuir en ville ou en région mieux nantie, comme le font traditionnellement les jeunes gens des régions économiquement déshéritées du sud du pays.

Ces difficultés économiques qui minent la plupart des communautés boréales forcent souvent les individus à choisir entre l'économie traditionnelle du territoire, qui ne permet pas de se procurer tout ce qui est nécessaire à la vie dans une ville moderne, et l'économie du savoir qui, à défaut d'un inconcevable exil dans une ville lointaine, peut ne pas même assurer un revenu. À cela s'ajoutent les choix culturels et sociaux auxquels doivent faire face des gens issus de petites communautés minoritaires en contact avec l'arrogante hégémonie des langues et des cultures internationales, des gens pauvres exposés à l'inexplicable richesse des autres. On impute trop facilement aux soi-disant insuffisances des cultures nordiques primitives le fléau des toxicomanies qui minent toutes les communautés septentrionales, les taux de suicide qui y sont de loin supérieurs à ceux du Sud et les accidents qui y fauchent tant de jeunes. En fait, les peuples du Nord font face à un enchevêtrement de problèmes qui paralyserait la plupart des sociétés méridionales ; les symptômes de détresse y sont contrebalancés par une remarquable résilience, par un espoir et une confiance pleins d'optimisme, et par la conviction qu'il est possible de composer avec tout ce que réserve l'avenir et d'en triompher.

Si la vie des peuples de l'Arctique a remarquablement évolué au siècle dernier, la différence par rapport aux siècles précédents n'en a été une que d'échelle. Le changement a toujours fait partie de la vie dans l'Arctique où communautés et cultures se sont elles-mêmes transformées pour s'accorder aux mutations de leurs environnements. Les peuples autochtones de l'Arctique ont réagi aux changements récents avec les mêmes outils dont on a usé partout ailleurs dans le monde moderne : en se dotant eux-mêmes des compétences que l'époque actuelle commande, en s'appliquant à reconquérir la maîtrise politique de leur vie et en s'assurant une influence artistique grandissante sur la manière dont le monde les imagine et imagine leurs territoires. Le véritable héritage des Hyperboréens, légué par leurs ancêtres qui ont survécu à tant de bouleversements dans le monde arctique, pourrait bien être la confiance avec laquelle ils abordent les problèmes du présent tout comme ceux que l'avenir leur réserve sans doute.

CHAPITRE 13

Une odyssée arctique

Ce livre s'est voulu une tentative de comprendre notre perception de l'Arctique comme un monde à part où passé et présent se fondent en une contrée distante et envoûtante d'une intense luminosité. En retraçant la construction de cette image, nous avons voyagé en des temps reculés, à commencer par l'environnement de la Glaciation propre à nos premiers ancêtres qui peuvent encore se faire entendre à certaines profondeurs insondables de la mémoire culturelle. Nous avons visité le domaine des Hyperboréens, ces immortels exempts de soucis que décrivent les géographes du monde de l'Antiquité méditerranéenne et nous avons entraperçu Ultima Thule protégée par une mer coagulée et haletante que découvre le premier explorateur de l'époque. Nous avons suivi à la trace ces différentes images sur deux millénaires de spéculations, d'explorations et d'invention artistique, et les avons vues se superposer aux privations et horribles épreuves endurées par les explorateurs impréparés des tout derniers siècles. Nous avons vu comment les conventions du récit de voyage victorien, mais aussi les romanciers, artistes et aventuriers qui ont fait connaître l'Arctique au monde du XXe siècle, en ont estompé et idéalisé l'image. Nous nous sommes penchés sur l'effervescence récente des peuples Nordiques qui ont entrepris de raconter le monde arctique et les expériences des populations arctiques. Les œuvres de leurs artistes, écrivains et réalisateurs de cinéma n'ont pas ce caractère d'« étrangeté » inhérent à l'esprit des premières descriptions des régions polaires. Pour la première fois, nous est proposée une vision de l'Arctique comme partie naturelle du monde, comme patrie bien-aimée plutôt que milieu effrayant et insolite. L'Arctique n'est plus un territoire imaginaire où n'importe quoi d'étrange et de terrible peut survenir.

En écrivant ce livre, je me suis surpris à m'interroger moi-même sur l'équilibre de l'expérience et de l'aura ensorcelante de l'inconnu. La science et la vision objective compensent-elles la perte d'un monde imaginaire ? Ces deux niveaux de perception peuvent-ils coexister ? La vision méridionale de l'Arctique est peut-être si séduisante que la réalité ne parvient pas entièrement à l'absorber. L'Arctique est peut-être à ce point foudroyant et renversant qu'il a raison de la familiarité et continue à heurter les sens du visiteur méridional averti.

L'Arctique enchanteur de mes premières rêveries affleure encore en moi dans le monde profane des perceptions familières, et le plus sûrement par les rares nuits d'été où le vent se tait, où la lumineuse lueur dorée que répand le soleil presque couchant baigne le paysage silencieux, où dormir est impossible. Il m'est arrivé sur une éminence de l'île Banks d'écouter dans la nuit le silence que rompaient au loin le piaillement des goélands, le grondement occasionnel des glaces de mer dérivantes et le trait sonore dessiné par un plongeon arctique dans le ciel désert; au ras de la lointaine ligne d'horizon, le premier bœuf musqué qu'il m'ait été donné de voir avançait comme un minuscule jouet mécanique engagé dans quelque voyage solitaire peut-être amorcé pendant la Glaciation. En une autre occasion semblable, j'ai observé toute la nuit, perplexe et circonspect, une ourse assise en chien parmi les fleurs qui bordaient un étang peu profond de la toundra, près de ma tente; deux heures durant, elle est restée immobile à regarder fixement l'eau, épiant son reflet ou peut-être quelque phoque imaginaire, avant de chercher aventure ailleurs.

Dans le village inuit de Qausuittuq, je me suis réveillé une nuit et, de la fenêtre de la maison que j'avais louée, j'ai vu la rue de gravier désertée, à l'exception d'une petite fille qui marchait d'un pas décidé dans la lumière dorée; elle avait installé un animal en peluche dans le capuchon de son parka, en lieu et place du bébé qu'y portaient ses sœurs aînées. Tandis que les adultes de la communauté s'efforçaient de régler leur existence sur les horaires de travail importés du Sud, cette enfant solitaire perpétuait la tradition de la nuit blanche estivale qui, pour ses ancêtres et pour tous les autres peuples de l'Arctique, a toujours signalé le temps de la chasse, du voyage et de l'expérience du monde dans sa plus pure magie. En des moments comme celui-là, même les gens venus du Sud profond peuvent partager l'ivresse des lointains horizons dégagés, la liberté du jour sans fin et le sentiment d'être enveloppé par un monde de sérénité. Aucune familiarité ne peut dissiper cette émotion que communique le monde arctique.

Remerciements

Il est impossible de reconnaître toutes les dettes que j'ai contractées envers les si nombreuses personnes qui ont nourri ma fascination pour l'Arctique, m'ont permis de voyager et de travailler dans cette région et m'ont enseigné ce que j'en sais. Les premiers livres de Farley Mowat sur les Inuit de la toundra canadienne ont éveillé en moi cet intérêt ; au fil des ans, ses ouvrages n'ont que renforcé mon admiration pour sa perspicacité et son humanité. Le regretté William E. Taylor fils m'a initié à l'archéologie arctique et encouragé à en faire mon gagne-pain. Cela me fut possible grâce à l'aide, à la patience et au bon caractère des dizaines d'étudiants et de collègues qui se sont livrés avec moi à des fouilles sur le terrain pendant des décennies. Parmi eux, je me dois de mentionner en particulier Dale Russel, dont j'ai apprécié la compagnie plusieurs étés durant depuis le delta du Mackenzie jusque dans le haut Arctique, mais aussi Jim Tuck qui m'a initié à l'archéologie de Terre-Neuve et Labrador et qui fut mon mentor dans l'archéologie élisabéthaine en Terre de Baffin. Grâce à Lowrens Hacquebord, Jim et moi avons pu visiter le Svalbard et faire l'expérience de cette partie très différente de l'Arctique. Hansjurgen Müller-Beck m'a ouvert les portes de la Communauté européenne de recherche arctique et de fouilles en Sibérie. Sans l'assistance de tous les instants de Mikhail Bronshtein, mon séjour dans la presqu'île de Tchoukotka n'aurait pas été possible ; je tiens à exprimer toute ma gratitude à Misha et à son épouse Lena pour leur hospitalité et leur générosité. Je suis aussi très reconnaissant aux gens de Qausuittuq qui m'ont apporté leur aide, les années où j'ai travaillé à proximité de leur communauté.

Je désire remercier Anna Porter de Key Porter Books, instigatrice de ce projet, et Michael Mouland qui en a coordonné la production. J'ai apprécié les précieux commentaires d'Hugh Brody, Igor Krupnik, Peter Jull, David Morrison et Pat Sutherland qui ont lu des versions antérieures de ce texte. Ma reconnaissance s'adresse à tous ceux qui ont fourni des photographies. Je tiens aussi à remercier les bibliothécaires du Musée canadien des civilisations qui ont allègrement et promptement retrouvé la trace des publications souvent obscures que je leur réclamais.

Enfin, je veux exprimer ma gratitude à Pat Sutherland pour son soutien dans la réalisation de ce projet comme en tant d'autres domaines de l'existence.

Références utiles et suggestions de lectures

La bibliographie qui suit ne prétend pas fournir la liste exhaustive des sources utilisées dans la préparation de ce livre, ni des ouvrages savants qui traitent de l'histoire des régions arctiques. Je les ai regroupés sous le titre du chapitre auquel leur référence est la plus étroitement associée.

AVANT-PROPOS

Une vision de l'Arctique

Canada and the Idea of North de Sherrill E. Grace (Montréal et Kingston, McGill-Queen's University Press, 2001). Une analyse du concept du « Nord », tel que littérature et art canadiens l'interprètent, et de l'évolution de ce concept au siècle dernier. Grace décrit avec précision le processus par lequel s'est développée ma fascination pour l'Arctique.

People of the Deer (Boston, Little, Brown, 1951) et *The Desperate People* de Farley Mowat (Boston, Little, Brown, 1959). Ces fictions classiques d'une petite bande d'Inuit, vulnérable et démunie devant le monde moderne, ont grandement contribué à imposer une image de l'Arctique dans la culture du milieu du XXe siècle. [Le premier de ces deux ouvrages a paru en français sous le titre *Mœurs et coutumes des Esquimaux Caribous* (traduction de N. Robinot, Paris, Payot, 1953).]

Between Heaven and Hell; The Myth of Siberia in Russian Culture, sous la direction de Galya Diment et Yuri Slezkine (New York, St. Martin' Press, 1993). Recueil d'essais qui retracent, au fil des siècles, l'indissociabilité des représentations de la Sibérie perçue à la fois comme « le redoutable foyer des ténèbres et [comme] une mythique terre d'abondance ».

Echoing Silence; Essays on Arctic Narrative, sous la direction de John Moss (Ottawa, Presses de l'Université d'Ottawa, 1995). Composé d'articles d'écrivains, d'historiens et de Nordiques indigènes qui abordent une grande variété de sujets, ce recueil documente les diverses manières dont on a observé et décrit l'Arctique dans le passé lointain aussi bien que récent.

Landscape and Memory de Simon Schama (New York, Alfred A. Knopf, 1995). Explorant les liens qui unissent mythologie, histoire et géographie, l'auteur avance que des concepts comme ceux de paysage, de site spectaculaire et de nature sauvage trouvent en bonne partie leur fondement dans des associations historiques de lieux et d'environnements. [Paru en français sous le titre *Le paysage et la mémoire* (Paris, Seuil, 1999).]

CHAPITRE PREMIER

Le postglaciaire

Ice Ages: Solving the Mystery de John Imbrie et Katherine Palmer Imbrie (Cambridge, Harvard University Press, 1986). Ouvrage d'une belle tenue sur la découverte de la Glaciation et le rôle de cette découverte dans le conflit entre science et théologie au XIXe siècle. Les auteurs retracent l'évolution des explications apportées aux périodes glaciaires dans le dernier siècle et demi et exposent la pensée scientifique contemporaine sur la question.

After the Ice Age de E. C. Pielou (Chicago, University of Chicago Press, 1992). J'emprunte le titre de mon chapitre à cet excellent ouvrage qui décrit le processus d'évolution des climats et environnements, depuis la période de glaciation jusqu'à nos jours. Le livre, qui se concentre sur l'Amérique du Nord et s'attarde peu aux humains, constitue néanmoins une excellente introduction au tableau de l'histoire ancienne de l'humanité que je brosse ici.

CHAPITRE 2

Un lointain paradis – L'Arctique dans l'esprit des Anciens

Pas facile de ramener à quelques ouvrages accessibles les diverses idées dont traite ce chapitre. Je profite néanmoins de l'occasion pour recommender la lecture de *To the Arctic: The Story of Northern Exploration from Earliest Times to the Present* de Jeannette Mirsky (Chicago, University of Chicago Press, 1970). Paru pour la première fois en 1934, ce livre d'une lecture agréable et très accessible reste le précis le plus complet publié à ce jour sur l'exploration arctique. *The Arctic: A History* de Richard Vaughan (Stroud, Alan Sutton, 1994) propose un abrégé plus convenu de la même matière. Le récent *Historical Atlas of the Arctic* de Derek Hayes (Vancouver, Douglas & McIntyre, 2003) est un inestimable compendium agrémenté de plus de 300 cartes et extraits de cartes en relation avec chacune des étapes de l'exploration arctique.

Les lecteurs qui n'ont pas encore découvert la banque de données en ligne appelée *Project Gutenberg*, monumental projet international qui a pour objectif de rendre disponibles les textes de travaux importants et obscurs d'intérêt historique et littéraire, pourront consulter cette source extrêmement utile à l'adresse suivante : <http://gutenberg.org>.

CHAPITRE 3

Un monde de chasseurs

The Other Side of Eden: Hunters, Farmers and the Shaping of the World de Hugh Brody (New York, North Point Press, 2001). Étude consacrée à la culture et à la psychologie des peuples chasseurs ainsi qu'à la manière dont l'une et l'autre déterminent la nature du rapport des chasseurs aux sociétés plus complexes.

Artic Adaptations: Native Whalers and Reindeer Herders of Northern Eurasia d'Igor Krupnik (Hanovre et Londres, University of New England, 1993). Traduction anglaise de l'important ouvrage russe de Krupnik qui explore et analyse les caractéristiques communes des peuples arctiques, de la Glaciation à nos jours.

Ancient People of the Arctic de Robert McGhee (Vancouver, UBC Press, 1996). Ce livre grand public décrit ce que nous savons de l'archéologie et de la culture des Tuniit.

CHAPITRE 4

En Sibérie arctique

A History of the Peoples of Siberia: Russia's North Asian Colony, 1581-1990 de James Forsyth (Cambridge, Cambridge University Press, 1992). Savante étude détaillée des petites nations de Russie septentrionale et orientale, depuis l'époque de la conquête russe jusqu'au démembrement de l'Union soviétique.

Crossroads of Continents: Cultures of Siberia and Alaska, sous la direction de William W. Fitzhugh et Aron Crowell (Washington, Smithsonian Institution Press, 1988). Ce catalogue richement illustré d'une grande exposition muséale se compose d'articles, fort bien écrits et qui font autorité, sur l'histoire et les cultures traditionnelles des peuples vivant de part et d'autre du détroit de Béring.

Arctic Mirrors: Russia and the Small Peoples of the North d'Yuri Slezkine (Ithaca et Londres, Cornell University Press, 1994). Traite excellemment de l'histoire des séculaires et complexes relations entre Russes et peuples autochtones de Sibérie.

Siberian Survival: The Nenets and their Story d'Andrei V. Golovnev et Gail Osherenko (Ithaca et Londres, Cornell University Press, 1999). Examen approfondi de l'histoire du peuple des Nénètses de la presqu'île de Iamal, dans le Nord-Ouest sibérien. Les auteurs racontent la survie d'une petite nation de la toundra depuis son premier contact avec des Russes, trafiquants et percepteurs d'impôts, en passant par la Révolution, la Guerre civile et la collectivisation à l'ère soviétique, jusqu'à l'effondrement du régime soviétique et l'envahissement de ses terres ancestrales par l'industrie pétrolifère et gazière.

CHAPITRE 5

Vikings et fermiers de l'Arctique – La saga atlantique

The Norse Atlantic Saga de Gwyn Jones (Oxford, Oxford University Press, 1986). Deuxième édition d'une œuvre qui date, mais reste la meilleure introduction et la plus accessible aux entreprises des Scandinaves en Islande, au Groenland et dans le nord-est de l'Amérique du Nord.

Vikings: The North Atlantic Saga, sous la direction de William W. Fitzhugh et Elizabeth Ward (Wahshington, Smithsonian Institution, 2000). Catalogue d'une exposition muséale montée pour commémorer le millénaire de la découverte de l'Amérique du Nord par les Scandinaves. Abondamment illustré, ce recueil d'articles de spécialistes venus de divers horizons dispense les connaissances les plus accessibles et les plus récentes sur la question.

CHAPITRE 6

Inuit

Plusieurs des idées et presque tous les renseignements exposés dans ce chapitre sont le fruit d'années de recherche personnelle sur le sujet. En matière d'histoire inuit, il n'existe pas de bon ouvrage contemporain de référence ; pour un aperçu quelque peu dépassé, le lecteur se reportera dans le meilleur des cas à *The Eskimos and Aleuts* de Don E. Dumond (Londres, Thames and Hudsonn, 1990).

Arctic: Handbook of American Indians, Volume 5, sous la direction de David Damas (Washington, Smithsonian Institution, 1984). Ce précis de connaissances anthropologiques afférentes à l'histoire, à la société, à la culture et à l'évolution sociale des peuples esquimaux et aléoutiens, comporte une excellente bibliographie des sources publiées jusqu'aux environs de 1980.

The Eskimos d'Ernest S. Burch fils (Norman et Londres, University of Oklahoma Press, 1988). Admirablement illustré, cet ouvrage détaillé et complet d'une autorité en la matière décrit aussi bien les adaptations des sociétés esquimaudes traditionnelles que leur richesse culturelle. Le bref chapitre consacré à l'histoire est obsolète et les peuples esquimaux de l'Alaska en sont le point de mire.

Inuit: Glimpses of an Arctic Past, David Morrison et Georges-Hébert Germain (Hull, Québec, Musée canadien de la civilisation, 1995). Également bien écrit et richement illustré, ce livre est essentiellement consacré aux Inuit de l'Arctique canadien. [Paru en français sous le titre *Les peuples du froid* (Saint-Laurent, Éditions Libre Expression, 1995).]

Inua: Spirit World of the Bering Sea Eskimo de William W. Fitzhugh et Susan A. Kaplan (Washington, Smithsonian Institution Press, 1982). Abondamment illustré, ce catalogue d'une exposition muséale propose une étude exhaustive des riches sociétés inuit de l'Ouest alaskien.

Relocating Eden : The Image and Politics of Inuit Exile in the Canadian Arctic d'Alan Rudolph Marcus (Hanovre et Londres, University Press of New England, 1995). Excellente récapitulation de la transplantation de populations inuit dans l'Arctique canadien pendant les années 1950, des prémisses à l'origine de ces interventions et des conséquences qui en ont résulté.

Arctic Migrants/Arctic Villagers de David Damas (Montréal et Kingston, McGill-Queen's University Press, 2002) documente de manière plus complète et détaillée la genèse des communautés inuit actuelles de l'Arctique canadien.

CHAPITRE 7

Glace et mort dans le passage du Nord-Est

The Three Voyages of William Barents to the Arctic Regions, 1594, 1595, and 1596, by Gerrit de Veer, édition établie par Charles T. Beke (2e édition, Londres, Hakluyt Society, 1876).

In the Land of White Death de Valerian Albanov (New York, The Modern Library, 2000). Première traduction anglaise de l'étonnant récit d'Albanov, ce petit livre résume le cocktail d'irréflexion, d'impréparation, de chance et d'endurance qui caractérise tellement la reconnaissance par les Européens des régions arctiques. [Paru en français sous le titre *Au pays de la mort blanche* (Montréal, Éditions Guérin, « La petite collection », 1998).]

Karluk : The Great Untold Story of Arctic Exploration de William Laird McKinley (Londres, Widenfeld and Nicholson, 1976). Ce compte rendu intégral de l'aventure du Karluk, rédigé à un âge avancé par l'un des survivants, laisse singulièrement transparaître peu d'amertume à l'égard de Vilhjalmur Stafansson dont la conduite est à l'origine d'une tragédie. Les notes inédites de McKinley, à partir desquelles il projetait d'écrire une version plus complète et plus fidèle, ont été la principale source d'inspiration de Jennifer Niven pour l'excellente version de cette histoire qu'elle donne dans *The Ice Master : the Doomed 1913 Voyage of the Karluk* (New York, Hyperion, 2000).

CHAPITRE 8

Les mines d'or de Martin Frobisher

The Arctic Voyages of Martin Frobisher : An Elizabethan Adventure de Robert McGhee (Montréal et Kingston, McGill-Queen's University Press, 2001) propose au grand public une revue toute récente de la question.

Martin Frobisher, Elizabethan Privateer de James McDermott (New Haven et Londres, Yale University Press, 2001) resitue les voyages arctiques de Frobisher dans le contexte plus global de sa vie et de son époque, et constitue la seule biographie moderne de l'explorateur.

The Three Voyages of Martin Frobisher, sous la direction de Vilhjalmur Stefansson et Eloise McCaskill (Londres, Argonaut Press, 1938). Cette compilation contient plusieurs des plus importants comptes rendus pertinents aux voyages de Frobisher, dont les relations de George Best, Dyonese Settle et Christopher Hall, en plus d'une analyse détaillée de l'aventure par l'explorateur arctique Stefansson.

CHAPITRE 9

Le viol du Spitzberg

No Man's Land: A History of Spitsbergen de William Martin Conway (Cambridge, Cambridge University Press, 1906). Ce vieux livre reste le meilleur abrégé d'histoire ancienne du Svalbard.

Seasons with the Sea Horses, or Sporting Adventures in the Northern Seas de sir James Lamont (New York, Harper, 1861). Classique récit d'aventure sportive de l'ère victorienne.

Walvisvaart in de Gouden Eeuw, sous la direction de Louwrens Hacquebord et Wim Vroom (Amsterdam, De Bataafsche Leeuw, 1988). Un recueil composé de comptes rendus et d'essais traitant de Smeerenburg et de l'âge d'or de l'industrie baleinière hollandaise. Cet ouvrage superbement illustré, avec sommaires en langue anglaise, sera utile même à ceux et celles qui, comme moi, ne lisent pas le néerlandais.

CHAPITRE 10

La baie des tragédies

New American World: A Documentary History of North America to 1612 de David Beers Quinn (New York, Arno, 1971). Le Volume 4 de cette histoire comprend, outre un choix de documents relatifs aux explorations de Frobisher et de Davis, le fragment subsistant du journal intime d'Henry Hudson, la relation d'Abacuk Pricket et des transcriptions d'audience afférentes à l'interrogatoire des mutins du dernier voyage d'Hudson.

The Journal of Jens Munk 1619-1620, sous la direction de Walter A. Kenyon (Toronto, Royal Ontario Museum, 1980). Ce petit volume propose une nouvelle édition d'une rare traduction anglaise du journal décrivant les terribles événements survenus sur le fleuve Churchill à l'hiver 1620.

A Journey from Prince of Wale's Fort in Hudson's Bay to the Northern Ocean, 1769-1772 de Samuel Hearne, édition établie par Richard Glover (Toronto, Macmillan, 1958). Peut-être la plus utile des nombreuses éditions de ce classique.

CHAPITRE 11

La gloire pétrifiée

I May Be Some Time: Ice and the English Imagination de Francis Spufford (New York, St. Martin's Press, 1977). Cette remarquable exploration de l'engouement des Britanniques pour les expéditions polaires s'appuie sur la documentation, sur l'histoire culturelle et sur les œuvres mêmes des explorateurs. Un livre absolument savoureux qu'on devrait lire préalablement à toute étude d'exploration arctique.

The Exploration of Northern Canada, 500-1920: a Chronology d'Alan Cooke et Clive Holland (Toronto, The Arctic History Press, 1978). Cette monumentale compilation dresse un inventaire chronologique de renseignements fondamentaux sur des centaines d'expéditions et d'événements liés à l'exploration du Nord, et s'accompagne de cartes, d'index et d'une bibliographie exhaustive. Une référence indispensable à quiconque s'intéresse à l'histoire de l'Arctique nord-américain.

The Search for the Norhwest Passage d'Ann Savours (New York, St. Martin's Press, 1999). L'étude la plus récente, la plus fouillée et la plus autorisée sur les expéditions anglaises à la recherche d'un passage maritime au nord de l'Amérique septentrionale. Son auteur y adopte un point de vue plus admiratif et laudatif que le mien. Un appareil critique très développé renvoie aux sources les plus pertinentes, y compris aux carnets de voyage tenus par tous les officiers engagés dans la première expédition terrestre de Franklin, récemment publiés.

Qitdlarssuaq: l'histoire d'une migration polaire de Guy Mary-Rousselière (Montréal, Université de Montréal, 1980). Le récit et l'examen les plus minutieux des remarquables aventures de Qitdlaq.

Cook and Peary: The Polar Controversy Resolved de Robert M. Bryce (Mechanicsburg, Stackpole Books, 1997). Revue le plus fouillée à ce jour des questions afférentes à l'exploration polaire américaine au début du XXe siècle, cette publication propose aussi une analyse admirablement impartiale de la querelle Cook-Peary. Malgré l'optimisme qu'affiche le titre, on peut s'attendre à ce que se perpétue la controverse concernant la première arrivée au pôle.

CHAPITRE 12

La terre du peuple

The People's Land: Whites and the Eastern Arctic d'Hugh Brody (Harmondsworth, Penguin, 1975). J'emprunte le titre de mon chapitre à celui de cette étude pénétrante des relations entre Inuit et étrangers vivant dans leur patrie, étude écrite au moment où commençaient à survenir les événements politiques exposés à grand traits dans ce chapitre.

Peoples of the Tundra: Northern Siberians in the Post-Communist Transition de John P. Ziker (Prospect Heights, Waveland Press, 2002). Cette récente étude ethnographique d'une communauté d'éleveurs de rennes et de chasseurs dans la presqu'île de Taïmyr décrit excellemment les bouleversements et les stress avec lesquels doivent présentement composer les peuples de l'Arctique russe. *Siberian Survival: The Nenets and Their Story*, dont il a été fait mention plus haut, rend aussi brillamment compte de la même situation.

The Earth Is Faster Now; Indigenous Observations of Arctic Environmental Change, sous la direction d'Igor Krupnik et Dyanna Jolly (Fairbanks, Arctic Research Consortium of the United States, 2002). Recueil d'articles qui traitent des perceptions, chez les Autochtones, des changements climatiques actuels et des répercussions potentielles des changements prévisibles.

Pour des renseignements à jour, le lecteur se reportera de préférence aux sites Internet entretenus par des organisations non gouvernementales soucieuses de l'évolution de la situation en régions arctiques. Voici les adresses de quelques-unes d'entre elles :

<http://www.inuit.org> La Conférence inuit circumpolaire est une organisation internationale qui représente environ 150 000 Inuit et Esquimaux vivant dans les régions arctiques de l'Alaska, du Canada, du Groenland et de la Russie.

<http://www.raipon.net/english> L'Association des peuples autochtones du nord de la Russie (RAIPON : Russian Association of Indigenous Peoples of the North) rassemble environ 200 000 individus appartenant à plus de trente groupes autochtones, depuis les Saames de l'ouest de la fédération de Russie jusqu'aux Esquimaux de l'est de la même fédération.

<http://www.saamicouncil.net> Le Conseil saame représente les intérêts des Saames de Norvège, de Suède, de Finlande et de Russie dans le but de promouvoir le concept de nation saame et de préserver les droits économiques, sociaux et culturels des Saames au Parlement des quatre États où résident ses membres.

<http://www.arctic-council.org> Le Conseil de l'Arctique est une organisation intergouvernementale dont les membres proviennent de huit pays circumpolaires. Il fournit une tribune où gouvernements et peuples de l'Arctique peuvent débattre de sujets communs de préoccupation, tout particulièrement de questions environnementales et de développement durable.

CHAPITRE 13

Une odyssée arctique

J'ai gardé pour la fin *Arctic Dream : Imagination and Desire in a Northern Landscape* de Barry Lopez (New York, Scribner, 1986) dont je recommande chaudement la lecture. À la fois récit de voyage instructif et méditation personnelle dans un style relevé, ce merveilleux livre est rapidement devenu un classique de la documentation arctique. [Paru en français sous le titre *Rêves arctiques* (Paris, Albin Michel, 1987 — Épuisé).]

Liste des cartes

La zone arctique 22

La Sibérie et l'Alaska pendant la Glaciation 42

Patries autochtones d'Eurasie septentrionale 60

L'expansion viking dans l'Atlantique Nord 78

Inuit et peuples voisins 107

Le passage du Nord-Est 134

Explorations de Martin Frobisher 158

Exploration de la baie d'Hudson et de la toundra canadienne 196

Exploration du haut Arctique 223

Index général

Akaitcho 228
Alaska 16, 42, 44-46, 55, 56, 64, 67, 74, 76, 90, 107, 112, 114, 116-120, 122, 123, 125-128, 132, 151, 152, 154, 211, 235, 246, 247, 250, 253, 255, 259, 260, 262, 263, 264, 265, 268, 269, 288
Alaska Native Claims Settlement Act 264
Albanov, Valerian Ivanovitch 153
Aléoutiennes 64, 67, 118, 152
Aléoutiens 117, 118, 119
Alf, évêque 99
Alta-Kautokeino, fleuve 265
Althing 86, 87
Ammassalik 112
Amour, fleuve 64
Amsterdam, île 186
Anadyr 59, 64, 150
Anaviapik' 109
Andrée, Salomon 241
Arctique canadien 9, 21, 27, 37, 39, 40, 47, 81, 90, 93, 96, 97, 106, 107, 112, 114-116, 119, 121, 124-129, 160, 175, 221, 246, 249, 264, 268, 272, 273, 275, 288
Arkhangelsk 141, 154, 187, 255
Aron de Kangeq *124*
art inuit *115*
Atanarjuat 271
Athabaska, lac 224
Axel Heiberg, île d' 243
Back, George 224, 228, 229
Badarson, Ivar 98
Baffin, baie de 125, 127, 231, 238
Baffin, île de 239
Baffin, Terre de 53, 93, 97, 101, 105, 109, 112, 126, 127, 129, 130, 137, 143, 157, 161-164, *166*, 169, 171, 174, 175, 196, 201, 226, 239, 246, 253
Baïkal, lac 46
Banks, île 39
Bardarson, Ivar 97, 160
Barents, mer de 66, 135, 138, 142, 148, 154, 180, 248
Barents, Willem 144, 145, *146*, 148, 180, 191, 225
Barentsburg 191
Bartlett, Bob 154
Bathurst, île 272
Beattie, Owen 208
Beaufort, mer de 246
Beechey, île 234-236, 237
Bennet, Stephen 182
Berelekh, rivière 43
Bergthórshvoll 89
Béring, détroit de 47, 55, 59, 64, 117, 119, 123, 125, 126, 132, 138, 139, 149, 153, 154, 235, 246, 249
Béring, mer de 59, 64, 71, 116-120, 123, 124, 149, 246
Béring, Vitus 150-152

Les pages indiquées en italiques se rapportent à une illustration.

Best, George 27, 29, 105, 162, 163
Birket-Smith, Kaj 110
Blanche, mer 66, 141, 143, 148, 154, 159, 187, 248
Bloody Falls 217, *218*, 219, 225, 229
Bluefish Cave 11, 44
Boas, Franz 239
Bolkovsky, prince 63
Boone, Daniel 63
Borough, Stephen 142, 143, 158
Brattahlid *91*, 94
Breidafjord 92
Brendan 82
Brody, Hugh 109, 268
Bronshtein, Mikhail 121
Brusilov, Georgiy 153
Bryce, Robert M. 243
Bylot, Robert 200
Byrd, amiral 33

Cabot, John 136
Cabot, Sébastien 136, 137, 142
Cagni, Umberto 241
Cape York 126
Carélie 141
chamanisme 40-42, 45, 53-55, 66, 219, 239, 249, 250-252
Chancellor, Richard 142
Churchill, fleuve 202, 205, 209, 211
Comité du Nord 67, 68
Compagnie de la baie d'Hudson 205, 208, 219, 235
Comtesse de Warwick, île de la 171-173
Conférence inuit circumpolaire 265
Contwoyto, lac 227
Cook, Frederick A. 238, 242, 243
Cook, James 150
Coppermine, fleuve 126, 216-219, 224, 225, 227
Cosaques 63, 64, 66, 148, 149
Crantz, David 106
Cris 211
Cumberland House 224

Danemark 89, 93, 102-104, 200, 202, 204, 263
Davies, John 176
Davis, détroit de 169, 201
de Veer, Gerrit 145, 146, 148, 180
Dead Man's Island 208
Dee, John 28, 29, 137, 160, 161, 175
Dejnev, cap 120, 122, 150, 151
Dejnev, cap 132
Dejnev, Simon 64, 149, 150
Dénés 45, 46, 107, 131, 211-216, 224, 228-230
Devon, île 239, 243
Dickson 153
Dicuil 82, 83
Digges, île 200
Diomède, îles 120, 132, 149
Dolganes 252
Dorset, cap 53
dorsétienne, culture *48*, 53, 54, 96
Dundas, îlot 51
Dutch Noordsche Compagnie 185
Dvina 141

East Cape 150
Edda 40, 86
Edgeøya 192
Egede, Hans 103
Einarfjord 95
Eiriksfjord 93, 95
Eiriksstadir 90
Eivoucheyvoun, Vladimir 75
Ekalluk 49
Ekven 120, 121, 122, 123, 132
éleveurs de la steppe, culture des 61
Élisabeth Ire 28, 106, 157, 160, 166, 175
Ellesmere, île d' 238
Ellesmere, Terre d' 240, 242-244
Engronelant 28
Erik le Rouge 89, 90, 91, 92, 94, 104
Esquimaux 37, 45, 47, 64, 67, 106, 107, 112, 116, 118, 119, 124, 150, 216, 246, 248, 249, 252
Établissement de l'Est 94, 95, 98
Établissement de l'Ouest 94, 95, 97-99
Évans, lac 206

Farewell, cap 92, 201
Féroé, îles 81, 83
Finlande 152, 265, 268
Fort Chipewyan 224, 229
Fort Enterprise 224, 225, 227-229
Fort Prince of Wales 209, *210*, 211, *212*, 213, 219
Fort Providence 228

Fort Resolution 229, 230
François-Joseph, archipel 179, 241
Franklin, John 135, 217, 224-226, 228-231, 235, 236
Frobisher Bay 255
Frobisher, baie de 105, 163, *165*, *166*
Frobisher, Martin 27, 29, 101, 102, 105, 127, 129, 137, 143, 157-176, 197

Gaia *80*, 81
Gardar 95, 96, 102
Gardarsholm 84
Gaup, Nils 271
Geiger, John 209
Gestæ Arthuri 29, 161
Gilbert, Adrian 176
Gilbert, Humphrey 176
Godafoss, chutes *86*, 89
Gokstad 77, 79-81, 93
Goose Bay 255
Grace, Sherrill 8, 270
Grand Lac de l'Ours 216, 224, 253
Grand Lac des Esclaves 210, 219, 224, 229, 253
Greely, Adolphus 241
Greene, Henry 200
Greenland Chronicle, The 102
Greenlander, Jon 101
Groenland 25, 28, 29, 40, 46, 48, 55, 77, 78, 81, 90-104, 106-109, 112, 114, 115, 117, 119, 124-131, 152, 158, 160, 162, 169, 176-179, 187, 201, 238-243, 245, 248, 250, 254, 255, 258, 263, 264, 275
Gulf Stream 82

Hacquebord, Louwrens 145, 147, 186, 191
Hall, Charles Francis 133, 135, 237, 238, 240
Hall, Christopher 105, 106, 163
Halley, Edmund 31
Haukadal 89, 90, 92
Hayes, Geoffrey 56
Hearne, Samuel 195, 208-211, *212*, 213, 214, 216-219, 225, 230, 250
Hébrides 81
Heemskerck, Jacob van 145
Helluland 93, 94, 97
Henson, Mathew 242
Hepburn, John 224, 226, 228
High Rock, île 189
Historia Norvegiæ 96
Hitler, Adolf 32
Hodgson, Maurice 222
Høeg, Peter 270
Hokkaidō 118
Hollow Earth Research Society 33
Hood, Robert 224, 228
Hope, île 193
Høpen, île 255
Hornsund 192
Hudson, baie d' 44, 56, 112, 113, 128-131, 171, 176, 195-200, 202, 204, 205, 207-209, 211, 212, 219, 220, 224, 225, 229, 230, 246, 272
Hudson, Henry 135, 176, 183, 197, 198, 205
Hvitserk 91, 160
Hyperboréens 23, 24, 34

Iakoutsk 64, 149, 150
Iamal, presqu'île de 144, 252
Iana, fleuve *16*
Ice Haven 145
Ienisseï 64, 138, 149, 152, 153, 154
igloos de neige *130*
Independence, culture 51
Indiguirka, rivière 43, 61, 154
Inglefield, Edward 238, 239
Innocent VIII 102
Innus 46
Inughuit 238, 239
Inuit 7, 40, 47, 48, 50, 51, 55, 56, 90, 97-99, 101, 103, 105-109, 111-116, 124, 125, 127-132, 164, 172, 174, 199, 200, 201, 208, 209, 212, 216, 217, 225, 234, 235, 238-240, 242, 243, 246, 249-251, 264, 265, 275, 288
inuktitut 107, 117, 271
Inuvialuit 131
Inventio Fortunatæ 28, 32, 34, 161
Isfjord, île 190, 191
Islande 24, 25, 26, 29, 77, 81-92, 95-98, 100, 101, 160, 177, 179, 255
Íslendingabók 84
Ivaluardjuk 56
Ivan le Terrible 63, 106

Jackman, Charles 143
James, baie 196-198, 205, 207, 260
Jan Mayen, île 179
Janes, Robert 253
Jenkinson, Anthony 143
Joly, Dyanna 273
Jones, Gwyn 100

Kamchatka 44, 64, 67, 117, 118, 150, 151
Kane, Elisha Kent 237, 238
Kap Lee 193
Kara, mer de 66, 138, 141, 144, 145, 153, 248
Keflavík 89, 255
Knight, James 207, 209
Knuth, Eigil 50, 51
Kodiak, île 118
Kola, presqu'île de 148, 248, 252, 262
Kolyma 60, 61, 64, 149, 151, 154
Kongsfjord 183
Konrad, Alexander 153
Koutchoun 62
Krasnoïarsk 64
Krupnik, Igor 38, 39, 273
Kunuk, Zacharias 271

Labrador 44, 82, 94, 126, 128-130, 160, 176, 177, 183, 184, 197, 199, 200, 207, 211, 245, 251, 255
Laing, John 187
Lamont, James 189
Lancaster, détroit de 127, 231, 234, 235
Laptev, Chariton et Dimitri 152
Lavrentia 59, 71, 74, 75, 76
Leinster, Livre de 26, 27
Lena, rivière 61, 149, 152, 153, 154
Lok, John 159
Lok, Michael 159, 160, 162, 168, 173, 174
Lok, Thomas 159
London, Jack 247
Lynnerup, Niels 100
Lyschander, Claus 102, 103

Mackenzie, delta du 131
Mackenzie, fleuve 235
MacLaren, I. S. 217
Magadan 60, 154
Magellan, Ferdinand 138
Malakhov, Mikhael 244
Malaurie, Jean 109, 110, 111, 132
Mandeville, John 161
Marble, île 208, 209, 212
Markham, Clements 240
Markland 93, 94
Mathiassen, Therkel 116
Matonabbee 213, 215, 216, 220
McCullough, Karen 126
McFee, William 159
Melville, baie de 97
Melville, Herman 72, 246
Melville, île 231
Mercator, Gerhard 27, 28, 30, 137, 161
Miller, Frank 272
Mourmansk 142, 154, 155, 252, 255
Mowat, Farley 7, 111, 195, 283
Müller, Friedrich 150
Munk, Jens 200, 201, 202, 203, 204, 205
Muscovy Company 142, 143, 158, 160, 180, 182, 183

Naddod 84
Nansen, Fridtjof 185, 241
Nares, George 240
Narsarssuaq 255
National Geographic Society 243
Nelson, fleuve 200
Nemiscau 206
Nénètses 63, 66, 248, 252, 253, 262
Nganassanes 252
Nietzsche, Friedrich 32
Nord, cap 66, 138, 141
Nordaustlandet 180
Nordenskiold, Nils Adolph Erik 152
Northumberland House 236, 237
Norvège 25, 26, 44, 45, 77, 81, 84, 85, 89, 94-96, 100-103, 138, 142, 144, 177-179, 189, 190, 202, 204, 241, 248, 265, 268
Norvège, mer de 180, 186
Nouvelle-Sibérie, îles de 179, 241
Nouvelle-Zemble 138, 141, 142, 144, 145, 148, 179, 180, 225
Nunavut 264
Nuuk 93, 263
Nystø, Sven-Roald 265

Ob 61, 138, 144, 149, 154
Okhotsk 151
Olafsson, Gudmundur 90
Old Bering Sea, culture 120-123
Orcades 25, 81
Ortelius, Abraham 137
OTAN 103
Ottar 62, 66, 141, 143
Oural 138
Ours, île aux 144, 145, 180, 182, 183
Ovtsine, Dimitri 152

Paléo-Esquimaux 47, 116
Parry, Edward 231
passage du Nord-Ouest 137, 158, 165, 174, 200, 201, 204, 208, 210, 219, 221, 222, 234, 236, 237, 273
Peary, Robert E. 154, 238, 241-243
Perm 62
Pet, Arthur 143
Pierre le Grand 64, 150
Pinakul 75
Pitul'ko, Vladimir 16, 45
Poe, Edgar Allen 30, 34
pôle Nord 29, *31*, 33, 110, 154, 161, 237, 238, 240-244
Polo, Marco 61, 62
Pomors 66, 141, 143, 148, 149, 187, 188, 190
Pond Inlet 239, 269
Ponoy 262
Poole, Jonas 182, 183
Port Refuge 37
Postel, Guillaume 29
Pricket, Abacuk 197, 198, 200
Prince de Galles, cap 120, 122
Prontchishtchev, Vassili 152
Prudhoe Bay 263
Pythéas 24, 25, 83

Qallunaat, île 157, 167, *169*, *170*, 172, 173
Qausuittuq *112*, *113*, 114, 280
Qitdlarssuaq 238, 239

Radisson, Pierre-Esprit 205-207
Rasmussen, Knud 25, 56, 110, 114, 116
Reine Élisabeth, cap 163
Resolute Bay 114, 115, 127
Resolution, île 163
Reykjavík 89
Richardson, John 224, 228-230
Roskildefjord 93
Ross, John 108, 110, 132, 238
Royal Greenland Trading Company 103
Russie 141, 143, 149, 154, 159, 187, 201, 248, 251, 259, 261, 262, 265, 266, 268, 276
Ryp, Jan 148

Saames 40, 45, 47, 66, 248, 249, 251, 252, 254, 260, 262, 265, 266
Sagdlermiut 56, 57
Saint-Laurent, île 149
Saskatchewan, fleuve 224
Savours, Anne 230
Schama, Simon 9
Schledermann, Peter 126
Schmidt, Otto 155
Schutz, Jonas 168
Scoresby Sund 112
Seaver, Kirsten 100
Service, Robert W. 247
Seton, Gordon 190
Shelden, John B. *31*
Shelley, Mary 29
Shetland, îles 25, 81
Sibérie 59-76, 149, 205, 221, 246, 249
Sibir 63
Slezkine, Yuri 8
Smeerenburg 185, 186
Snaefellsjokul 91
Southampton, île 56, 57
Spitzberg 141, 144, 148, 177-194, *181*, 197, 241, 248
Spitzberg, Traité du 190
Spufford, Francis 223
Stefansson, Vilhjalmur 108, 154, 160
Stora-Vatnshorn 89
Stroganov, Maxim 62
Suède 103, 152, 265
Sutherland, Pat 97, 126
Svalbard 66, 138, 152, 178-180, 182, *184*, 191, *192*, 193
Svavarsson, Gardar 84
Symmes, John 30, 31

Taïmyr, presqu'île de 138, 149, 152, 252
Taylor, Bill 49
Tchéliouskine, cap 149, 153
Tchéliouskine, Simon 152
Tchernobyl 274
Tchirikov, Alexeï 152
Tchoukotka 44, 46, 59, 66, 67, 74, 76, 90, 112, 116, 117, 119, 120, 122, 132, 138, 139, 149, 151, 153-155, 179, 246, 248, 252, 262
Tchoukotka, mer de 39
Tchouktches 60, 64, 66, 67, 107, 221, 252
Terohaute, Michel 228, 230
Terre du Nord 179
Terre du Roi-Guillaume 235
Terre-Neuve 48, 77, 136, 177, 183
Thingvellir 87
Thjodhild 94
Thorgeir 87
Thulé 24, 25, 83, *115*
Tilbury, Gervais de 25
Timofeïevitch, Iermak 62, 63
Tuck, Jim 255
Tuniit 45, 48, 49, 50, 51, 53, 55-57, 96, 97, 116, 119, 126, 127, 179

Uglit, îles 56

Vardø, île 141
Vaygach, île 148
Verne, Jules 32
Vestmannaeyjar 89
Victoria, détroit de 235
Victoria, île 50
Vigerdarson, Floki 84
Vikings 77-104
Vinland 94
Vladivostok 154

Wardhouse 141
Webber, Hans 244
Wentzel, Ferdinand 229
Willoughby, Hugh 142, 205
Wolfall, Robert 171
Wolstenholme, cap 200
Wrangel, île 39, 112, 154, 155, 179

Yakoutie 248, 252
Yellowknife 219, 253
Yukon 11, 12, 247, 253
Yukon, fleuve 247

Zeno, Niccolò et Antonio 28
Zénon 161
Zhokov, île 45
Zorgdrager, C. G. 185

Table des matières

AVANT-PROPOS	Une vision de l'Arctique	7
CHAPITRE 1	Le postglaciaire	11
CHAPITRE 2	Un lointain paradis — L'Arctique dans l'esprit des Anciens	21
CHAPITRE 3	Un monde de chasseurs	35
CHAPITRE 4	En Sibérie arctique	59
CHAPITRE 5	Vikings et fermiers de l'Arctique — La saga atlantique	77
CHAPITRE 6	Inuit	105
CHAPITRE 7	Glace et mort dans le passage du Nord-Est	133
CHAPITRE 8	Les mines d'or de Martin Frobisher	157
CHAPITRE 9	Le viol du Spitzberg	177
CHAPITRE 10	La baie des tragédies	195
CHAPITRE 11	La gloire pétrifiée	221
CHAPITRE 12	La terre du peuple	245
CHAPITRE 13	Une odyssée arctique	279
Remerciements		283
Références utiles et suggestions de lecture		285
Liste des cartes		293
Index général		295

Ce livre a été imprimé sur un papier contenant 20 % de fibres recyclées.
Cinq arbres de douze mètres ont ainsi pu être sauvés de la coupe.

Achevé d'imprimer au mois d'octobre 2006
sur les presses de l'imprimerie Gauvin,
Gatineau, Québec.